AFRODICÇÕES

Luciana Brandão Leal
Vanessa Riambau Pinheiro
Natalino da Silva Oliveira
(org.)

Afrodicções
Poesias de Angola e Moçambique

EDITORA UNICAMP

FICHA CATALOGRÁFICA ELABORADA PELO
SISTEMA DE BIBLIOTECAS DA UNICAMP
DIVISÃO DE TRATAMENTO DA INFORMAÇÃO
Bibliotecária: Maria Lúcia Nery Dutra de Castro – CRB-8ª / 1724

Af85 Afrodicções : poesias de Angola e Moçambique / organizadores: Luciana Brandão Leal, Vanessa Riambau Pinheiro e Natalino da Silva Oliveira. – Campinas, SP : Editora da Unicamp, 2024.

1. Literatura africana (Português) – História e crítica. 2. Poesia africana (Português). I. Leal, Luciana Brandão. II. Pinheiro, Vanessa Riambau. III. Oliveira, Natalino da Silva.

CDD – 896.09
– 896

ISBN 978-85-268-1657-2

Foi feito o depósito legal.

Direitos reservados a

Editora da Unicamp
Rua Sérgio Buarque de Holanda, 421 – 3º andar
Campus Unicamp
CEP 13083-859 – Campinas – SP – Brasil
Tel./Fax: (19) 3521-7718 / 7728
www.editoraunicamp.com.br – vendas@editora.unicamp.br

SUMÁRIO

APRESENTAÇÃO 9

1 - MANIFESTAÇÕES POÉTICAS EM ANGOLA E MOÇAMBIQUE NO PÓS-INDEPENDÊNCIA 21
Maria Nazareth Soares Fonseca

I - FEIÇÕES POÉTICAS DE ANGOLA

2 - ANGOLA: PALAVRA DE POETA 49
Lopito Feijóo K.

3 - ALDA LARA: DIÁLOGOS PARATEXTUAIS 53
Fabio Mario da Silva

4 - DOIS POETAS NA CENA LITERÁRIA CONTEMPORÂNEA DE ANGOLA 63
Kaio Carmona

5 - SOB O SIGNO DA AUTENTICIDADE: A REINVENÇÃO DO *ETHOS* COLETIVO EM ABREU PAXE 77
Vanessa Riambau Pinheiro

6 - COMO AGOSTINHO NETO ANTECIPOU FRANTZ FANON: A RENÚNCIA IMPOSSÍVEL DE SER NEGRO – TRIBUTO/NOVA ABORDAGEM DO INTELECTUAL 89
Pires Laranjeira

7 - A FORÇA FEMININA DA ESCRITA LITERÁRIA
DE ANA PAULA TAVARES ... 119
Terezinha Taborda Moreira

II - FEIÇÕES POÉTICAS DE MOÇAMBIQUE

8 - PALAVRA DE POETA: MOÇAMBIQUE – AS GERAÇÕES E OS NOMES
DA LITERATURA MOÇAMBICANA ... 141
Léo Sidónio de Jesus Cote

9 - ENTRE O SILÊNCIO, O DESASSOSSEGO E A(S) DISTÂNCIA(S):
AFINAL, QUEM SOMOS NÓS? ... 147
Amosse Mucavele

10 - MULHERES EM TRÂNSITO: A ESCRITA POÉTICA FEMININA
EM MOÇAMBIQUE ... 155
Ana Mafalda Leite e *Sara Jona Laisse*

11 - DE PEDRAS E PERDAS: DICÇÕES ELEGÍACAS PRESENTES
NA POESIA DE ARMANDO ARTUR ... 179
Carmen Lucia Tindó Secco

12 - CRAVEIRINHA, A MESSE E OS OPERÁRIOS:
CINCO TRABALHOS QUE NÃO SÃO DE HÉRCULES ... 199
Francisco Topa

13 - MSAHO: UMA PROPOSTA DE MERGULHO NAS TRADIÇÕES
MOÇAMBICANAS ENTRETECIDA A PARTIR DE UM PROJETO
POLÍTICO-ESTÉTICO-LITERÁRIO ... 223
Lílian Paula Serra e Deus

14 - REINALDO FERREIRA: AVESSO DO AVESSO ... 257
Luciana Brandão Leal

15 - CRAVEIRINHA: A PROFÉTICA ORALIDADE ANCESTRAL ... 283
Natalino da Silva Oliveira

16 - *RODA DAS ENCARNAÇÕES*: O CORPO DA CRIAÇÃO ... 297
Raquel Beatriz Junqueira Guimarães e *Elzira Divina Perpétua*

17 - DO FEMINISMO AFRO-MOÇAMBICANO EM UMA NOVA POESIA DE COMBATE: O CANTO DO FUTURO DE DEUSA D'ÁFRICA 313
Sávio Roberto Fonseca de Freitas

III - POÉTICAS EM TRÂNSITO

18 - CORPOS DESEJANTES: ENCONTROS ERÓTICOS ENTRE POEMAS DE PAULA TAVARES, CONCEIÇÃO EVARISTO E SÓNIA SULTUANE 337
Vanessa Ribeiro Teixeira

19 - REVERBERAÇÕES DE IDENTIDADE ANCESTRAL: TAMBORES, ATABAQUES E RESISTÊNCIA 347
Roberta Maria Ferreira Alves

SOBRE OS AUTORES 373

APRESENTAÇÃO

Este livro é a primeira publicação do projeto "Afrodicções:[1] a poesia dos países africanos de língua portuguesa", coordenado por Luciana Brandão Leal, submetido ao CNPq e aprovado para o interstício 2022-2025, que propõe estudos sobre a produção poética de Angola, Cabo Verde, Moçambique, Guiné-Bissau e São Tomé e Príncipe, promovendo reflexões, análises e percursos críticos sobre vozes poéticas dos séculos XX e XXI. Consideram-se "afrodicções" feições literárias propostas por poetas africanos que se expressam na produção advinda de contextos sócio-históricos bastante específicos, manifestando-se em temáticas e propostas peculiares. Para este primeiro volume, organizado por Luciana Brandão Leal (UFV), com a preciosa colaboração dos pesquisadores Natalino da Silva Oliveira (IF Sudeste MG) e Vanessa Riambau Pinheiro (UFPB), convidamos poetas e pesquisadores reconhecidos em centros de pesquisas nacionais e internacionais sobre as literaturas africanas de língua portuguesa a produzirem textos críticos sobre vozes poéticas de Angola e Moçambique. Estudar a poesia e as artes de países africanos colonizados por Portugal, nos períodos pré e pós-independência, permite não apenas conhecer o projeto literário de cada um desses países, mas, também, a história da colonização e das lutas por independência nesses espaços. Como viés investigativo, realçam-se marcas de identidade presentes em cada um dos projetos literários dos países africanos de língua portuguesa, discutindo-se como tais aspectos contribuem para a formação de sistemas literários próprios. No Brasil, a lei federal n. 10.639/2003[2] determina a inclusão obrigatória, "no currículo oficial da Rede de Ensino", da temática

"História e Cultura Afro-Brasileira"; entretanto, a abordagem das literaturas africanas de língua portuguesa em ambientes acadêmicos ainda é muito restrita, devido à escassez de formação de pesquisadores/professores. Isso acontece, sobretudo, devido à limitada difusão de pesquisas nessa área e ao difícil acesso a bibliografias sobre o tema. Essas questões se refletem na formação do público leitor de poemas africanos, que depende de grande empenho do professor, que conta com poucos recursos bibliográficos, já que muitas obras não são editadas/publicadas no Brasil. Estudar textos poéticos provenientes dos países africanos de língua portuguesa constitui empenho relevante e necessário, porque viabiliza a produção/circulação crítica e bibliográfica de/sobre poesias/poetas de espaços africanos, além de maior divulgação das obras escritas nesses países.

Em estudo anterior,[3] Pinheiro constata que, segundo o estudioso ganês Anthony Appiah, em seu livro *A casa do meu pai*, a literatura cumpre papel fundamental no desenvolvimento de uma cultura nacional. No caso das literaturas africanas em língua portuguesa, essa assertiva tem ainda mais fundamento porque, ainda segundo Appiah, diferentemente do projeto literário da Europa, que versa sobre a descoberta do eu, o projeto literário africano é coletivo e presta-se à funcionalidade específica de afirmação cultural. Para a realização desse projeto – de traços épicos e metafísicos –, foi preciso que os autores se engajassem em missão de narrar a nação[4] para que ela pudesse, afinal, ser imaginada.

Leite e Pinheiro[5] avaliam que, no quadro dos países africanos de língua portuguesa, a literatura tornou-se veículo essencial para a legitimação cultural; destarte, também contribuiu para o fortalecimento dos valores ancestrais, bem como de tradições orais, ao reinventá-las e preservá-las para a posteridade, por meio de relatos que as mencionem ou que imitem suas práticas; converteu-se, também, numa primeira fase, em instrumento de resistência contra o colonizador, representando, além de ato cultural, ato político.

As tensões e as guerras pela independência das colônias africanas contribuíram para forjar, no decorrer do século XX, os conceitos que norteiam a "moderna" literatura produzida nesses países, constituindo-se projetos literários nacionais bem definidos. A construção da identidade de uma "literatura nacional" coincide com os processos de luta anticolonial, como se discute adiante, mostrando-se que as literaturas africanas de língua portuguesa não só fazem parte desses movimentos de independência política, mas são, também, espaços significativos de reivindicação e luta pelas identidades sufocadas pela colonização.

Os poemas, fundados na tradição oral, são o "reservatório dos valores culturais de uma comunidade com raízes e personalidade regionais, muitas vezes perdidas na amálgama da modernidade".[6] Portanto, valores educacionais, sociais, políticos e culturais podem ser transmitidos, na contemporaneidade, pela tradição poética e literária dos países africanos.

A vocação poética de Angola e Moçambique vem de longa data. Como elemento constitutivo da nacionalidade, a poesia consolidou-se como instituição sociocultural, nesses países, em meados do século XX. A fim de imaginar a nação e planejar a revolução,[7] a literatura, assumindo cariz de combate, contribuiu, sobremaneira, para os projetos estético-ideológicos em Angola e Moçambique, fortalecendo-se e configurando a autonomia literária de cada um desses países. Alinhada à formação imagológica da nação, a literatura funcionou como sustentáculo coletivo de propagação de ideais nacionalistas e revolucionários, mas não se esgotou assim; superado o contexto colonial, a poesia manteve-se em alta, ressignificada em sua função de baluarte nacional.

Nas últimas décadas, escritores locais revelaram outras vias poéticas, cujo teor intimista redefiniu o percurso de exploração temática na sua lírica. Atualmente, os poetas realizam incursões várias que dão conta de temas diversos. É como se esse ampliar de perspectivas possibilitasse um desvelar mais íntimo, um explorar de geografias externas e internas simultâneas, com o arrefecimento da identidade coletiva de outrora em prol da subjetivização da escrita de hoje. É nessa esteira que encontramos a profícua produção poética de autoria feminina desses países.

Para este primeiro volume, que aborda feições poéticas de Angola e Moçambique, convidamos poetas e pesquisadores africanos, brasileiros e portugueses. O texto de Maria Nazareth Soares Fonseca oferece um panorama sobre a produção poética de Angola e de Moçambique. Lopito Feijóo, poeta angolano, compartilha suas impressões sobre a poesia escrita em Angola nos séculos XX e XXI. Os textos de Fabio Mario da Silva, Kaio Carmona, Pires Laranjeira, Terezinha Taborda Moreira e Vanessa Riambau Pinheiro focalizam a produção poética de Angola. Léo Cote, poeta moçambicano, apresenta-nos um panorama sobre a poesia escrita em seu país. Os textos de Ana Mafalda Leite e Sara Jona Laisse, Carmen Lucia Tindó Secco, Francisco Topa, Lílian Paula Serra e Deus, Luciana Brandão Leal, Natalino da Silva de Oliveira, Raquel Beatriz Junqueira Guimarães e Elzira Divina Perpétua e Sávio Roberto Freitas abordam a produção poética de Moçambique. Vanessa Teixeira e Roberta Maria Ferreira Alves trazem diálogos entre poetas de espaços africanos e brasileiros, portanto, abordam poéticas em trânsito.

Maria Nazareth Soares Fonseca apresenta um panorama sobre a poesia produzida em Angola e Moçambique, indicando expressões significativas do período pré-independência para, em seguida, focalizar percursos poéticos no período pós-independência. Nesse empenho, ressalta que "muitos poetas e algumas poetisas da fase colonial continuarão, no pós-independência, a participar da cena literária dos dois países" e realiza levantamento minucioso das vozes poéticas que se destacaram, em Angola e Moçambique, após 1975, oferecendo percursos detalhados aos leitores e futuros leitores sobre a produção literária nesses dois países.

O texto inaugural da seção dedicada a Angola traz a "palavra do poeta" Lopito Feijóo com "As mais importantes referências da poesia angolana", pontificando nomes de poetas e poetisas inolvidáveis da literatura de seu país. Considerando que a "poesia angolana é facto vivo", Lopito Feijóo referencia os(as) jovens poetas contemporâneos(as) cujas obras já estão legitimadas, mas, segundo ele, "ainda sem estudar".

Fabio Mario da Silva, com pesquisa original e específica, dá continuidade aos seus estudos sobre a escritora angolana Alda Lara, focalizando sua produção poética, no texto "Alda Lara: diálogos paratextuais". Nele, esse pesquisador estuda poemas nos quais essa escritora inclui dedicatórias a amigos, familiares e outros poetas, configurando-se como elementos paratextuais que, segundo ele, orientam os(as) leitores(as). Para ele, as dedicatórias servem "tal como a função das epígrafes de obras literárias, para estabelecer um diálogo intrínseco entre a sua poética e as homenagens que a autora demonstra a intenção de prestar, constituindo elementos paratextuais que guiam os/as leitores/as".

Kaio Carmona assina o capítulo "Dois poetas na cena literária contemporânea de Angola", considerando as vozes de Cíntia Gonçalves e Hélder Simbad, que integram um coletivo poético denominado movimento Litteragris, iniciado, em 2015, "por jovens interessados na produção e na crítica de poesia, participando intensamente da cena literária contemporânea". Esse movimento potencializou eventos realizados para discussões sobre poesias, além da criação da revista *Tunda Vala*, em 2018, contando com manifestos editoriais e com a presença de feições da poesia angolana contemporânea. A partir das definições de Agamben sobre o "contemporâneo", evidenciando-se que "o poeta – o contemporâneo – deve manter fixo o olhar no seu tempo", Kaio Carmona defende que "o contemporâneo é aquele que lê no presente a história, de modo inédito, reatualizando uma espécie de origem que nunca se extinguiu".

Pires Laranjeira, por sua vez, analisa a expressão poética do angolano Agostinho Neto, com o tributo/nova abordagem do intelectual no texto "Como Agostinho Neto antecipou Frantz Fanon: a renúncia impossível de ser negro". Esse pesquisador analisa o poema "A renúncia impossível", visando "dar relevo a esse poema como prática da negação colonialista", que, segundo ele, é antecipatório da obra de Frantz Fanon. Nesse poema, Agostinho Neto também antecipa o Manifesto de 1956 (do Movimento Popular de Libertação Nacional). Pires Laranjeira afirma que, nos últimos 35 anos – sobretudo, em Portugal e Angola –, há diversas intervenções que pretendem "descredibilizar e apagar Agostinho Neto como intelectual, teórico e poeta". A proposta de leitura do poema "A renúncia impossível" pretende demonstrar que ele, apesar da sua aparente singeleza, é "extraordinariamente apelativo", com importância para a literatura angolana e para a cultura africana comparável ao *Cahier d'un retour au pays natal*, do franco-martinicano Aimé Césaire. Segundo Pires Laranjeira, o poema que analisa pode ser compreendido em diálogo com as propostas de Frantz Fanon, com destaque para os textos *Pele negra, máscaras brancas* e *Os condenados da terra*, escritos em período posterior ao do poema de Agostinho Neto.

Ainda no campo das especificidades, a crítica Terezinha Taborda Moreira brinda-nos com o texto "A força feminina da escrita literária de Ana Paula Tavares", no qual analisa os recursos estilísticos empregados, no poema "MUKAI", por Tavares, identificando, por exemplo, o uso de signos referentes ao corpo feminino. Essa intelectual parte do pressuposto de que existe consonância de elementos da cultura portuguesa e da angolana nos poemas, o que estabelece uma "poética da Relação", à guisa de Glissant.

Vanessa Riambau Pinheiro, por seu turno, leva o leitor rumo à lírica imagética de Abreu Paxe, realizando análise da sua poética de forma pormenorizada, abrangendo, conjuntamente, elementos linguísticos, imagéticos e contextuais da produção desse poeta. É preciso destacar, ainda, que o percurso estabelecido nesse capítulo alcança o vasculhar pela biografia do poeta contemplando, além de outros elementos, o seu posicionamento crítico perante o impulso colonial existente não apenas em nações eurocentradas, mas que também habitam o interior dos próprios indivíduos.

Léo Cote abre a seção dedicada a Moçambique com sua "palavra de poeta" e escreve sobre as "Gerações e os nomes da literatura moçambicana", provocando reflexão sobre a tradição oral e a tradição escrita no cenário da literatura moçambicana, apresentando um panorama desde Campos de Oliveira, Rui Noronha e João Albasini até os nomes que prevalecem na contemporaneidade. Enfatiza que, na tradição moçambicana, há duas linhas estéticas fundamentais: uma de lirismo mais individual, citando Rui Knopfli, e outra com cariz coletivo, cujos representantes "sumos pontífices" são José Craveirinha e Noémia de Sousa. Nesse panorama, Léo aborda nomes e fases que sustentam o projeto poético moçambicano, oferecendo ao leitor, de forma sucinta e eficiente, a multiplicidade de suas manifestações.

O capítulo "Mulheres em trânsito: a escrita poética feminina em Moçambique", de Ana Mafalda Leite e Sara Jona Laisse, apresenta um levantamento, de caráter quantitativo, das publicações feitas por mulheres em Moçambique, a fim de "demonstrar que a produção literária feminina tem estado a crescer significativamente, quebrando o mito do patriarcado literário moçambicano". Essas pesquisadoras, além de trazerem à baila esses nomes, analisam o *leit motiv* da produção poética dessas autoras, conferindo ao estudo a possibilidade de leitura também sincrônica, além de diacrônica.

A pesquisadora Carmen Lucia Tindó Secco, por sua vez, escreve "De pedras e perdas: dicções elegíacas presentes na poesia de Armando Artur", considerando toda a produção poética desse escritor moçambicano. Em suas reflexões, evidencia que essa voz poética sempre esteve vinculada, de forma individual e coletiva, à história de Moçambique. Armando Artur foi um dos fundadores da *Revista Charrua* e, em seu projeto literário, opta por uma dicção mais intimista, com discurso lírico que privilegia a elaboração estética dos poemas. Ela apresenta, então, os principais temas elaborados nos livros *Espelho dos dias, O hábito das manhãs, Estrangeiros de nós próprios, Os dias em riste, A quinta essência do ser, Coração da noite, Felizes as águas, As falas do poeta, A reinvenção do ser e a dor da pedra, Muery, elegia em si maior* e na antologia *Armando Artur: o rosto e o tempo.* Nesse empenho, ressalta que diversos estudiosos da obra de Armando Artur – especialmente, Ana Mafalda Leite – destacam "a linhagem poética do autor vinculada a Sophia de Mello Breyner, a Alberto de Lacerda, a Glória de Sant'Anna, poetas do silêncio, da respiração contida". Prevalecem os temas relacionados às diversas formas de amor: "à terra, ao mar, à pátria, aos semelhantes, à poesia, esta designada por ele 'amor poético'". O livro publicado em 2012, *As falas do poeta*, destoa, significativamente, dos demais, cujo tom é denominado, por Secco, como "melancolérico". A antologia *Armando Artur: o rosto e o tempo*, publicada em 2021, é organizada por Lucílio Manjate e celebra os 35 anos da trajetória desse escritor.

Francisco Topa reflete sobre a poética de Craveirinha, com o texto "Craveirinha, a messe e os operários: cinco trabalhos que não são de Hércules", lembrando que muitos textos e poemas de Craveirinha permaneceram dispersos, tendo sido publicados tardiamente. Já no século

XXI foram publicados os volumes *Poemas da prisão* e *Poemas eróticos*; *Tâmaras azedas de Beirute* e *Vila Borghesi e outros poemas de viagem*; e, mais recentemente, *Moçambique e outros poemas dispersos*. Em 2009, é editado o volume de artigos *O folclore moçambicano e as suas tendências*. Entretanto, quase todas as edições das obras de Craveirinha estão esgotadas, devido a tiragens limitadas que circularam principalmente em Portugal e Moçambique. Francisco Topa propõe, então, cinco ações necessárias para privilegiar a circulação e a edição das obras de José Craveirinha. Topa evidencia a importância do empenho de organização e publicação, em livro, de poemas dispersos de José Craveirinha, como os que foram publicados n'*O Brado Africano* e não foram incluídos em nenhuma antologia/livro. Além disso, propõe a organização de poemas que, inicialmente, foram publicados em jornais e, em seguida, em livros. Segundo ele, essas versões podem beneficiar a crítica genética e contribuir para a compreensão do trabalho criativo de José Craveirinha. Outra ação necessária, na opinião de Francisco Topa, é a catalogação de textos em prosa publicados por esse escritor moçambicano em revistas e jornais. A quarta ação deve considerar determinados poemas de Craveirinha em seu viés "jornalístico-histórico". Por fim, Francisco Topa ressalta a importância do levantamento das traduções e edições estrangeiras da obra de Craveirinha.

Lílian Deus apresenta um estudo concentrado do projeto do movimento Msaho, analisando a importância de Msaho para a formação e estruturação da identidade nacional de Moçambique, ainda no período colonial. Em "Msaho: uma proposta de mergulho nas tradições moçambicanas entretecida a partir de um projeto político-estético-literário", o seu ato de mergulhar é profundo. Em poucas páginas, de forma sucinta, a pesquisadora escolhe os pontos mais importantes que fizeram de Msaho uma espécie de mônada que resgata a convergente multiplicidade de vozes que elencam elementos de oralidades, rituais, crenças e valores que fundam uma pátria-semente. Por abordar o teor transgressivo das vozes poéticas de Msaho, o trabalho de Lílian Deus se configura como essencial para estudos sobre a literatura moçambicana.

Luciana Brandão Leal percorre caminhos entre vida e obra de Reinaldo Ferreira. Em "Reinaldo Ferreira: avesso do avesso", revira o avesso do avesso desse poeta, que faleceu jovem, deixando uma obra irretocável. A pesquisa apresentada vasculha até mesmo leituras do poeta, visando demonstrar o seu vasto conhecimento e diálogo com a literatura ocidental. De lugar incerto e, de certa forma, marginalizado, no cenário literário da literatura moçambicana do século XX, ele assim permanece na contemporaneidade. A pesquisadora, por meio de pesquisa biobibliográfica, aborda poemas de Reinaldo Ferreira e de outros poetas moçambicanos, como Virgílio de Lemos e Rui Knopfli; além de antologias, dedicatórias, depoimentos, notas autobiográficas, fragmentos de jornais e outros registros que demonstram que Reinaldo Ferreira é estrela incontornável na constelação da poesia de Moçambique.

Natalino da Silva de Oliveira também considera a produção poética de um escritor moçambicano no artigo "Craveirinha: a profética oralidade ancestral". Nele, apresenta suas reflexões a partir dos versos iniciais do livro *Karingana ua karingana*, reiterando ser esse escritor "uma estrela incontornável na constelação cartográfica da literatura moçambicana", cuja expressão literária está na constituição e na reformulação da "moçambicanidade". A partir dessas considerações, Natalino Oliveira afirma que a "expressão moçambicana", na obra de Craveirinha, advém da herança ancestral (matriarcal) e da presença do colonizador (patriarcal). Os elementos da cultura africana se conformam pelo ritmo e pela sonoridade próprios da terra e, segundo ele, "as palavras se transformam em sons que inauguram novas formas embaralhando signos e significados, imagem textual/visual e imagem acústica". Nesse empenho, esse pesquisador ressalta que o trabalho com o corpo e a voz elabora "a pungência do *performer*, do escritor-*performer*, torna inseparável palavra e ato – a *palavra-ato* de africana matriz civilizatória".

As autoras Raquel Beatriz Junqueira Guimarães e Elzira Divina Perpétua assinam o artigo "*Roda das encarnações*: o corpo da criação", no qual analisam a poética de Sultuane, contestando a ideia de que não haveria combate/atrito na obra dessa poeta, a partir do estudo de outras das suas manifestações artísticas em contraponto à sua poesia. De acordo com essas ensaístas: "[e]sse movimento criativo que evidencia o atrito se apresenta tanto na articulação entre as artes que pratica, quanto por suas escolhas poéticas".

O capítulo intitulado "O feminismo afro-moçambicano em uma nova poesia de combate: o canto do futuro de Deusa d'África", do pesquisador Sávio Roberto Fonseca de Freitas, vem na esteira da produção intelectual desse crítico – sempre voltada à autoria de literatura feminina –, para trazer o nome da jovem poeta Deusa d'África como um nome do futuro: nesse estudo, mostra o percurso literário dessa poeta, evidenciando o que a distingue de outras autoras de seu tempo e ressignificando a sua produção literária, apontando-a, como a de seus companheiros poetas do movimento cultural Xitende, como uma "nova poesia de combate".

Na seção dedicada às "poéticas em trânsito", abraçando a temática do feminino, o texto "Corpos desejantes: encontros eróticos entre poemas de Paula Tavares, Conceição Evaristo e Sónia Sultuane", de Vanessa Ribeiro Teixeira, percorre a lírica dessas escritoras, buscando analisar a *performance* feminina. Nesse esforço, estabelece paralelos entre a poética dessas autoras angolana, brasileira e moçambicana, abordando "como personas femininas são reveladas poeticamente enquanto corpos desejantes", atentando para o exercício da realização erótica quando da ausência ou negligência dos potenciais sujeitos desejados. O sendeiro percorrido brinda o leitor com um campo semântico erótico de extremo lirismo em que o eu poético feminino se coloca na posição de domínio do próprio desejo. Sua análise parte de um viés comparatista, seguindo a trilha de poemas encontrados nas obras *Ritos de passagem*, de Paula Tavares (Angola), *Poemas da recordação e outros movimentos*, de Conceição Evaristo (Brasil), e *Roda das encarnações*, de Sónia Sultuane (Moçambique).

Roberta Maria Ferreira Alves, por sua vez, promove trânsitos por territorialidades artísticas e literárias, estabelecendo relações entre a poesia de Craveirinha, a de Solano Trindade e a obra do *rapper* Emicida. Em suas "Reverberações de identidade ancestral: tambores, atabaques e resistência", o tambor é o elemento e a metáfora que aglutina vozes e promove o resgate da ancestralidade. A musicalidade, a cadência e o ritmo materializam a versatilidade da cultura negra que une religiosidade e festa. Os elos abordados por essa pesquisadora sempre estiveram presentes em referências às poesias de Craveirinha, mas aparecem, agora, aproximando vozes de espaços distintos, em proposta de uni-los em uníssono.

As pesquisas apresentadas nos capítulos deste livro reverberarão como toques rituais, tambores ancestrais. O toque é alto e límpido, impossível de ser negado ou de não ser ouvido. As lições da literatura moçambicana são a de que não se deve separar letra de vida e a de que não se deve produzir poesia escrita a partir de signos vazios.

AGRADECIMENTOS

Agradecemos, com muito empenho, aos pesquisadores que contribuíram para esta obra, professores e pesquisadores que trabalham insistentemente para a divulgação das literaturas produzidas em países africanos de língua portuguesa, para a formação de professores nas universidades brasileiras, portuguesas e africanas, além da formação de público leitor. Agradecemos também, ao CNPq, pelo apoio às pesquisas realizadas no âmbito do projeto "A produção poética dos países africanos de língua portuguesa nos séculos XX e XXI".

REFERÊNCIAS

ANDERSON, Benedict. *Comunidades imaginadas*. São Paulo, Companhia das Letras, 2008.

BRASIL. Presidência da República. *Lei nº 10.639, de 9 de janeiro de 2003*. Brasília, DF, Presidência da República, 2003. Disponível em <https://www.planalto.gov.br/ccivil_03/leis/2003/l10.639.htm>. Acesso em 18/7/2023.

LEITE, Ana Mafalda & PINHEIRO, Vanessa Riambau. "O papel de Rui Knopfli na *Revista Caliban* e no sistema literário moçambicano". *literafro*, 2021. Disponível em <http://www.letras.ufmg.br/literafro/literafricas/literatura-

cabo-verdiana-2/1641-ana-mafalda-leite-e-vanessa-riambau-pinheiro-o-papel-de-rui-knopfli-na-revista-caliban-e-no-sistema-literario-mocambicano>. Acesso em 17/5/2023.

PINHEIRO, Vanessa Riambau. "A condicionante exógena e a homogeneização cultural: reflexões sobre a formação do cânone em Moçambique". *Gragoatá*, vol. 22, n. 43, maio-ago. 2017, pp. 876-897.

NOTAS

1 O título "Afrodicções" alude ao texto da pesquisadora Maria Nazareth Soares Fonseca, publicado pela Associação dos Escritores Angolanos, intitulado "Afrodicções: matéria de poesia". Disponível em <https://www.ueangola.com/criticas-e-ensaios/item/204-afrodic%C3%A7%C3%B5es-mat%C3%A9ria-de-poesia>. Acesso em 10/6/2023.

2 Brasil, 2003.

3 Pinheiro, 2017.

4 Anderson, 2008.

5 Leite & Pinheiro, 2021.

6 Rosário, 1989, p. 47.

7 Anderson, 2008.

1
MANIFESTAÇÕES POÉTICAS EM ANGOLA E MOÇAMBIQUE NO PÓS-INDEPENDÊNCIA

Maria Nazareth Soares Fonseca

A produção poética de escritores e escritoras de Angola e Moçambique sempre teve um lugar destacado nos estudos sobre as literaturas africanas de língua portuguesa realizados no Brasil, desde o momento em que foram introduzidos, ao que tudo indica, na Universidade Federal do Rio de Janeiro, através do prof. Jorge Fernandes da Silveira, na década de 1970, época em que também se desenvolveram, na USP, em São Paulo, cursos oferecidos pela profa. Maria Aparecida Santilli, e também na PUC-Rio, em cursos ministrados pela profa. Vilma Arêas.[1] A profa. Laura Cavalcante Padilha expõe, em texto publicado em 2010, o modo como as literaturas africanas de língua portuguesa eram apresentadas aos alunos, nesses primeiros cursos:

> [eram] colocadas entre as [disciplinas] optativas, [aparecendo] com uma carga horária mínima, quando não se listavam entre as disciplinas de Literatura Portuguesa, recebendo, com variantes, a denominação genérica e abrangente de "Manifestações Literárias Ultramarinas", mesmo depois das independências dos países africanos, em 1975.[2]

Embora tenha havido significativas exceções nesse quadro descrito por Padilha, sobretudo a partir da década de 1980,[3] com alteração tanto na localização da disciplina nos currículos de cursos de Letras quanto no objeto de interesse dos docentes, a ênfase dos estudos recaía na produção poética configurada por estratégias de linguagem e recursos estéticos destinados a fortalecer uma consciência de pertencimento a realidades africanas simbólica e alegoricamente celebradas em uma época "em que estavam cerceadas, nos países africanos de língua portuguesa, todas as liberdades individuais".[4] Essa feição poética reforçou, pelo menos no Brasil, a prevalência de estudos sobre a poesia produzida por poetas como Agostinho Neto, António Jacinto, Viriato da Cruz, José Craveirinha e pela poetisa Noémia de Sousa, vozes marcantes de um período em que as literaturas africanas, em diferentes momentos e espaços, se empenhavam "na construção e aquisição de uma consciência nacional"[5] e a poesia se voltava à celebração da terra, da natureza, da infância, signos importantes das lutas pela liberdade a ser conquistada.

A predominância, nesses primeiros tempos, de estudos sobre a poesia produzida em Angola e Moçambique iria, aos poucos, se alterar à medida que a disciplina Literaturas Africanas de Língua Portuguesa foi assumindo novos contornos e, consequentemente, trazendo para discussão outras motivações poéticas, como as cultivadas pelos angolanos Arlindo Barbeitos, autor de *Angola Angolê Angolema*,[6] e de uma dicção poética bastante singular, a de David Mestre, que fundou, em 1971, o grupo Poesias – Hoje e praticou, na poesia, a insatisfação que o consumia, e a de Ruy Duarte de Carvalho, autor de um trabalho poético que se ancora, por vezes, em materiais provenientes da expressão oral, como os expostos em poemas de livros publicados entre 1972 a 1988, sobretudo em *Chão de oferta*,[7] *Ondula, savana branca*[8] e *Hábito da terra*.[9] Entre os poetas moçambicanos, destacam-se como cultores de diferentes caminhos poéticos, mesmo antes da independência do país, Rui Knopfli e Virgílio de Lemos. Knopfli, como se verá em outro momento, é considerado um dos pilares da poesia moçambicana. Todos esses poetas angolanos e moçambicanos, mesmo durante a vigência de uma poesia de pendor revolucionário e de conscientização, cultivaram outras dicções poéticas, outros empenhos discursivos, razão de alguns deles serem revisitados por poetas e poetisas surgidos(as) no pós-independência.

É importante considerar que, no caso específico da poesia de Angola e Moçambique, objeto central deste texto, decidiu-se acompanhar os caminhos seguidos pela poesia produzida no pós-independência, em suas mais significativas expressões, a partir de considerações de críticos(as) africanos(as) como Luís Kandjimbo, Inocência Mata, Fátima Mendonça e Francisco Noa, sem deixar de considerar estudiosos de Portugal e do Brasil que têm se debruçado sobre as manifestações poéticas que começaram a surgir nos dois países a partir da década de 1980. É importante, ainda, considerar que muitos poetas e algumas poetisas da fase colonial continuarão, no pós-independência, a participar da cena literária dos dois países, por vezes, assumindo as inovações que habitam o campo da poesia desde as primeiras décadas do pós-independência, cujas características não se restringem somente às marcações cronológicas, embora o marco temporal esteja presente na própria proposta do texto.

Para deixarmos mais explícitas as tendências assumidas pela poesia de Angola e Moçambique no pós-independência, é importante que percorramos os caminhos trilhados pelos poetas e poetisas desses dois países, a partir de eventos e publicações mais importantes desse período. Por isso, preferimos percorrer os caminhos poéticos de cada um dos dois países africanos separadamente.

PERCURSOS POÉTICOS ANGOLANOS NO PÓS-INDEPENDÊNCIA

O poeta e crítico Luís Kandjimbo, no texto "Geração da Revolução ou Geração das Incertezas?",[10] publicado em 1997, chama a atenção para o fato de a época em que se deram as independências políticas das colônias britânicas e francesas, em África, aludida por metáforas como a do "emergir do sol das independências", ser a mesma em que ocorre a assunção das elites nacionais ao poder, ainda que, pretensamente, fosse o povo a grande personagem do cenário político que se traça após as independências em África. As duas faces de uma mesma realidade histórica embasam as reflexões de Kandjimbo expostas no texto "Breves notas sobre a geração literária do período pós-independência",[11] integrado ao livro *Ideogramas de Ngandji* –

ensaio de leituras e paráfrases, publicado em 2013, no qual são considerados fatos que marcam os primeiros anos do pós-independência em Angola, tomando como referência a produção literária de escritores e escritoras que despontam nas primeiras décadas do pós-independência do país.

O crítico chama a atenção para atividades importantes que impulsionaram o campo literário angolano no período: a atividade editorial da União dos Escritores Angolanos, criada em 10 de dezembro de 1975, o *boom* de publicação de obras literárias impedidas de serem editadas durante o colonialismo e a introdução do estudo de literatura angolana nos programas de Língua Portuguesa em vigor em instituições de ensino do seu país.[12] A esses fatores o crítico acrescenta a criação de prêmios literários que irão propiciar o surgimento de novos poetas e poetisas e a criação das Brigadas Jovens de Literatura, que aparecem em Angola e em cidades em que existiam estabelecimentos de Ensino Médio e em algumas em que existiam instituições de Ensino Superior. A Brigada Jovem de Literatura de Luanda é a primeira a ser criada, surgindo em junho de 1980, seguindo-se as de Lubango, Huambo, Lobito, Uige e Namibe. As Brigadas Jovens de maior repercussão foram as de Luanda, Lubando-Huíla e Huambo, que se afastam do tom épico da poesia de combate, que continuará a ser cultivada por poetas do pós-independência. Os jovens poetas brigadistas defendem um trabalho mais voltado à elaboração estética do poema, por vezes assumindo tendências praticadas por poetas e poetisas de gerações anteriores que, mesmo na vigência da poesia compromissada com a luta pela independência, se voltavam ao cuidado mais atento com a artesania do texto poético.

Kandjimbo também observa que, a partir de 1984, começam a surgir dissensões internas na Brigada Jovem de Luanda, o que provocará o surgimento de projetos estéticos autônomos, como o do grupo Ohandandji, a que pertenceram, dentre outros autores, Lopito Feijóo, membro fundador da Brigada Jovem de Literatura de Luanda, António Panguila e o próprio Luís Kandjimbo, autor de um manifesto publicado no suplemento Vida & Cultura, do *Jornal de Angola*, em 22 de abril de 1984. Além do Ohandandji, surge, na rota das dissensões, a revista *Archote*, criada por Eduardo Bonavena, em 1986.

É importante destacar que, em 1988, será publicada pela União dos Escritores Angolanos a antologia *No caminho doloroso das coisas*, organizada por Lopito Feijóo, que, como adiantado, foi membro fundador da Brigada Jovem de Literatura de Luanda e do grupo dissidente Ohandandji. Lopito Feijóo é responsável pela seleção de poemas e pelas notas explicativas da publicação. No texto "*No caminho doloroso das coisas* – a palavra profética ainda fresca",[13] o organizador destaca que a antologia pode ser considerada como o "grito poético da primeira geração de poetas nascidos com Angola enquanto República Popular",[14] como o despontar da nova poesia angolana que surge a partir dos anos 1980. Nas palavras do organizador, a antologia encaminha propostas "estética e eticamente renovadas, e acima de tudo, com identidade firme".[15]

Dos 19 nomes selecionados para compor a antologia, figuram poetas e poetisas que se firmarão no cenário literário do pós-independência de Angola, como o próprio Lopito Feijóo, mas também João Maimona, um dos fundadores da Brigada Jovem de Literatura de Huambo, e José Luís Mendonça, que desponta no cenário poético de Angola no início da década de 1980. Além desses três poetas que se tornariam grandes representantes da poesia angolana, a antologia teve a participação de Ana Paula Tavares, sem dúvida a maior revelação no campo da poesia angolana contemporânea desde a publicação do livro *Ritos de passagem*, em 1985, de Ana de Santana, nome literário de Ana Paula de Jesus Faria Santana, autora de *Sabores, odores e sonho*, publicado em 1985, e de Doriana, pseudônimo literário de Ana Francisca Silva Major, que, embora não tivesse ainda livro publicado à época do lançamento da antologia, era colaboradora assídua da revista *Archote*, criada, como já dito, por Eduardo Bonavena, em 1986.

A antologia *No caminho doloroso das coisas*[16] expõe uma produção poética que convoca as várias vertentes seguidas por poetas e poetisas surgidos(as) nas primeiras décadas do pós-independência, vários oriundos das Brigadas. Uma dessas vertentes é representada por poetas que vivenciam as decepções, os medos e as perplexidades de uma geração "cheia de incertezas",[17] que induz o crítico a considerá-los integrantes da Geração das Incertezas, uma vez que a maioria de seus componentes, por haver nascido entre 1955 e 1965, viveu a euforia da vitória contra o colonialismo e da independência do país, mas também as intensas incertezas advindas do quadro social e político vigente no pós-independência, conflito que se refletirá no modo com que a literatura, principalmente a poesia, se apresentará em livros publicados nas décadas de 1980 e 1990.

A desilusão destacada por Kandjimbo, no texto "Breves notas sobre a geração literária do período pós-independência",[18] está poeticamente assumida em vários dos poemas publicados na antologia *No caminho doloroso das coisas*.[19] No poema "Memória", de João Maimona, são utilizados termos relacionados à ideia de ruína, devastação, como "escombros" e "cicatrizes", para indicar que "no berço da noite jaz a luz / drogada e ouvida pela cruz sobre quem viajaste".[20] Processos de figuração da linguagem permitem construir significativas relações entre o poema e o obscuro cenário que o poeta procura descrever. As marcas da desilusão, explícitas no poema, expressam a desesperança que paira sobre o cenário literário das primeiras décadas do pós-independência.

Os poemas de José Luís Mendonça também se valem de termos, expressões e simbologias do campo semântico da desilusão, da desesperança. Em "De asas sob a terra",[21] as expressões "pássaros estrangulados", "tambor de sangue", "tempo de metal" procuram aludir à atmosfera obscura da cidade conclamada na primeira estrofe: "Ergue-te, cidade, malar vigília / de pássaros / estrangulados". Pode-se dizer que a mesma atmosfera se repete no poema "Imaginário", em que a voz poética acentua a ausência de esperança que reina em período marcado por intensa desilusão:[22] "Imagina que / Não tens terra / Não tens tarde / Não tens tropas / És igual ao curdo mago / És um suor do vago / Mostrador do tempo".[23]

Lopito Feijóo, nos poemas publicados na antologia, vale-se de versos livres e brancos para explorar uma feição erótica que se expressa no corpo, no rosto de "amantes testamentários da violência mitológica!".[24] No poema "Meditando", explora recursos sonoros como em "teço toc toc enquanto toco levemente o provir / d'outra gestão", explorando recursos de invenção poética reveladores na "nova poesia nova", anunciada pelo poeta no texto introdutório da antologia *No caminho doloroso das coisas*.[25]

Na mesma antologia, algumas dicções poéticas se estruturam com recursos do campo do feminino e do erotismo, explorados em poemas das três escritoras que integram a publicação. Nesse sentido, é importante considerar o poema "A abóbora menina", de Paula Tavares, que se vale de feliz estratégia para revelar "segredos bem escondidos" que, no plano das relações textuais construídas, tanto podem se referir à abóbora, denotativamente anunciada pela referência às "folhinhas verdes" e à "flor amarela", quanto ao corpo da menina, anunciada no título, que aproxima as palavras "abóbora" e "menina", e aludida metaforicamente nos versos finais do poema: "depois é só esperar / nela deságuam todos os rapazes".[26]

Nos poemas da mesma autora, "Cerimônia de passagem"[27] e "Rapariga", são explorados arranjos poéticos que remetem a tradições ancestrais que regem os destinos e os lugares ocupados pelas mulheres e a ciclos do curso da vida, metonimicamente anunciados pelos versos "a zebra feriu-se na pedra / a pedra produziu lume" que abrem e fecham o poema. Em "Cerimônia de passagem" percebe-se uma intencional relação entre ditames da tradição e as mudanças que se operam no corpo da mulher: "a rapariga provou o sangue / o sangue deu fruto", celebrando-se os ciclos que, no corpo da mulher, passam pela menstruação e pela capacidade de gerar. O poema "Rapariga" também recorre à tradição, descrevendo preceitos e ordens do código de deveres que devem ser observados pela mulher: "cresce comigo o boi com que me vão trocar".[28] Sutilmente, o poema deixa entrever sinais de transgressão que podem ser auferidos na alusão à "falta de limite..." e no uso intencional das reticências.

Doriana explora, no poema "Costuras",[29] termos relacionados a bordados, costuras, chuleios, pontos, cerzidos, crivo, bainhas e passajados, para dizer das surpresas trazidas pela vida. O tom de desencanto sutilmente anunciado volta a aparecer no poema sem título,[30] sobretudo na repetição de versos que dizem de um corpo significado pelo desejo e pela espera: "e o corpo se desfaz em loiras labaredas"; "já o meu corpo se desfaz na geografia da espera".[31] No poema "Conjunturas", a poetisa explora um léxico relacionado à sexualidade e a ordens que determinam as funções de corpos vigiados por códigos e deveres que impedem os sonhos. A morte dos sonhos e da esperança é retomada no poema de Ana de Santana, "Canção para uma mulher" ("Apenas dizes dos braços / cruzados à volta do filho").[32] O poema "Sabores, odores e sonhos" explora recursos poéticos tomados ao campo semântico do erotismo: "tuas pérolas me eram destinadas / me fecundavas e abandonavas / com teu suor desértico, quando / em teu ardor bebeu meu sabor".[33]

Como destaca Luís Kandjimbo, as inovações poéticas propostas pelos poetas e poetisas da Geração das Incertezas podem ser consideradas inovações formais, ainda que nem sempre acarretem ruptura "no plano dos temas e dos referentes".[34] O crítico acentua que a visão inconformista indica a não fixação na angústia e nas incertezas que caracterizaram um quotidiano de frustrações e de perda de sentido da existência humana.[35] A poesia dessa geração ficará registrada por alguns poetas e poetisas, dentre os quais os que participam da antologia *No caminho doloroso das coisas*,[36] alguns cultivando uma dicção bastante pessoal, ainda que não concretizem rupturas significativas com relação aos temas tratados e aos cenários poeticamente enfocados. Kandjimbo destaca como expoentes da Geração das Incertezas os(as) seguintes autores(as) e obras: Ana de Santana (*Sabores, odores e sonho*), Lisa Castel (*Mukanda*), Lopito Feijóo (*Doutrina*), José Luís Mendonça (*Gíria de cacimbo*), João Melo (*Tanto amor*), António Panguila (*O vento do parto*), Conceição Cristóvão (*Amores elípticos*), Maria Alexandre Dáskalos (*Jardim das delícias*). Em outra categoria, a dos *inovadores*, Kandjimbo refere-se aos(às) que recorrem a inovações léxico--semânticas e investem em estratégias inusitadas de composição poética. Nessa categoria, são destacados(as) os(as) autores(as) de obras em que se concretizam inovações temáticas e estratégias de uso da linguagem que merecem ser ressaltadas como características dessa geração de poetas e poetisas surgidos(as) em Angola a partir da década de 1980: João Maimona (*Trajectória obliterada*, *As abelhas do dia*); José Luís Mendonça, em obras como *Respirar com as mãos na pedra*, *Logaríntimos da alma – poemas de amar*, *Quero acordar a alva*; Rui Augusto (*A lenda do chá*, *O amor civil* e *O colar de maldições*); Frederico Ningi (*Os címbalos dos mudos*); João Tala (*A forma dos desejos* e *O gasto das sementes*); Carlos Ferreira (*Ressaca*); Amélia

Dalomba (*Espiga de Sahel*); e Lopito Feijóo, particularmente nas obras *Me ditando* e *Lex & cal doutrina*.[37]

Carmen Tindó Secco, em artigo do livro *A magia das letras africanas – Angola e Moçambique*,[38] inclui, entre os poetas e poetisas considerados(as) expoentes da poesia publicada a partir dos anos 1980 ressaltados por Kandjimbo, referidos no parágrafo anterior, o próprio Kandjimbo e outros(as) que ela nomeia: João Melo, que, além de poeta, percorrerá o cenário literário de Angola como contista e crítico, Maria Alexandre Dáskalos e Paula Tavares. Carmen Tindó Secco chama a atenção para outros poetas desse período de incertezas que se fixam no gênero poesia: Fernando Kafukeno, que publica o livro *Boneca do Bê-ó* em 1993, e John Bella, autor de *Água da vida*, lançado em 1995.

Os poetas e poetisas ressaltados(as) por Luís Kandjimbo e Carmen Tindó Secco nos artigos referidos estão presentes na obra *Todos os sonhos – antologia da poesia moderna angolana*,[39] publicada pela União dos Escritores Angolanos em 2005, na gestão do secretário-geral Adriano Botelho de Vasconcelos, poeta de reconhecida importância no cenário literário de Angola.[40] Seomara Santos, responsável pela UEA Digital, no texto "Dados necessários para que se conheçam os factos e diversos percursos da poesia angolana (1945-2004)",[41] integrado ao volume da antologia *Todos os sonhos,* destaca alguns poetas e poetisas que surgiram na cena literária do pós-independência, explorando temas ligados à melancolia e à morte da utopia da construção de uma sociedade mais humana, mas também vários(as) outros(as) que anunciam em seus poemas uma ruptura com os velhos temas, assumindo uma motivação mais aberta ao amor, ao desejo, às manifestações do erotismo e da vivência do prazer, afastando-se de temas ligados a aspectos da vida social e política do país. Seomara Santos recorre a considerações de Inocência Mata presentes em textos do livro *Silêncios e falas de uma voz inquieta* e às de Carmen Tindó Secco, publicadas na *Antologia do mar*, para concluir que a diversidade temática é uma das características da poesia angolana publicada em diferentes fases do pós-independência, ainda que alguns poetas e poetisas prefiram retomar os caminhos da poesia compromissada com o social e o histórico.

Além de referir-se aos poetas e poetisas ressaltados por Luís Kandjimbo e Carmen Lucia Tindó Secco como expoentes da poesia angolana do pós-independência, Seomara Santos[42] destaca poetas como Adriano Botelho de Vasconcelos, que lança, em 1974, *Vozes da terra* e, em 2003, o livro *Emoções*, marcado por viés mais subjetivo; António Pompílio, autor de *O sal dos olhos do mar*, de 1997; António Gonçalves, autor de *Gemido de pedra* e *Versos libertinos*; Abreu Paxe, que publica o livro *A chave no repouso da porta*, em 2003; Carlos Ferreira, autor dos livros de poesia *Projecto comum I* e *Projecto comum II*, e Sapyruka, pseudônimo de António João Manuel dos Santos, autor de *Quando o sol nascer*. No mesmo artigo é também destacada a poetisa Celestina Fernandes, autora de vários títulos de literatura infantil e dos livros de poesia *Poemas* e *Meu canto*.

No ano de 2022, um artigo do escritor João Melo,[43] publicado no jornal *Rascunho*, em 28 de março de 2022, refere-se a escritores que, segundo ele, podem ser considerados expoentes da cena literária angolana a partir dos anos 2000. Do elenco citado por João Melo, destacamos os que publicaram poesia: Nok Nogueira, autor dos livros *Sinais de sílabas*, *Tempo africano*, *Jardim de estações* e *As mãos do tempo*, livro que mescla intenção poética e prosa, "em uma disposição pouco tributária a acentos reconhecíveis da tradição poética africana escrita em português, no período pós-colonial", como destaca Maurício Salles Vasconcelos em artigo publicado pela revista *Sibila*, em outubro de 2019. No mesmo artigo, João Melo considera outros nomes significativos da poesia angolana, na fase atual, Adriano Mixinge, autor de *O ocaso dos pirilampos*; Daniel Gociante Patissa, autor de *Consulado do vazio* e *Guardanapo de papel*; Job Sipitali, que publicou o livro de poesia *Raízes cantam*, em 2017; Tchiangui Cruz, autora do livro de poesia *Guardados numa gaveta imaginária*, e ainda João Fernando André, autor de *Lumbu – a alquimia das palavras*.[44]

Como se pode deduzir, levando-se em conta os artigos citados, algumas antologias de poesia publicadas pela União dos Escritores Angolanos até o momento e levantamentos feitos em artigos publicados pela internet, continuam a surgir novos poetas tanto em Angola quanto na diáspora angolana, principalmente em Portugal. E, ainda que editoras como Nzila e Chá de Caxinde tenham fechado suas portas e tenham diminuído bastante as publicações da União dos Escritores Angolanos, a cena literária angolana continua apresentando novos cultores da arte poética, assumindo interessantes motivações e temas, experimentando, inclusive, inovações no trabalho com a linguagem e diferentes estratégias para colocarem seus livros em circulação.

FEIÇÕES DA POESIA DE MOÇAMBIQUE A PARTIR DE 1975

Com relação à produção poética de Moçambique, deve-se considerar que, antes de 1975, já se divisava, na literatura do país, uma diversidade de tendências temáticas e estilísticas que, conforme afirma Nelson Saúte, caracterizava a poesia ali produzida. Saúte identifica os "dois pilares estruturantes da poesia de Moçambique": José Craveirinha, pela força telúrica de sua produção poética e por delinear, poeticamente, "o ser e o modo moçambicanos",[45] e Rui Knopfli, que, com sua postura iconoclasta e mais intimista, irá concretizar outras feições para a modernidade poética do país. Os dois pilares da poesia moçambicana, Craveirinha e Knopfli, são também referidos pela poetisa e crítica Ana Mafalda Leite[46] em texto publicado em 2020, em que são consideradas as poéticas fundacionais da poesia moçambicana e os poetas responsáveis pela afirmação de um novo paradigma literário diverso do português metropolitano, já nos anos 1940.

Feições da poesia moçambicana, no pós-independência, estão fixadas nas várias páginas literárias que surgem no país a partir de 1978, com destaque para o suplemento Literatura e Artes, do jornal *Notícias*, criado em 1978 por Fernando Couto; a página Artes e Letras, do semanário *Domingo*; Diálogo, do jornal *Notícias da Beira*; Gazeta de Artes e Letras, do semanário *Tempo*, criada, em 1984, por Luís Carlos Patraquim, publicações que se abriam a tendências da poesia contemporânea, propiciando uma mudança expressiva na vida literária do país.[47]

É importante destacar que, nos anos de 1980 e 1981, foram publicados vários livros de poesia em decorrência de acordo feito entre o Instituto

Nacional do Livro e do Disco (INLD), criado em novembro de 1975, em Moçambique, e as Edições 70, de Portugal – alguns dos títulos em franca divergência com as tendências encaminhadas pela "literatura de combate". Em decorrência desse acordo, foram publicadas reedições das obras *Xigubo* e *Karingana ua Karingana*, de José Craveirinha, *O ritmo e o presságio*, de Sebastião Alba, e *O núcleo tenaz*, de Jorge Viegas. Em primeira edição, foram lançados os livros *Moção*, de Luís Carlos Patraquim, *Silêncio de um escancarado*, de Rui Nogar, e *Assim o tempo derrubado*, de Albino Magaia.

Em 1982, com a criação da Associação dos Escritores Moçambicanos (Aemo), surgem novas tendências estéticas em consequência de uma maior abertura às produções culturais e literárias. Desponta um lirismo mais intimista e uma poesia produzida com maior rigor estético, ainda que se mantivessem produções poéticas motivadas pela realidade social e política instalada no país. A Aemo publicará, no período de 1983 a 1988, vários títulos de poesia, seguindo as vertentes poéticas em voga no país. O poeta e ativista político Sérgio de Oliveira publica *Também memória do povo*;[48] Mia Couto, *Raiz de orvalho*;[49] e Eduardo White, *Amar sobre o Índico*,[50] que despontam com uma poesia de cunho subjetivo. São publicados, ainda, os livros de Juvenal Bacuane;[51] *A raiz e o canto* e *Réquiem (com os olhos secos)*, em 1987;[52] *Testamento - 1*, de Clotilde Silva;[53] *As faces visitadas*, de Orlando Mendes;[54] *A inadiável viagem*, de Luís Carlos Patraquim;[55] *Espelho dos dias*, de Armando Artur;[56] *Canto do amor natural*, de Marcelino dos Santos;[57] *Por cima de toda a folha*, de Heliodoro Baptista;[58] e *Verdade dos mitos*, de Helder Muteia;[59] Em edições do *Caderno Tempo* são publicados os livros de poesia: *Dos meninos da Malanga*, de Carlane da Silva,[60] e *Directo ao assunto*, de Carlos Cardoso.[61]

Eduardo White, Luís Carlos Patraquim e Mia Couto acolhem, nos livros de poesia publicados nos primeiros anos da década de 1980, uma motivação mais intimista que se distancia do *ethos* revolucionário da poesia engajada. White celebra, em poemas do livro *Amar sobre o Índico*, o amor – "Felizes os homens / que cantam o amor"[62] –, explorando recursos poéticos que intentam abrir espaço ao inexplicável, aos sonhos, aos medos e aos fantasmas do poeta, temas a serem abrigados pela palavra poética, que "inteira e nua se assume / no perfeito / no perpétuo movimento / da incógnita que a adoça".[63] Patraquim,[64] poeta do presente – "faço e refaço / parede nua, parede nua"[65] –, para cantar o amor que perpassa o poema: "afasto as cortinas da tarde / porque te desejo inteira / no poema". Mia Couto, em versos de *Raiz de orvalho*, exibe traços de uma poética intimista, sem deixar de tocar em questões do seu tempo: "No mundo que combato / morro / no mundo por que luto / nasço".[66]

Em junho de 1984, é criada a revista *Charrua*, com patrocínio da Associação dos Escritores Moçambicanos (Aemo), tendo à frente os escritores Ungulani Ba Ka Khosa, Eduardo White, Juvenal Bucuane, Pedro Chissano e Hélder Muteia,[67] existindo até o ano de 1986, com oito números publicados. O crítico Francisco Noa reconhece que *Charrua* teve um efeito aglutinador em volta da Geração da Distopia e do Desencanto, impulsionando uma tendência mais intimista, por vezes entremeada a intensa carga erótica, como em poemas de Eduardo White, e a um apuro no uso da linguagem presente, sobretudo, na produção poética de Luís Carlos Patraquim. O nome da revista, *Charrua*, expressa as propostas encaminhadas por seus criadores, que intentam revolver o terreno da poesia moçambicana, abrindo-se a uma maior diversidade temática e de estilos. São expressões poéticas exploradas por integrantes da *Charrua* o intimismo, alcançado por poetas consagrados como Eduardo White, Luís Carlos Patraquim e Armando Artur, o viés erótico, que perpassa a poesia de vários integrantes da revista e de que Eduardo White é, sem dúvida, a maior referência, a artesania verbal, na linha de Rui Knopfli, presente na poesia de Luís Carlos Patraquim, Helidoro Baptista, Eduardo White e Armando Artur, e a intenção irreverente que se concretiza em poemas de Filimone Meigos, desde o livro *Poema & Kalash in Love*.[68]

No "Prefácio" à *Antologia da nova poesia moçambicana*, Fátima Mendonça,[69] autora de importante obra crítica sobre a literatura de Moçambique, destaca o fato de, nos primeiros anos seguintes à independência do país, em 1975, a poesia moçambicana ter-se voltado a temáticas voltadas à "denúncia do colonialismo e à exaltação dos novos valores que a independência trazia".[70] Essas temáticas estão presentes em poemas publicados pela antologia *Poesia de combate 1*, no ano de 1971, antes, portanto, da conquista da independência, permanecendo nos volumes *Poesia de combate 2* e *Poesia de combate 3*, publicados em 1977 e em 1980, respectivamente.

Nessas antologias, segundo Mendonça, a produção poética assume a defesa da arte como representação do real, valendo-se dos recursos próprios do realismo socialista e encaminhando uma função pedagógica da literatura, que será ressaltada no discurso proferido pelo escritor Marcelino dos Santos, na sessão de constituição da Aemo, em agosto de 1982, em que são acentuados o papel do escritor, "chamado a levar a literatura a realizar a sua função pedagógica", e "a função da literatura [...] na transformação cultural e ideológica do país".[71] Fátima Mendonça destacará, ainda, que, no âmbito da função pedagógica exigida da literatura (e do poema), a língua portuguesa quase sempre é utilizada "como instrumento e não como adorno, exatamente como a espingarda utiliza a bala ou o morteiro usa a granada".[72]

Francisco Noa,[73] Ana Mafalda Leite[74] e Carmen Tindó Secco[75] destacam a permanência, na poesia do pós-independência, da feição intimista como a cultivada por Rui Knopfli,[76] mas também a feição heroica, fincada na terra, como a praticada por José Craveirinha. Noa e Secco consideram que o fato de Craveirinha e Knopfli continuarem a publicar no pós-independência mantém esses dois grandes poetas como faróis a iluminar a poesia moçambicana. Knopfli, no livro de poesia *O monhé das cobras*, publicado em 1997, revisita, poeticamente, lugares da capital de Moçambique guardados pela memória. No poema "O monhé das cobras", que abre o livro e o nomeia, é redesenhada a "figura real e mítica do Monhé das Cobras poisado entretenimento do Jardim Vasco da Gama",[77] revisitado pelas lembranças de um tempo já passado. Nomes de lugares como Jardim Vasco da Gama, Ponta Vermelha, Mafalala, praia da Polana, Largo do Xipamanine, Cinema Scala são alguns dos espaços da cidade Lourenço Marques/Maputo que renascem nos poemas desse livro, quando vasculha a memória para recuperar as imagens da cidade em que o poeta viveu parte de sua vida.

José Craveirinha, que surgira no cenário literário de Moçambique com o livro *Xigubo*, lançado em 1964 e republicado em 1980, passando por *Karingana ua Karingana*, cuja primeira edição se deu em 1974, sendo republicado também em 1980, publicará *Cela 1*, em 1980. Nesse mesmo ano, um poema de sua autoria, "Saborosas tanjarinas de Inhambane" é lido pelo poeta Gulamo Khan em uma das tertúlias radiofônicas de Maputo. Os versos iniciais do poema – "Serão palmas induvidosas todas as palmas / que palmejam os discursos dos chefes?"[78] – expõem, através da ironia, a perplexidade do eu lírico diante da situação política e social instalada em Moçambique. Francisco Noa[79] afirma que a recepção entusiasmada do poema de Craveirinha pelos novos poetas advinha do honesto diagnóstico da situação do país, feito por quem nunca escondeu o seu amor por sua terra natal, enaltecida nas referências às "tanjarinas de Inhambane". Em 1992, Craveirinha publica *Babalaze das hienas*, em que são poeticamente encenadas pequenas histórias e cenas do cotidiano de Moçambique durante a guerra civil. São poemas narrativos nos quais se enuncia um eu lírico narrador que vasculha os cenários de uma terra destroçada por catanas, machados, minas e lâminas que dilaceram corpos "na pândega das metralhadoras".[80]

Referências aos sonhos sonhados, à morte desses sonhos, ao medo e à insatisfação com a situação instalada em Moçambique transparecem na poesia de vários poetas que surgiram antes e depois da revista *Charrua*. Dentre esses, Afonso dos Santos, autor de *Colecionador de quimeras*, e Gulamo Khan, cujos poemas são publicados em 1990, em obra póstuma, *Moçambicanto*, uma vez que o poeta e jornalista faleceu no mesmo desastre aéreo que provocou a morte de Samora Machel, em 19/10/1986. Os mesmos temas estão presentes na produção poética de Julius Kazembe (cujo nome aparece também grafado como Júlio Cazembe), dispersa em jornais e antologias, e em Nelson Saúte, em cuja obra poética se sente o pulsar do desencanto, a consciência de que "os sonhos foram mutilados", como acentua Secco nas referências que faz ao lavor poético desses poetas.[81]

Fátima Mendonça[82] considera algumas das várias iniciativas coletivas surgidas a partir do encerramento das atividades da revista *Charrua*, em 1988. Em 1987 surge o primeiro número da revista *Forja*, sob coordenação de membros da Brigada João Dias. Também em 1987 surge, em Inhambane,

Xiphefo: Caderno Literário, por iniciativa de Momed Kadir (autor de *Impaciência & desencanto*) e Adriano Alcântara. O poeta Francisco Guita Júnior (Guita Jr.) define a proposta de *Xiphefo* como a de "uma lírica amorosa, que colocávamos na rubrica 'Elo'", e outra – mais de intervenção social, mais crítica em relação à guerra civil e à atitude do *establishment* –, que era publicada na rubrica "Wona" – palavra que, em *bitonga*, língua local, significa "olha", "vê".[83] Fátima Mendonça destaca Guita Jr. como uma das revelações tardias do grupo *Xiphefo*, cultor de tom pessoalíssimo e adulto e de uma poesia que explora temas da desilusão e do amor. Guita Jr. publicou *O agora e o depois das coisas*, em 1997, *Da vontade de partir* e *Rescaldo*, em 2001. Fizeram parte de *Xiphefo* outros nomes, como Albano Júnior, Artur Minzo e Danilo Parbato.

No ano de 1992, é publicada a antologia *A Ilha de Moçambique pela voz dos poetas*, organizada por Nelson Saúte e António Sopa. A proposta dessa antologia é celebrar a Muipti, a ilha "incrustada no Índico, mirando pachorrenta o Oriente",[84] para reiterar a urgência em preservar esse patrimônio da história de Moçambique, um lugar em que permanecem as memórias deixadas por cronistas, historiadores, missionários, viajantes e poetas como Tomás António Gonzaga e Luiz de Camões, a que se ajuntam as celebrações de poetas como Virgílio de Lemos, Glória de Santana, Rui Knopfli, Luís Carlos Patraquim e Nelson Saúte. Ao celebrarem esse espaço matricial, os organizadores acolhem um viés poético moçambicano que faz do Índico, da costa índica, motivação que inscreve na poesia moçambicana "uma opção geopoética do Índico e da Ilha de Moçambique",[85] já assumida pelo poeta Virgílio de Lemos, cocriador do movimento Msaho, de 1952, pelo poeta Rui Knopfli, por Eduardo White, autor de *Amar sobre o Índico*, e Luís Carlos Patraquim.

Motivados pelo fato de haverem nascido na década de 1970, alguns jovens poetas, muitos saídos de concursos e prêmios literários, se autonomeiam, na década de 1990, integrantes da Geração 70, assumindo a rebeldia como característica predominante da escrita poética praticada por eles. Os poetas dessa chamada Geração 70 condenam, por exemplo, a poesia de Eduardo White, intimista, erótica, aberta aos trânsitos, às viagens imaginárias, considerada por eles bem-comportada, distante, portanto, do sentido de rebeldia que defendiam. Elogiam o tom satírico do lirismo de José Craveirinha, o "Grande Mestre", como o consideram, bem como os de Rui Knopfli, Grabato Dias, Jorge Viegas e José Luís Patraquim. Dos poetas rebeldes que se autodenominaram integrantes da Geração 70 podem ser destacados Chagas Levene, autor de *Porto das luzes* e *Pirotecnia*, Celso Manguana (*Pátria que me pariu*, 2006), além de Domi Chirongo, que, como Chagas Levene, integra o livro *Moçambique hoje*: *antologia da novíssima poesia moçambicana*, organizada por Ricardo Riso. Além desses, Secco considera como integrantes da Geração 70: Bruno Macame, Luís Nhachote, Magdalena Monteiro e Rui Jorge Cardoso.

Carmen Tindó Secco[86] destaca poetisas em cuja obra ressoam as vozes de Noémia de Sousa e Glória de Santana. Secco cita Clotilde Silva, que lança o livro *Testamento – 1*, em 1985, Ana Mafalda Leite, que tem uma concreta relação com Moçambique não apenas por ter vivido vários anos no país, mas, principalmente, porque tem importância reconhecida como estudiosa da literatura moçambicana, também se despontando como autora de um trabalho poético que evoca "o território poético e afetivo, liricamente moçambicano e índico", ainda que também acolha "a tradição lírica portuguesa", delineando trânsitos imaginários, ligando as duas culturas.[87]

No percurso que realiza sobre as manifestações da poesia moçambicana do pós-independência, Secco[88] destaca, no campo da poesia produzida na primeira década do século XXI, Sónia Sultuane, que publica seu primeiro livro, *Sonhos*, em 2001, anunciando uma poesia calcada em eroticidade e sensualidade, feições que permanecerão em outros livros já publicados pela escritora que é também artista plástica. A estudiosa brasileira também se refere à sensualidade e ao erotismo como características da poesia de Rinkel, pseudônimo de Márcia dos Santos, autora de *Almas gêmeas*, publicado em 1998. Podem ser destacadas, nesse cenário poético mais voltado às manifestações das linguagens do corpo feminino, Lica Sebastião, autora de *Poemas sem véu*, além de Tânia Tomé, que investe em espetáculos de canto e poesia, *showesia* e em poemas escritos. Tânia Tomé publica o livro *Agarra-me o sol por trás (e outros escritos & melodias)* em 2010. Ainda na primeira década dos anos 2000, são lançados os livros de poesia *O mel amargo* e *Minarete de medos e outros poemas*, do poeta Mbate Pedro, e *Inventário de angústias ou apoteose do nada* e *Mesmos barcos ou poemas de revisitação do corpo*, de Sangare Okapi.

Na segunda década do século XXI, despontam vários poetas, dentre os quais Amosse Mucavele, coordenador da antologia *A arqueologia da palavra e a anatomia da língua – antologia poética* que reúne textos poéticos de autores(as) de Angola, Brasil, Cabo Verde, Guiné-Bissau, Macau, Moçambique, Portugal, São Tomé e Príncipe e Timor Leste. Na mesma década surgem várias poetisas na cena literária e artística de Moçambique, como Mel Matsinhe, autora de *Ignição dos sonhos*, Deusa d'África,[89] pseudônimo literário de Dércia Sara Feliciana Tinguisse, que confessa ter começado a escrever poesia inspirada por Noémia de Sousa. A escritora publica, em 2011, o livro de poesia *A voz das minhas entranhas*.

Outras poetisas começam a despontar no cenário recente da poesia de Moçambique, com obras poéticas recortadas por recorrência ao desejo, ao amor carnalmente vivenciado, como se mostra em poemas de Emmy Xyx, pseudônimo literário de Manuela Xavier, que publica *Contar ser gregos*, seu primeiro livro de poesia, em 2013, *Escritas na mão do mar à ria*, em 2015, e *Cada ver em vez de viver*, em 2016. Nesse contexto, em que despontam novos nomes no cenário literário de Moçambique, destacam-se ainda Énia Lipanga, autora de *Sonolências e alguns rabiscos*, primeiro livro impresso também em braile, em Moçambique, e Hirondina Joshua, autora de *Os ângulos da casa*.

É possível considerar, como o faz Fátima Mendonça,[90] que as primeiras manifestações da poesia moçambicana no pós-independência podem ser consideradas a partir do eixo configurado pelo "modelo imediatista da poesia de combate" e de outros eixos que se delineiam, de forma mais efetiva, nos primeiros livros de Luís Carlos Patraquim, *Moção* e *Inadiável viagem*, e no livro de poemas de Mia Couto *Raiz de orvalho*, publicado em 1983. Esses dois autores, como ressaltado em parte deste texto, apresentam propostas poéticas em que se efetiva o diálogo entre a subjetividade e a história[91] que se fortalecerá, sobretudo, a partir da poesia produzida por integrantes da revista *Charrua*, sem deixar que o lirismo sufoque a visão crítica e a deliberada exploração das sensações e manifestações de um corpo desejante, que se estrutura, em vários poetas e poetisas, com um interessante trabalho no nível da linguagem.

A realidade concreta do pós-independência propicia o surgimento de cultores de uma poesia que renega os caminhos traçados pela poesia de feição social, que continuará a ser cultivada por poetas que se voltam aos itinerários da nova nação em mapas poéticos traçados pela "poesia de combate", mas não somente. Os novos rumos da poesia serão alicerçados na liberdade de criar, na subjetividade explorada em vários tons e expressa por códigos estéticos delineados por vertentes várias que permitem que, na poesia produzida no pós-independência, sejam ainda ouvidas as vozes dos grandes poetas, como José Craveirinha, Noémia de Sousa, Rui Knopfli, mas também as dos(as) poetas e poetisas que pedem passagem para reinscrever e remodelar, no cenário da poesia pós-independência,

> [...] a dualidade que caracteriza a poesia moçambicana contemporânea: um relacionamento da escrita com o cotidiano, de onde decorre uma atitude de exteriorização e de intervenção e, em paralelo, uma interiorização tendente à projeção lírica de forte componente amorosa e erótica, característica de grande parte da poesia moçambicana.[92]

REFERÊNCIAS

ARTUR, Armando. *Espelho dos dias*. Maputo, Associação dos Escritores Moçambicanos, 1986.

BAPTISTA, Heliodoro. *Por cima de todas as folhas*. Maputo, Associação dos Escritores Moçambicanos, 1987.

BACUANE, Juvenal. *A raiz e o canto*. Maputo, Associação dos Escritores Moçambicanos, 1984.

_____. *Réquiem (com os olhos secos)*. Maputo, Associação dos Escritores Moçambicanos, 1987.

BARBEITOS, Arlindo. *Angola Angolê Angolema*. Lisboa, Sá da Costa, 1976.

BORTOLOTTI, João Antônio Batista. "Revista *Charrua* – relativizações das retóricas de intelectual revolucionário e literatura de combate (1977-1986)". *Revista Discente Ofícios de Clio*, vol. 5, n. 9, jul.-dez. 2020.

CARDOSO, Carlos. *Directo ao assunto*. Maputo, Caderno Tempo, 1985.

CARVALHO, Ruy Duarte de. *Chão de oferta*. Luanda, Editorial Culturang, 1972.

____. *Ondula, savana branca*. Lisboa, Sá da Costa, 1982.

____. *Hábito da Terra*. Luanda, União dos Escritores Angolanos, 1988.

COUTO, Mia. *Raiz de orvalho*. Maputo, Associação dos Escritores Moçambicanos, 1983.

CRAVEIRINHA, José. *Babalaze das hienas*. Maputo, Associação dos Escritores Moçambicanos, 1992.

FEIJÓO, Lopito (org.). *No caminho doloroso das coisas – antologia de jovens poetas angolanos*. Luanda, União dos Escritores Angolanos, 1988.

FONSECA, Maria Nazareth Soares. "A literatura angolana". *literafro*, 1 jul. 2021. Disponível em <http://www.letras.ufmg.br/literafro/literafricas/literatura-angolana/1473-maria-nazareth-soares-fonseca-a-literatura-angolana>. Acesso em 10/11/2022.

KANDJIMBO, Luís. "Geração da Revolução ou Geração das Incertezas?". *Apologia de Kalitangi – ensaio e crítica*. Luanda, Instituto Nacional do Livro e do Disco (INALD), 1997, pp. 187-190.

____. "Breves notas sobre a geração literária angolana do período pós-independência". *Ideogramas de Ngandji – ensaio de leituras e paráfrases*. 2. ed. Luanda, Tringularte Editora, 2013, pp. 285-295.

KNOPFLI, Rui. *O monhé das cobras*. Alfragide, Editorial Caminho, 1997.

LEAL, Luciana Brandão. "Feições da poesia moçambicana no século XX". *ALEA: Estudos Neolatinos*, vol. 24, n. 2, 2022.

LEAL, Luciana Brandão & ALVES, Roberta Maria Ferreira. "A literatura Moçambicana". *literafro*, 9 nov. 2023. Disponível em <http://www.letras.ufmg.br/literafro/literafricas/literatura-cabo-verdiana-2/1640-a-literatura-mocambicana-luciana-brandao-leali-roberta-maria-ferreira-alves>. Acesso em 10/11/2022.

LEITE, Ana Mafalda. "Filimone Meigos, a poesia como arte profanatória e como arte da paródia". *Revista Ecos*, vol. 17, ano XI, n. 2, 2014, pp. 26-36.

____. "Poéticas fundacionais da literatura moçambicana". *In*: FREITAS, Sávio & PINHEIRO, Vanessa Riambau (org.). *Dos percursos pelas Áfricas: a literatura de Moçambique*. João Pessoa, Editora UFPB, 2020, pp. 23-37.

LIMA, Norma Sueli. "Itinerário do ensino das literaturas africanas de língua portuguesa no Brasil". *Caderno Seminal Digital*, vol. 29, n. 29, jan.-jun. 2018. Disponível em <https://www.e-publicacoes.uerj.br/index.php/cadernoseminal/article/view/30997>. Acesso em 10/11/2022.

MATA, Inocência. *Silêncios e falas de uma voz inquieta*. Luanda, Kilombelombe, 2001.

MELO, João. "A nova cena literária angolana". *Rascunho*. Luanda, 28 mar. 2022.

MENDES, Orlando. *As faces visitadas*. Maputo, Associação dos Escritores Moçambicanos, 1985.

MENDONÇA, Fátima. "Prefácio". *In*: MENDONÇA, Fátima & SAÚTE, Nelson. *Antologia da nova poesia moçambicana – 1975-1988*. Maputo, Associação dos Escritores Moçambicanos, 1989, pp. VII-XXV.

_____. "Poetas do Índico – 35 anos de escrita". *Mulemba*, vol. 1, n. 4, jul. 2011, pp. 16-37.

MENDONÇA, Fátima & SAÚTE, Nelson. *Antologia da nova poesia moçambicana – 1975-1988*. Maputo, Associação dos Escritores Moçambicanos, 1989.

MUTEIA, Helder. *Verdade dos mitos*. Maputo, Associação dos Escritores Moçambicanos, 1988.

NOA, Francisco. *A escrita infinita: ensaios sobre literatura moçambicana*. Maputo: Universidade Eduardo Mondlane, Livraria Universitária, 1998.

_____. "Literatura moçambicana: os trilhos e as margens". *In*: CALAFATE, Ribeiro & MENESES, Maria Paula (org.). *Moçambique das palavras escritas*. Porto, Edições Afrontamento, 2008.

_____. *Perto do fragmento, a totalidad. Olhares sobre a literatura e o mundo*. Maputo, Ndjira, 2014.

OLIVEIRA, Sérgio de. *Também memória do povo*. Maputo, Associação dos Escritores Moçambicanos, 1983.

PADILHA, Laura Cavalcante. "O ensino e a crítica das literaturas africanas no Brasil: um caso de neocolonialidade e enfrentamento". *Revista Magistro*, vol. 1, n. 1, 2010, pp. 1-15. Disponível em <http://publicacoes.unigranrio.edu.br/index.php/magistro/article/viewFile/1063/625>. Acesso em 10/11/2022.

PATRAQUIM, Luís Carlos. *A inaudível viagem*. Maputo, Associação dos Escritores Moçambicanos, 1985.

PINHEIRO, Vanessa Riambau. "As representações do corpo feminino na poesia moçambicana: dos grilhões à liberdade". *Criação & Crítica*, n. 27, nov. 2020. Disponível em <http://revistas.usp.br/criacaoecritica>. Acesso em 10/11/2022.

SANTOS, Marcelino dos. *Canto do amor natural*. Maputo, Associação dos Escritores Moçambicanos, 1987.

SANTOS, Seomara. "Dados necessários para que se conheçam os factos e diversos percursos da poesia angolana (1945-2004)". *In*: VASCONCELOS, Adriano Botelho. *Todos os sonhos – antologia da poesia moderna angolana*. Luanda, UEA, 2005.

SAÚTE, Nelson. *Nunca mais é sábado. Antologia de poesia moçambicana*. Lisboa, Publicações Dom Quixote, 2004a.

______. "Prefácio". *Nunca mais é sábado. Antologia de poesia moçambicana*. Lisboa, Publicações Dom Quixote, 2004b, pp. 25-33.

SECCO, Carmen Lucia Tindó. *A magia das letras africanas – Angola e Moçambique – Ensaios*. 1. ed. revista, atualizada e ampliada. São Paulo, Kapulana, 2021.

______. "A poesia angolana pós-independência: tendências e impasses". *literafro*, 10 fev. 2022. Disponível em <http://www.letras.ufmg.br/literafro/literafricas/literatura-angolana/1512-carmen-lucia-tindo-secco-a-poesia-angolana-pos-independencia-tendencias-e-impasses>. Acesso em 10/11/2022.

SILVA, Carlane da. *Dos meninos da malanga*. Maputo, Caderno Tempo, 1982.

SILVA, Clotilde. *Testamento – 1*. Maputo, Associação dos Escritores Moçambicanos, 1985.

VASCONCELOS, Adriano Botelho. *Todos os sonhos – antologia da poesia moderna angolana*. Luanda, UEA, 2005.

VASCONCELOS, Maurício Salles. "Nok Nogueira". *Sibila – Revista de Poesia e Crítica Literária*, ano 24, 18 out. 2019.

VIEGAS, Francisco José. "Prefácio". *In*: KNOPFLI, Rui. *O monhé das cobras*. Lisboa, Caminho, 1997, pp. 13-19.

WHITE, Eduardo. *Amar sobre o Índico*. Maputo, Associação dos Escritores Moçambicanos, 1984.

NOTAS

[1] Lima, 2018, p. 17.

[2] Padilha, 2010, p. 4.

[3] Deve-se destacar, como exceção a esse quadro, a criação, em 1989, da Pós-Graduação em Letras na PUC Minas, em que as Literaturas Africanas de Língua Portuguesa eram ensinadas como disciplina obrigatória, com carga horária de 60 horas/aula, havendo também disciplinas optativas oferecidas na área.

[4] Mata, 2001, p. 17.

[5] *Idem*, p. 80.

6 Barbeitos, 1976.
7 Carvalho, 1972.
8 Carvalho, 1982.
9 Carvalho, 1988.
10 Kandjimbo, 1997.
11 Kandjimbo, 2013, p. 187.
12 *Idem*, pp. 188-189.
13 Feijóo, 1988, pp. 11-13.
14 *Idem*, p. 11.
15 *Idem, ibidem.*
16 Feijóo, 1988.
17 Kandjimbo, 1997, p. 189.
18 Kandjimbo, 2013.
19 Feijóo, 1988.
20 Maimona *apud* Feijóo, 1988, p. 29.
21 Mendonça *apud* Feijóo, 1988, p. 35.
22 No texto "Geração da Revolução ou Geração das Incertezas?", Luís Kandjimbo procura demonstrar que, nas primeiras décadas do pós-independência, "as incertezas e a revolução, na sua versão teórico-totalitária, se confundem". Kandjimbo, 1997, p. 187. Também José Luís Mendonça, em entrevista publicada no *Rede Angola* de 18/8/2014, alude à desilusão que se abateu sobre Angola nas primeiras décadas do pós-independência, após o esfriamento do fervor revolucionário, podendo ser também percebida na literatura produzida no período.
23 Mendonça *apud* Feijóo, 1988, pp. 35-38.
24 "A nona brisa". Feijóo, 1988, p. 143.
25 Feijóo, 1988, p. 12.
26 Tavares *apud* Feijóo, 1988, p. 23.
27 *Idem*, p. 21.
28 *Idem, ibidem.*
29 Feijóo, 1988, p. 69.
30 Doriana *apud* Feijóo, 1988, p. 70.
31 *Idem, ibidem.*
32 Santana *apud* Feijóo, 1988, p. 120.
33 *Idem*, p. 121.
34 Kandjimbo, 2013, p. 293.
35 *Idem*, pp. 293-294.
36 Feijóo, 1988.
37 Kandjimbo, 2013.
38 Secco, 2021.
39 A antologia *Todos os sonhos* apresenta um vasto elenco de poetas e poetisas que integram a cena literária de Angola a partir da década de 1940, período do nascimento da moderna poesia angolana. Dentre os que compõem a antologia, selecionamos os(as) que nasceram nas décadas de 1950 e 1960 e que, segundo Kandjimbo, publicaram seus primeiros livros de poesia nas décadas de 1980 e 1990. Têm esse perfil: Abreu Paxe, Adriano Botelho Vasconcelos, Amélia Dalomba, Ana

de Santana, Ana Branco, Armindo J. Gomes, António Pompílio, Anny Pereira, António Gonçalves, António Panguila, Carla Queiroz, Carlos Ferreira, Chó do Gury, Conceição Cristóvão, Cristóvão Neto, Curry Duval, Décio Bettencourt Mateus, Domingos Florentino, Eduardo Bonavena, Euclides Mariano, Fernando Kafukeno, Frederico Ningi, Isabel Ferreira, Ismael Mateus, João Melo, João Maimona, João Tala, John Bella, José Eduardo Agualusa, José Luís Mendonça, Kanguimbu Ananaz, Kudijimbe, Leila dos Anjos, Lopito Feijóo, Lúcio Assis, Luís Kandjimbo, Luís Rosa Lopes, Maria Fernanda Silva Baião, Maria Alexandre Dáskalos, Paula Tavares, Roderick Nehone, Rosário Marcelino, Rui Augusto, Sapyruka, Trajano Nankhova Trajano. A antologia apresenta, também, poemas de Ondjaki, que, embora tenha nascido em meados da década de 1970, publica seu primeiro livro, *Acto sanguíneo*, no ano 2000.

40 Vasconcelos, 2005.

41 Santos, 2005.

42 *Idem*.

43 Melo, 2022.

44 *Idem*.

45 Saúte, 2004b, p. 28.

46 Leite, 2020.

47 *Idem*.

48 Oliveira, 1983.

49 Couto, 1983.

50 White, 1984.

51 Bacuane, 1984.

52 Bacuane, 1987.

53 Silva, 1985.

54 Mendes, 1985.

55 Patraquim, 1985.

56 Artur, 1986.

57 Santos, 1987.

58 Baptista, 1987.

59 Muteia, 1988.

60 Silva, 1982.

61 Cardoso, 1985.

62 White *apud* Saúte, 2004a, p. 559.

63 *Idem*, p. 560.

64 Patraquim, 1980, p. 15.

65 *Idem*, p. 38.

66 Couto, 1983, p. 13.

67 Mendonça, 1989, p. XXVII.

68 Em 2008, Filimone Meigos publica o livro *Mozambique: meu corpus quantum meu corpus quantum*, considerado por Ana Mafalda Leite como exemplo mais importante de uma arte discursiva neobarroca no panorama da literatura moçambicana. Ver Leite, 2014.

69 Mendonça, 1989.

70 *Idem*, p. XI.

71 Santos, 2007, p. 20 *apud* Bortolotti, 2020, p. 45.
72 Mendonça, 1989, p. X.
73 Noa, 1998.
74 Leite, 2020.
75 Secco, 2021.
76 Rui Knopfli (1932-1997) publicara, de 1959 até os 1970, os livros: *O país dos outros*, *Reino submarino*, *Máquina de areia*, *Mangas verdes com sal* e *Ilha de Moçambique*, uma coletânea emblemática de poemas dedicados à Ilha de Moçambique. No pós--independência, publica os livros: *O escriba acocorado*, em 1982, *Memória consentida: 20 anos de poesia (1959-1979)*, *O corpo de Atena* e *O monhé das cobras*.
77 Viegas *apud* Knopfli, 1997, p. 18.
78 Craveirinha, 2002, p. 357.
79 Noa, 2014.
80 Verso do poema "Babalaze na linha de caminho de ferro". Craveirinha, 1992, p. 39.
81 Secco, 2021, pp. 315-316.
82 Mendonça, 2011.
83 Guita Jr. *apud* Moraes, 2011.
84 Saúte & Sopa, 1992, p. 13.
85 Ver o texto de autoria de Leal & Alves, 2023.
86 Secco, 2021.
87 Falconi, 2020, p. 14.
88 Secco, 2021.
89 Pinheiro, 2020.
90 Mendonça, 2011.
91 *Idem*, p. 18.
92 *Idem*, p. 25.

PARTE I

FEIÇÕES POÉTICAS DE ANGOLA

2

ANGOLA: PALAVRA DE POETA

Lopito Feijóo K.

AS MAIS IMPORTANTES REFERÊNCIAS DA POESIA ANGOLANA

Angola é – como todos os outros países reconhecidos e inseridos no sistema das Nações Unidas e não só – também um país de poetas. Um país com identidade cultural própria em razão do conjunto de motivos que conformam a maneira de ser e de estar dos angolanos. Os poetas e a poesia andam por aí. Nas cidades e nas zonas rurais. Nas fábricas, no campo, nos bairros e nas ruas. A poesia anda por aí onde andam os populares e os verdadeiros fabricantes de "vaticínios infalíveis", como dizia o iluminado "vate" José Craveirinha.

Reza a história que o primeiro livro impresso ao sul do Shara foi do género poético e de um autor angolano que atendia pelo nome de José da Silva Maia Ferreira, intitulado *Espontaneidades da minha alma*, e dedicado "às senhoras africanas". Isso no longínquo ano de 1849. De lá para os nossos dias, os mares da poética ou das poéticas angolanas jamais deixaram de crescer e, dentre as primeiras figuras de referência obrigatória, surge-nos o nome de Joaquim Dias Cordeiro da Mata, um comerciante autodidacta e autor de várias vertentes, escritor e poeta que foi dos primeiros a reflectir e reclamar por uma literatura autóctone em Angola. De Cordeiro da Mata herdamos aquela que supomos ser a mais rara obra poética da história da literatura angolana, que se intitula *Delírios*.

Outras referências literárias foram acontecendo e, na sequência, faço aqui e agora uma profunda e sentida vénia aos nomes de Óscar Ribas, um intelectual que por via da palavra poética cultuava as "musas", e, igualmente, do poeta Geraldo Bessa Victor,[1] um autor algo injustiçado pela história da literatura angolana e que nos legou uma "obra poética" cuja edição é datada de 2001 em Portugal, pela Imprensa Nacional, na qual se reúne toda sua vasta produção de poesia ou poética. Dele, jamais olvidaremos o poema "O menino negro não entrou na roda" e, igualmente, "O feitiço do batuque".

Outras grandes referências poéticas angolanas surgem com o movimento Vamos Descobrir Angola, com o qual se afirmam os nomes daqueles que, segundo o já falecido crítico literário David Mestre, são os cinco primeiros poetas "verdadeiramente" angolanos, referindo-se aos sonhadores da independência, da nacionalidade e, consequentemente, da cidadania angolana: António Jacinto, Viriato da Cruz, Agostinho Neto, Aires de Almeida Santos e Alexandre Dáskalos.

Aos nomes citados, vamos somar, também, os nomes de dois outros poetas que todos devemos conhecer e ler: Maurício Gomes, que um dia sonhou e desenhou, poeticamente, a actual bandeira de Angola, politicamente independente desde 1975, e Mário António,[2] que nos legou os *100 poemas,* editados ainda na época colonial, muitos dos quais magistralmente musicados por exímios compositores de melodias angolanas.

António Cardoso (Tony Dicar), na prisão, Arlindo Barbeitos e Fernando Costa Andrade, no exílio, Rui de Matos e Garcia Bires, nos maquis, entre outros companheiros e camaradas, são também nomes de referência da chamada poesia angolana de combate ou da guerrilha. Todos esses devem, igualmente, ser reverenciados e celebrados quando falamos de poesia em Angola.

Entretanto, em função da existência do regime colonial e fascista, proporcionou-se o surgimento da chamada geração silenciada. A geração de poetas que se afirma e confirma ainda nos anos 1970, e que tem como referências obrigatórias os nomes de Rui Duarte de Carvalho, David Mestre, Jorge Macedo, Samuel de Sousa e João Abel, aos quais se juntam o esquecido Cochat Osório e Manuel Rui, com o seu (mais que atrasado!) projecto de publicação anual dos *Onze poemas em novembro*.

Com a independência, na sequência da já reconhecida tradição poética angolana, novos valores vieram acrescer valor ao universo literário local por via da versificação.

Afirmou-se a primeira geração de poetas do período pós-independência com nomes de destaque – e com lugar já cativo! – na história da literatura angolana, alguns dos quais "dão as cartas" quando de poesia moderna angolana se fala: João Tala, João Maimona, José Luís Mendonça, Adriano Botelho de Vasconcelos, João Melo, Conceição Cristóvão, Cristóvão Neto, António Panguila, Fernando Kafukeno, António Gonçalves, Kudijimbe e Frederico Ningi, aos quais agrego Ana Paula Tavares, que podemos considerar o nome feminino de maior referência da história poética ou das poéticas angolanas.

Finalmente, mas não por fim, julgamos imprescindível uma reflexão sobre a poesia escrita por mulheres, quanto mais não sendo, citando suas "graças". E não podia ser de outro modo, pois sua capacidade poético-criadora tem sabido ser exemplar no todo.

Deolinda Rodrigues pode e deve ser citada apesar de ser escassa sua poesia conhecida. Tal como Maria Eugénia Neto, escreveu poesia engajada. Assumidamente militante, comprometida com o processo revolucionário que culminou com o alcançar da independência de Angola enquanto colónia do Estado português. Não sendo, ambas autoras, de grande referência e conseguimento estético, a poesia de Deolinda Rodrigues e de Eugénia Neto traz um posicionamento ético que a valoriza em razão das circunstâncias históricas de um específico momento de luta no passado recente em Angola.

Alda Lara, em certa medida, deveras injustiçada pelo curso e pelo discurso dos fazedores da história literária do país, foi a senhora, "e que senhora!", poeta, da Angola da transição dos anos 1950/1960, tendo sempre acertado com a pena, ao contrabalançar os aspetos éticos e estéticos nos seus irremediáveis e solitários momentos de criação poética.

Da poética angolana dos anos 1960/1970, registo do nome de Maria Eugénia Lima, que escreveu e também publicou poesia *angolanizada* de referência. Entretanto, pouco antes da independência de Angola, fixou residência em Portugal e ficou quase esquecida até quando o crítico David Mestre referenciou seu nome na televisão oficial angolana em 1985, aquando da apresentação pública dos *Ritos de passagem,* livro de estreia de Ana Paula Tavares.

Ousamos afirmar que poesia angolana é facto vivo. É realidade constante e regista alguma coragem da parte de todos os novos, arrojados praticantes e jovens autores. Por isso deve ser, permanentemente, celebrada.

Trajano Nankhova, David Capelenguela, Akiz Neto e Nok Nogueira, por exemplo, são autores com obra já referenciada, mas ainda por estudar, e no universo da escrita e de publicações feitas por "senhoras", nessa fase, chamam-nos a atenção alguns nomes da linha da frente que consideramos de referência no processo de renovação do curso do discurso poético angolanizado. Amélia Dalomba, Ngonguita Diogo, Isabel Ferreira, Kanguimbu Ananaz e, quiçá, uma Luísa Frestas vão consolidando a obra, sabendo que atrás vem gente como uma Maraquita 50, que tenta mostrar o melhor da sua "graça" e, apesar dos pesares, aparentemente, vai no bom caminho!

REFERÊNCIAS

ANTÓNIO, Mário. *100 poemas.* Luanda, ABC, 1963.

VICTOR, Geraldo Bessa. *Obra poética.* Lisboa, Imprensa Nacional, 2001 (Coleção Escritores dos Países de Língua Portuguesa).

NOTAS

1 Victor, 2001.

2 António, 1963.

3
ALDA LARA: DIÁLOGOS PARATEXTUAIS

Fabio Mario da Silva

INTRODUÇÃO

Escrevi, ao longo dos anos, como autor ou em parceria com Paulo Geovane e Silva, uma série de textos sobre a obra em prosa e a poesia de Alda Lara. A título de exemplo, aludo aos artigos em parceria com Paulo Geovane e Silva: "As vozes do tempo em Alda Lara",[1] em que discutimos como o tempo surge nessa poética enquanto categoria humana, histórica e fenomenológica, apontando um amplo panorama sobre as concepções da ideia de tempo na poética lariana. Já em "Alguns aspetos da obra *Tempo de chuva* de Alda Lara",[2] a ser publicado em livro de homenagem à autora em Portugal, fizemos uma das primeiras análises sobre o livro de contos *Tempo de chuva*, publicado em 1973. Nessa obra, revelamos que há um pacto autobiográfico na escrita da autora, que trata de temas como a guerra colonial, as desigualdades sociais em Angola, a infância e a condição feminina.

Sobre as representações das mulheres na obra da autora, em "O feminino e a maternidade: reflexões em torno de alguns poemas de Alda Lara",[3] discorremos sobre como a gestação é responsável por potencializar imagens, como, por exemplo, da África, que representa uma espécie de mãe dos que nasceram naquele continente. Assim, na maternidade em Alda Lara, encontramos uma percepção pessimista transfigurada na existência de uma mãe e pela relação de alteridade entre a mulher social e a mulher-continente. Contudo, mais especificamente, gostaria de referir dois textos que serviram de inspiração para essa nova discussão que apresento neste ensaio: um intitulado "Alda Lara e Florbela Espanca. Ser poeta é?",[4] em parceria com Paulo Geovane e Silva, e um texto escrito individualmente, intitulado "Alda Lara leitora de Fernando Pessoa".[5] Em ambos os textos se revela como Alda Lara dialoga com a literatura portuguesa sem, no entanto, deixar a sua marca enquanto uma escritora angolana que vive entre dois continentes. Esses diálogos intertextuais são apontados pela crítica: por exemplo, Francisco Soares revela que nos versos "soldadinhos de chumbo / na coberta perfilados", "Alda Lara terá lido o famoso e comovente conto infantil do dinamarquês Hans Christian Andersen (1805-1875), *O soldadinho de chumbo*.[6] Por seu turno, em "Um 'Rumo' para 'Godido': a personagem de João Dias em diálogo com os poemas de Alda Lara e Noémia de Sousa", Érica Antunes Pereira evidencia como Alda e a escritora moçambicana Noémia de Sousa resgatam um dos primeiros contos moçambicanos a denunciar a situação dos escravizados.

Assim, proponho, neste breve ensaio, abordar os poemas nos quais a autora faz dedicatórias que, em geral, surgem endereçadas a amigos, a familiares e a outros poetas e servem, tal como a função das epígrafes de obras literárias, para estabelecer um diálogo intrínseco entre a sua poética e as homenagens que a autora demonstra a intenção de prestar, constituindo elementos paratextuais que guiam os(as) leitores(as).

DIÁLOGOS PARATEXTUAIS

Carlos Ceia afirma, no *E-Dicionário de Termos Literários*, que a dedicatória tem por motivação, a partir da literatura contemporânea (provavelmente após a Revolução Francesa), apelar ao mecenato, bem como a reverência a outrem. Acrescenta-se a essa lista o significado de "breve texto em homenagem a alguém em particular, demonstrando admiração profissional ou pessoal, afeto ou gratidão por dívida intelectual, ou simples cortesia para com um amigo ou familiar".[7] Os poemas de Alda contêm uma caudalosa presença de dedicatórias que passo a analisar.

Por exemplo, a primeira dedicatória se encontra em "Presságio", e é oferecida a "um amigo negro". Os versos aludem a elementos da natureza (sol, água e vento) e serão capazes da transformação do ambiente e da própria condição do eu lírico, tendo em vista que a primeira estrofe está toda na forma verbal do futuro do presente. Quando tal transformação acontecer, o eu lírico, na solidão da planície, ficará deserto: "vestida de silêncios e de lírios / com a libertação a coalhar / no fundo dos martírios".[8] Esse poema foi escrito em 1953 em Lisboa, e já então exprime o desejo de libertação do domínio colonial. Um outro poema, intitulado "Um dia...", dedicado a Ruy Nazaré, aborda a mesma temática, referindo-se a um futuro próspero a relembrar uma atual condição de sofrimento "desta luta / sempre inglória":

Um dia,
hás-de lembrar-te
destas horas
entornando sangue
na velha mesa do café
Um dia
hás-de lembrar-te
destas horas,
contornando os pensamentos
doloridos,
como arame farpado
da inteligência[9]

Mais uma vez, Alda Lara trabalha um verso sobre a perspectiva da mudança que há de vir e a relação com o presente em que se encontra o sujeito a quem dedica o poema ou o próprio estado psicoemocional do eu lírico. E, para isso, a estratégia utilizada é referir a memória como o agente que guarda as marcas do sofrimento como aprendizagem histórica e pessoal necessária para a transformação, repensando o caminho percorrido e os desejos almejados, para uma futura reconstrução do seu país.

Há dois poemas dedicados aos seus familiares. O primeiro deles é à sua mãe, Adelina dos Santos Ferreira Pires de Lara, num soneto intitulado "De longe", datado de 1949, e que foi escrito nos dois primeiros anos em que a autora estudava em Portugal. Alda Lara pertencia a uma família abastada que tinha condições financeiras para a manter no continente, para fazer o liceu e cursar medicina. Nesse poema, a autora, através da sua expressão poética, fez o exercício de rememorar a imagem da mãe que sofre com o seu afastamento, pedindo-lhe para não chorar, mas para sorrir, pois no final as duas estariam juntas. Mais uma vez a escritora recorre aos elementos da natureza para criar um ambiente de aproximação com a terra africana ou os entes queridos que lá estão.

O outro poema dedicado a familiares se intitula "Poema da mesa pintada", dedicado às primas Maria Ana e Maria Ângela, escrito em Lisboa em 1950, e refere três meninas delgadas sentadas à volta de uma mesa pintada. Elas possuem "Os olhos, longos e finos, / rasgavam só com sorrisos / as horas desabitadas...".[10] O eu lírico se pergunta se foi o sonho que as levou, visto que partiram as três meninas de "amor e fé sufocadas",[11] restando apenas a lembrança: "ficaram as três sombras brancas, / bailando nas madrugadas...".[12]

Por seu turno, "Rumo" é dedicado ao escritor moçambicano J. B. Dias, chamado de companheiro, no sentido de partilharem pensamentos na luta pela libertação colonial. Esse poema já foi analisado por Érica Antunes Pereira, no qual refere "um sujeito poético feminino que, como a mãe, impulsiona Godido a não desistir de buscar novos horizontes".[13] A citada pesquisadora ainda acrescenta que a "maiúscula alegorizante que vemos em 'Terra' nos faz pensar que a cidade representa a 'terra prometida' e paradisíaca sobre a qual convergem todas as expectativas de mudança social".[14]

O poema "Cais" é dedicado ao Jacinto. Creio ser esse o poeta António Jacinto, que lhe dedica um poema póstumo intitulado "Saudadimento". Como já referi, num artigo com o título "O sentimento amoroso na poética de António Jacinto", o autor escreveu esse poema na condição de preso político em Tarrafal (Cabo Verde) e, apesar da injustiça da sua prisão, não esquece a sua "camarada", sua amiga-irmã. E o meio que tem para falar de Alda Lara é utilizando o lexema "saudade", que lhe traz reanimação. António Jacinto propõe-nos, assim, uma "vivência simbólica", inscrita em poema, e pela qual, por isso, se sente unido nesse amor quase materno:

> A necessidade de manter viva a saudade, na reivindicação duma memória pessoal (a do poeta) e coletiva (a dos seus leitores), desse "espectro" que, em vez de um sentimento doloroso, lhe traz acalento, projeta uma "alma aberta de contentamento".[15]

Por acaso, o poema de Alda Lara também fala de despedida, revelando a saudade que irá deixar essa *persona* querida que se despede no cais: "Adeus! Adeus! Era a voz / tão serena / que chamava...".[16] O mar aparece enquanto elemento de separação, despertando muito sofrimento no eu lírico, tal como acontece em muitos outros poemas larianos. Isso porque

> O mar também separa o sujeito que está longe de sua casa, a terra africana, com quem mantém um diálogo na maioria dos seus versos, num processo de identificação com a cultura negra. O mar, então, segrega, separa os indivíduos que estão longe de África e que, por algum motivo, desejam retornar.[17]

Por fim, há dois outros poemas dedicados a autores(as) e a importantes figuras intelectuais. O primeiro deles se chama "Elogio da espiritualidade", dedicado a Charlotte Brontë, assinalando, mais uma vez, como fez com Florbela Espanca, no poema "Apontamento", as escritoras que a inspiraram. Como já vem sido referido por diversos críticos, podemos encontrar na obra de Charlotte Brontë uma constante exaltação da espiritualidade em oposição à religiosidade. E Alda Lara explora nesse poema as afirmações masculinas sobre o corpo e a intelectualidade das mulheres:

> Não digas que os meus seios
> são duas rolas brancas,
> cansadas de não partir...
> ou que o meu corpo
> é um fruto quente e bom,

que em noites de verão,
apetece morder e ferir...
Não digas que os meus lábios
são promessas de desejos
mal contidos,
ou que os meus cabelos soltos
lembram os afagos ligeiros
dos dias não cumpridos...[18]

O eu lírico se nega a ser mero objeto sexual desse outro sujeito que o deseja e pede então que não atribua ao seu corpo aspectos ou desejos que não lhe são próprios ou requeridos por si. Veja-se que o poema abnega a aceitar os estereótipos atribuídos à mulher, negando-se a acatar que esse sujeito masculino venha para lhe dizer que a sua "sensibilidade é trémula e franzina, / como a graça / de uma flor-menina...",[19] ou que sua inteligência "é funda e nua", encerrando o poema a dizer: "e que a minha vontade, é tão forte e tão plena, / que só o teu amor / a condena!...".[20]

O livro de Alda Lara se encerra com um poema emblemático intitulado "A Paul Éluard", escrito aquando da "sua morte". Lara alude no primeiro verso do referido poema que onde "o Poeta não havia já" foi quando em nós, também poetas/poetisas/camaradas, ecoou através de gritos que já não estávamos sós. Vale recordar que versos de Éluard combatiam as ideias nazistas e circulavam, mesmo que clandestinamente, durante a Segunda Guerra Mundial, ou seja, durante o período de perseguição e mortes perpetradas pelo nazismo que desencadearam a chacina do Holocausto. Através da poética de Éluard, mesmo escrita num momento tão sombrio da história da humanidade, foi possível perceber que a poesia existe mesmo em meio a tanto sofrimento, por isso os(as) poetas e leitores(as) não estariam mais sozinhos, nesses contextos de guerra. Esse poema é muito significativo porque termina a obra com o eu lírico se afirmando não apenas como poeta/poetisa, mas como aqueles(as) que lutam (os companheiros) contra as invasões e guerras e contra as injustiças humanas, temáticas essas tão caras à poesia e prosa de Alda Lara. Dessa maneira, podemos interpretar esse poema como de uma verdadeira canção elegíaca:

Entre nós e as vossas mãos caídas,
– Ele! –
por quem os firmamentos
se fizeram de repente
lúcidos como ventos…
por quem as estrelas cresceram
belas e eternas,
no horizonte das horas,
como luas antigas,
vestindo os esqueletos
de humanas formas resumidas.[21]

O poema se encerra resgatando a ideia de que através de Éluard e de sua poesia nunca mais estaremos sós e afirma que, ao buscá-lo, "ao longo de dias inteiros / só saberemos falar de Amor", e esse sentimento nos unirá de tal forma que a solidão e os desesperos humanos não existiriam mais, nem, consequentemente, as atrocidades que a humanidade promove com as guerras e as perseguições ideológicas. Ou seja, o autor francês é inspiração não apenas artística, mas exemplo de vida no combate daqueles que acreditam na liberdade e na resistência como maneira de superar a opressão e tentar obter esperança, em que se deve ter por premissa o amor pela humidade e o compromisso pela paz. Esses eram os ideais que Alda Lara pregava na sua poesia e na sua vida.

CONCLUSÃO

As dedicatórias dos poemas de Alda Lara são reveladoras dos tipos de leituras que fazia e dos(as) autores(as) que lhe inspiraram, dos afetos familiares, bem como das temáticas e das suas ideologias. De maneira menos enfática do que o seu conterrâneo António Jacinto, detecta-se um desejo de libertação das amarras coloniais, distinguindo-se do amigo poeta que adentrou pela luta armada, porque ela se assumia como pacifista, como me relatou Francisco Soares:

> Alda Lara tornou-se pacifista, ou sempre foi, mas o pacifismo dela (e do irmão) acentuou-se com os acontecimentos de 1961, que a chocaram. A independência que ela idealizara seria pacífica e de convívio salutar entre negros e brancos. Após a guerra, numa carta ao irmão, ela diz que a política lhe dá nojo cada vez mais e reafirma-se pacifista. Procura, também, salvaguardar a validade intemporal da poesia da validade política da literatura.[22]

Isso fica mais evidente quando a autora encerra a sua obra com um ato político ao evocar Paul Éluard, no sentido de pregar o seu compromisso com a paz.

Charlotte Brontë, como se sabe, foi uma questionadora, na sociedade vitoriana, de certos valores atribuídos ao feminino, refutando os pressupostos sociais e o modo como as mulheres eram tratadas. Dessa maneira, a autora inglesa serviu de inspiração para Alda Lara repensar o lugar da mulher em sua poesia, apesar de, algumas vezes, revelar que também é escritora do seu tempo e está presa a um certo conservadorismo.[23]

Sobretudo, como vimos nos dois poemas dedicados a familiares, a saudade está em estreita ligação com o sofrimento e as angústias causadas pela separação, tendo em vista que a autora se muda para Lisboa em 1947 (aos 17 anos) para frequentar o 7º ano (2º ciclo) do Liceu Maria Amália Vaz de Carvalho e depois ingressar na Universidade de Lisboa, no ano seguinte, mudando depois o curso para a Universidade de Coimbra.[24]

Assim, confirma-se que as referidas dedicatórias apontam caminhos críticos que revelam, também, o teor da produção literária e ajudam a compreender melhor a poética lariana.

REFERÊNCIAS

BERNARDO, Ana Paula. "Perfil de Alda Lara II". *Cultura – Jornal Angolano de Artes e Letras online*, n. 45, 3 jan. 2014. Disponível em <http://jornalcultura.sapo.ao/letras/perfil-de-alda-lara-ii>. Acesso em 23/4/2023.

CEIA, Carlos. "Dedicatória". *In:* CEIA, Carlos (coord.). *E-Dicionário de Termos Literários* (EDTL). 2023. Disponível em <http://www.edtl.com.pt>. Acesso em 24/3/2023.

LARA, Alda. *Poemas*. 3. ed. Lobito, Capricórnio, 1973.

PEREIRA, Érica Antunes. "Um 'Rumo' para 'Godido': a personagem de João Dias em diálogo com os poemas de Alda Lara e Noémia de Sousa". *Anais* do XI Congresso Internacional da Abralic: "Tessituras, interações, convergências". São Paulo, USP, 13-17 jul. 2008, pp. 1-5.

SILVA, Fabio Mario da. "O sentimento amoroso na poética de António Jacinto". *Revista Signótica*, vol. 26, n. 1, jan.-jun. 2014, pp. 31-44. Disponível em <https://revistas.ufg.br/sig/article/view/28599>. Acesso em 15/4/2023.

_____. "Alda Lara leitora de Fernando Pessoa". *In*: DAVID, Sérgio Nazar *et al.* (org.). *Texto, tempo, imagem: interlocuções*. Rio de Janeiro, Associação Brasileira de Professores de Literatura Portuguesa, 2022. No prelo.

SILVA, Fabio Mario da & SILVA, Paulo Geovane. "Alda Lara e Florbela Espanca. Ser poeta é?". *Revista Fórum Identidades*, vol. 20, jan.-abr. 2016, pp. 13-23. Disponível em <https://seer.ufs.br/index.php/forumidentidades/article/download/5910/4924>. Acesso em 24/03/2021.

_____. "O feminino e a maternidade: reflexões em torno de alguns poemas de Alda Lara". *In*: SILVA, Edson Santos; LIMA, Wallas Jeferson & CARVALHO, Carolina. *Sábados literários. Elas por elas*. São Paulo, Todas as Musas, 2018, pp. 185-209.

_____. "Alguns aspetos da obra *Tempo de chuva* de Alda Lara". *In*: TAVARES, Ana Paula Tavares *et al.* (org.). *Mulheres africanas em trânsito. Homenagem a Alda Lara – Atas do Colóquio Internacional*. Lisboa, Edições Clepul/Húmus, 2021. No prelo.

SILVA, Paulo Geovane e & SILVA, Fabio Mario da. "Vozes do tempo em Alda Lara". *Revista Entheoria: Cardernos de Letras e Humanidades*, vol. 6, n. 1, 2019, pp. 126-136. Disponível em <https://www.journals.ufrpe.br/index.php/entheoria/article/view/3684>. Acesso em 20/4/2023.

_____. "Um canto triste de versos de maresia: uma leitura da poética de Alda Lara". *literafro*, 26 ago. 2021. Disponível em <http://www.letras.ufmg.br/literafro/literafricas/literatura-angolana/1578-paulo-geovane-e-silvai-fabio-mario-da-silva-um-canto-triste-de-versos-de-maresia-uma-leitura-da-poetica-de-alda-lara>. Acesso em 20/4/2023.

SOARES, Francisco. "O soldadinho de chumbo no bergantim de papel de Alda Lara". *A mão e a rusga*, 9/5/2012. Disponível em <http://arrugamao.blogspot.com.br/2012/05/o-soldadinho-de-chumbo-no-bergantim-de.html>. Acesso em 25/3/2023.

_____. "Alda Lara". E-mail a Fabio Mario da Silva, 4/12/2018.

NOTAS

1 Silva & Silva, 2019.
2 Silva & Silva, 2021.
3 Silva & Silva, 2018.
4 Silva & Silva, 2016.
5 Silva, 2022.
6 Soares, 2012.
7 Ceia, 2023.
8 Utilizamos, para este estudo, unicamente a edição angolana de *Poemas* (1973). Lara, 1973.
9 *Idem*, p. 153.
10 *Idem*, p. 25.
11 *Idem*, p. 26.
12 *Idem, ibidem.*
13 Pereira, 2008, p. 1.
14 *Idem, ibidem.*
15 Silva, 2014, p. 41.
16 Lara, 1973, p. 163.
17 Silva & Silva, 2021.
18 Lara, 1973, p. 144.
19 *Idem*, p. 145.
20 *Idem, ibidem.*
21 *Idem*, p. 173.
22 Soares, 2018.
23 O pesquisador e professor Francisco Soares me relevou, via *e-mail*, como os pais a influenciaram por dois vieses: (em *e-mail* enviado a nós, em 4/12/2018, e com autorização de publicação), há uma aproximação biográfica desse conto com a história da família de Alda Lara: "O pai dela e os tios foram para Angola trabalhar numa fazenda com um tio. Chegaram a ser donos da fazenda, deixaram de ser, voltaram a ser, venderam-na depois, definitivamente, e mantiveram a situação social e económica como lojistas, comerciantes. O pai dela era maçom, muito social, terá tido alguns filhos fora do casamento e aquele segmento misto, híbrido, intermédio da sociedade colonial benguelense apadrinhou o 'ti Ernesto' como seu. Tanto o pai quanto o tio Lúcio eram famosos pelo seu humor, pela ironia, um tanto ácida, mas certeira e bem disposta. A estória da fazenda é também a estória de uma menina de famílias de fazendeiros, que percebe o drama pelos dois lados e com grande sentido de humanidade. Ao contrário do pai, a mãe dela sempre se manteve fiel ao setor estritamente colonial, era católica, conservadora, de uma rígida moralidade. A filha terá juntado os dois e, com isso, uma integridade moral a toda a prova (não propriamente rígida, como a da mãe), mas uma sensibilidade social e humana que adoçava essa integridade e a tornava sublime. Ela própria também tinha qualquer coisa de Florbela, de Cecília (Meireles), ou mesmo de Clarice; mas tinha o outro lado, o lado-mãe, dedicada à família, aos filhos e à profissão, que lhe satisfazia a sensibilidade aos dramas humanos."
24 Bernardo, 2014.

4
DOIS POETAS NA CENA LITERÁRIA CONTEMPORÂNEA DE ANGOLA

Kaio Carmona

O CONTEMPORÂNEO EM ANGOLA

Tentar compreender a poesia angolana contemporânea e a sua complexa dinâmica tem sido objeto de meu interesse e de minha pesquisa nos últimos anos. A partir do exercício do Leitorado Brasileiro em Luanda, pude travar contato direto com a cena literária contemporânea e o seu sistemático projeto de futuro visceralmente ligado a um passado cultural também arquitetado na sociedade angolana. É inserido nessa experiência que escrevo este texto, braço da pesquisa sobre a poesia angolana, ainda em processo.

Refletir sobre a poesia contemporânea revela-se sempre um ofício que requer cautela. A contemporaneidade põe em suspensão uma explicação precisa ou acabada do que seja a poesia, que de resto é já empresa fracassada, se tomada por uma única perspectiva e se deixamos de considerá-la como um processo. A tentativa de conceituar "o contemporâneo" não apresenta dificuldade menor, já que a noção projeta uma teia complexa de relações entre o passado e o presente, sem qualquer tipo de linearidade fixa ou normativa e carente de um ponto de partida, um marco temporal incontestável. Nesse sentido, sigo o pensamento de Giorgio Agamben, segundo o qual o contemporâneo é o momento que se encontra justamente em uma fissura, num deslocamento de seu tempo, olhando para trás, recontextualizando seu passado e, ao mesmo tempo, tornando-se contemporâneo do momento analisado sobre o qual se debruça:

> O poeta – o contemporâneo – deve manter fixo o olhar no seu tempo. Mas o que vê quem vê o seu tempo, o sorriso demente do seu século? Neste ponto gostaria de lhes propor uma segunda definição da contemporaneidade: contemporâneo é aquele que mantém fixo o olhar no seu tempo, para nele perceber não as luzes, mas o escuro.[1]

Para o filósofo, o contemporâneo é aquele que lê no presente a história, de modo inédito, reatualizando uma espécie de origem que nunca se extinguiu. É aquele que, por suas próprias forças, não caminha com, nem segue os demais, distinguindo-se na unanimidade, mas fazendo-se, ao mesmo tempo, eco de uma tradição. Utilizando metáforas precisas, o autor esclarece mais:

> Perceber no escuro do presente essa luz que procura nos alcançar e não pode fazê-lo, isso significa ser contemporâneo. Por isso os contemporâneos são raros. E por isso ser contemporâneo é, antes de tudo, uma questão de coragem: porque significa ser capaz não apenas de manter fixo o olhar no escuro da época, mas também de perceber nesse escuro uma luz que, dirigida para nós, distancia-se infinitamente de nós. Ou ainda, ser pontual num compromisso ao qual se pode apenas faltar. [...] Por isso o presente que a contemporaneidade percebe tem as vértebras quebradas. O nosso tempo, o presente, não é, de fato, apenas o mais distante: não pode em nenhum caso nos alcançar. O seu dorso está fraturado, e nós nos mantemos exatamente no ponto da fratura. Por isso somos, apesar de tudo, contemporâneos a esse tempo.[2]

Traçar opiniões e mapear uma literatura em processo é uma empreitada arriscada, embora sedutora, já que o crítico se encontra no "olho do furacão", mas será o risco que me proponho ao estudar dois dos novíssimos poetas da geração angolana: Cíntia Gonçalves e Hélder Simbad.

Para isso, lanço mão também do ensaio realizado por Achille Mbembe sobre a África descolonizada, ou decolonial, no qual o ensaísta registra a e aposta na vivacidade da cultura africana como saída da "grande noite", um dilema histórico como construção para o novo século:

> Mas é no plano cultural e do imaginário que as transformações em curso estão mais vivas. A África não é mais um espaço circunscrito cujo lugar pode ser definido e que esconderia um segredo ou um enigma, e que, além disso, pode ser demarcado [...]. Uma *cultura de trilhas*, então – especialmente para aqueles que estão a caminho de outro lugar.[3]

Interessa-nos a potência do imaginário de que fala o ensaísta para uma afirmação da qualidade literária de certos poetas que, consciente ou deliberadamente, apostam na permanência e reinvenção das letras em terras angolanas, como um espaço de trilhas, esse outro lugar, como os dois novíssimos autores analisados.

Poetas da mesma geração, Hélder Simbad e Cíntia Gonçalves também pertencem a um coletivo poético chamado movimento Litteragris, iniciado em 2015 por jovens interessados na produção e na crítica de poesia, participando intensamente da cena literária contemporânea, não só com os projetos autorais, mas de maneira conjunta, em eventos realizados especialmente para o debate da poesia, incluindo aí a criação da revista *Tunda Vala*, em 2018, com a presença de significativos textos da nova geração de poetas em Angola, além de manifestos e editoriais. Verifica-se aí o desejo ativo de uma geração em conhecer, partilhar e divulgar a nova poesia angolana, dentro de um movimento de recusa e diálogo com parte de uma tradição já conhecida da poesia angolana, mas inserindo nesse gesto novos caminhos. Tal como nos diz Ranciére em *Políticas da escrita*, "escrever é um ato que não pode ser realizado sem significar":

> Escrever é o ato que, aparentemente, não pode ser realizado sem significar, ao mesmo tempo, aquilo que realiza: uma relação da mão que traça linhas ou signos com o corpo que ela prolonga; desse corpo com a alma que o anima e com os outros corpos com os quais ele forma uma comunidade; dessa comunidade com a sua própria alma.[4]

A escrita poética, nesse sentido, aponta sempre para um desdobramento para além de si mesma, em uma identificação coletiva, que se faz notar em determinado tempo, em determinado espaço, como vozes distintas nesse campo.

O REBELDE HÉLDER SIMBAD

Hélder Simbad,[5] em seu livro *Insurreição dos signos*, publicado em 2021, parece caminhar bem nessa seara: ao mesmo tempo em que oferece ao leitor matéria lírica marcadamente pessoal, inscreve-se em campo aberto e coletivo, não só pelas propostas formais dos textos, mas também com uma espécie de projeto pedagógico encontrado em suas páginas. A própria divisão da obra em cinco partes aponta para essa dimensão como instâncias de sua poesia. Mas à medida que a leitura avança, o livro ganha força e as divisões, para além de necessárias, formam potente elo e fornece ao leitor um modo de leitura, uma entrada na poesia de Simbad.[6]

A primeira parte da obra, "Sígnica insurreição popular", lança luz sobre a infância, lugar comumente conhecido como "época de ouro", naturalmente nostálgico e belo aos olhos do presente, um espaço do impossível, apenas recuperado pela poesia. Mas a memória parece trair o poeta e, se existiu uma busca de fidelidade autobiográfica, os versos ganham contornos amplos, de uma infância partilhada, no tempo e no espaço, projeto que ganha força na segunda parte, que parece conscientemente situar o poeta em determinada geração, em diálogo com seus pares, com a saudável percepção de uma literatura que se faz forte em conjunto, e que, embora conte com nomes já bastante conhecidos nacional e internacionalmente, é fruto também de produções que movimentam e dinamizam a cena literária contemporânea, a partir das gerações anteriores e na atualidade.

Essa construção passa também por uma perspectiva intercultural, no diálogo com outras culturas e, literariamente, de modo singular, na relação com o Brasil, já largamente conhecida e muito analisada, principalmente a partir do século XX, com o projeto Vamos descobrir Angola, dos Novos Intelectuais, nas décadas de 1940 e 1950. Há uma reconfiguração e abertura dos projetos estéticos angolanos nas gerações posteriores, principalmente a partir da década de 1980, mas a relação literária e o desejo de estreitamento desse vínculo permanecem. Do lado brasileiro, a formação de núcleos de estudos africanos, o primeiro passo para a criação posterior de departamentos e linhas de pesquisas nas universidades, pauta esse discurso bilateral na década de 1990 e no princípio do século XXI. De lá para cá, muitas foram as ações, embora tenhamos ainda muito a conhecer, que buscaram a aproximação pensada e sistematizada das culturas dos dois países, seja pela própria presença, de um lado e outro, das escritoras e dos escritores, com suas obras, em congressos, feiras, festas e encontros literários, seja pelos estudos em dissertações, teses, textos especializados que se debruçam sobre a dinâmica literária dos dois países. Sem falar na alternativa virtual, que já há alguns anos propõe uma nova relação entre o tempo e o espaço, aproximando em uma tela de computador, ou telefone, aqueles que se encontram separados por um oceano e em fusos diferentes.

Dessa relação iniciada de modo reflexivo e sistematizado na segunda metade do século XX, muitos foram os textos, de ficção e de crítica, que daí resultaram, como leitura imediata, como comparação, como oposição, como diálogo franco, como reconstrução. Na esteira desses desdobramentos, Hélder Simbad, já no século XXI, estabelece direta relação com a construção da literatura em seu país em diálogo com a cultura brasileira. Essa consciência encontra eco no poema "Pedras sobre pedras".

nunca houve uma só pedra
no meio do caminho
nunca houve uma só pedra
no meio do caminho
nem sexos a parir poesias

o caminho arrota caminho
quando sublevado dedo
autonomamente aponta pro nada
que é signo em rotação afetiva

posso derrubar com meu grupo
ou erguer um pedracaminho
ou um altar de cisões
onde se pregam os deuses

Pedras sobre pedras[7]

Se o texto realiza de modo direto a referência, ela serve ao poeta como um sinalizador do próprio fazer poético e dos possíveis desdobramentos a que a poesia pode levá-lo em seu caminho. A segunda estrofe remonta ao espírito rebelde e transgressor que os versos do poeta brasileiro tanto representam e cria, em movimento, metáfora para o próprio fazer poético, em consonância com o passado e na direção de uma intervenção no presente.

A terceira estrofe, para além de permanecer em tom exaltado, o "dedo em riste" da estrofe anterior, traz a marca do coletivo denominada pela palavra "grupo", tão cara a essa geração e ao movimento Litteragris. A ruptura desejada pelo poeta é consequência dessa "pedracaminho", que culmina na dubiedade do último verso: o verbo "pregar" pode ser tomado no sentido teológico, uma pregação de um orador, um padre, um pastor, como também pregar como martírio físico – mesmo que ainda dentro do campo religioso; os deuses que encerram o texto podem se referir a um *paideuma* africano, transcriado e reconfigurado no Brasil, como também ao caráter elevado em que os poetas da tradição – entre eles, Carlos Drummond de Andrade – são recebidos em certo espaço cultural, celebrados, por vezes, como deuses. O poema "No meio do caminho" é, talvez, no Brasil, um dos textos mais conhecidos desse poeta, parodiado e parafraseado amplamente ao ponto de permanecer como uma imagem cultural brasileira, reconhecida no cotidiano de grande parte dos brasileiros. Em Angola, o texto é também bastante conhecido, mesmo que em um circuito mais restrito, especializado em literatura, e os versos de Hélder Simbad parecem renovar aqui o espírito de rebeldia e de demolição que lá alcançou gerações e gerações.

Toda a abordagem proposta identifica-se na terceira parte, "Insurreta presença do amor num poemário de cóleras", um dos pontos mais altos do livro, em que a experiência amorosa, única e pessoal, também ganha contornos coletivos, em imagens da própria terra e da cultura angolana. Como exemplo, o poema que abre a divisão, "Faltava tu no poema":

como afetuosa mãe os braços do mar embalam
o navio petroleiro com suas torres férreas

ao longe na fina linha do horizonte
entre o embaçamento dos óculos e falecidas
brumas
diluía-se o navio de cargas

no poema havia a suave brisa marinha
e o canto de um pássaro ausente
não estavas tu arte sobre a inorgânica vital idade
das pedras
com mar azul escorrendo sobre teus cabelos
ocidentais

havia no poema súbita sombra de um dia de chuva
e a fricção dos pneus sobre o escorregadio asfalto
não havia tu e o beijo que quase deixaste cair
sobre as costas do caranguejo

havia as ondas do mar como cristalino lençol
cobrindo as historiográficas sementes da terra
e caranguejos de água sobre a solidão da ilha
tu não estavas deitada no poema
uma mulher ou outra sobre a cama de betão

havia no poema montanhas artificiais
e homens violando decretos
um poeta sobre pedras rasgando papéis
outro vendo partir o petroleiro parado
e artesanatos barcos a velas
como estranhos pássaros voando sobre a cinzenta
face do mar
e tu deixando cair o beijo sobre as costas do
caranguejo
havia no poema os olhos da urbe olhando o mar
e casais multirraciais no arco-íris da vida
uma mulher com peitos cheguei
pendurada nas pestanas

Faltava tu no poema[8]

Duas imagens, já como síntese do texto, e muito caras à cultura angolana, o feminino e o mar, abrem o poema. A "afetuosa mãe" abarca o princípio materno, matrilinear, próprio da terra africana, que nomeadamente se coloca no feminino. O mar, também no primeiro verso, faz-se figurar em todo o texto como a imagem fulcral, e é a partir da praia, à beira-mar, que o poema se desdobra. O olhar, no poema, é privilegiado sob um enquadramento da paisagem dada pelo título que, numa visada rápida, traz uma plasticidade de um ponto da praia ou um olhar pictórico sobre o mar. O poeta, tal como um pintor, transpõe o seu olhar para a moldura do texto e as imagens se apresentam em palavras. O quadro se desenrola a partir do olhar do poeta, na medida em que experimenta imagens que se justapõem e se constituem paralelamente. O eu lírico e o mar se transformam em um só nessa relação. A imagem feminina aparece no primeiro verso marcando uma espécie de sedução exercida pelo ambiente marinho para depois se transformar em uma sedução reconhecida no observador. A partir daí, os desdobramentos no poema se dão entre a voz – suas emoções e seu estranhamento – e o espaço marítimo inserido em uma realidade além de geográfica, social. Se, num recuo histórico, a paisagem marítima era desenhada pelos pequenos barcos de pescadores, agora são os imensos petroleiros que figuram monstruosos na linha do horizonte. Ou seja, se os versos colocam em primeiro plano a descrição da paisagem, acentuando sua beleza, não deixam também de reconhecer na transformação da paisagem um caráter distintivo da exploração do país, o petróleo, índice de interesse econômico que, em Angola, intensifica a distância social e faz perdurar a imagem de uma contínua exploração do país por estrangeiros.

O restante do poema todo se apoia em contrastes, em opostos, mas derivados dessa imagem inicial, o aqui e o lá, o mar e o asfalto, o navio petroleiro e o passarinho, o olhar repleto de paisagem e a ausência da musa. Há toda uma ideia de movimento no poema, seja pelo ritmo do mar, seja pelo olhar atento à linha do horizonte, ao céu de pássaros e ao que acontece ao seu redor ("uma mulher com peitos cheguei"), mas há sobretudo a ausência da musa e o seu furtivo beijo sobra as costas do caranguejo.

As duas últimas partes do livro carregam notória ligação com seu título, *Insurreição dos signos*. A partir do diálogo declarado com o Surrealismo, a obra executa com propriedade aquilo que é talvez a essência do discurso poético, a desautomatização da linguagem, lançando os versos a uma pesquisa sensorial, um cuidado com a língua, aliado ao exercício da vida, como matéria latente. Eis a proposta inicial da síntese no começo do texto: do particular ao coletivo. A poesia de Hélder Simbad é ao mesmo tempo uma experiência estética e uma transformação humana, oferecidas pela palavra poética.

A MULTIFACETADA CÍNTIA GONÇALVES

O livro de Cíntia Gonçalves, *As simetrias de mulher*, é publicado, em 2018, sob o pseudônimo Maraquita 50 e apresenta, sobretudo, uma abordagem aberta do campo feminino, já anunciada no título da obra. A poeta traduz em versos a troca com um mundo imediato, os desejos, as marcas e os mistérios do corpo feminino, por vezes alcançando uma condição pluralizada, identificando-se e fazendo identificar as mulheres do mundo, nas relações amorosas, no convívio com a própria feminilidade. Esse olhar meticuloso, detalhista, assumidamente feminino, pensa o mundo sob as marcas do gênero, extraindo desse mesmo olhar matéria para um trabalho poético, acrescido da intuição e, ao mesmo tempo, da especificidade e profundidade de um olhar feminino. Ao tematizar o universo feminino por meio da palavra poética, Cíntia Gonçalves marca também um tempo, sinaliza sua posição e sugere um deslocamento. Passado e presente se confundem nas tramas do livro que nos exibe um mundo regido por certas regras invisíveis, marcadamente sociais, impostas à mulher. É a partir da leitura, da poesia, que esse mundo pode ser percebido, desmitificado e transformado:

Qual anjo a (re)velar
frágil carne
bato lentamente
à porta do mundo

Pobre rica
soberana luta
dorme rainha rei
infantil sonho

No Cume do Moco
mães inventam estrelas
transfigurada luz

Por baixo dos sonhos[9]

No poema, a leitora/o leitor são remetidos ao universo onírico que vai se construindo aos poucos, ao longo do texto, principalmente a partir de expressões e palavras muito próprias: *anjo, dorme, sonho, transfigurada luz*. Em cada estrofe, um certo núcleo é criado para complementar a imagem seguinte, que, como um todo, traduz lampejos sobre o mundo dos sonhos, o onírico. Todo o texto se apoia nessas imagens, como que sobrepostas e em acúmulo, para finalizar no próprio título ao final do texto.

Em uma comparação com o poeta anterior, Hélder Simbad, salta aos olhos o elemento formal, proposto pelo grupo Litteragris: a alteração espacial do título, que, para o grupo, deve aparecer no final do texto, como o último elemento catalisador de todo o poema, como um gesto que remetesse o leitor ao princípio e ao todo do texto. Esse pressuposto formal lembra a composição de um soneto, forma lírica da tradição e também experimentada por diversos poetas em Angola. O título ao final funciona como espécie de síntese e, ao mesmo tempo, um complemento do poema, tal como na leitura sequenciada de um soneto. Sobre a forma, comenta pontualmente Sérgio Alcides Amaral:

> A forma parece imitar a estrutura de um silogismo, guardando para o fim um arremate que esclarece o todo, ao mesmo tempo em que é dele o corolário, que dá cumprimento às virtualidades antes enunciadas. Quando terminamos de ler um soneto, percebemos que aquela linearidade discursiva que nos conduzia de uma linha a outra era apenas ilusória: o poema plasma um todo simultâneo, no qual desde o primeiro verso está inscrita a direção do décimo-quarto.[10]

Parece ser um procedimento análogo que evidencia o experimentalismo do grupo na construção da poesia angolana contemporânea. O grupo Litteragris reforça, tanto em suas produções coletivas – com a revista *Tunda Vala* – como nas produções autorais, forte vínculo com uma herança surrealista, que compôs uma espécie de iniciação da geração, com a leitura, o estudo e a divulgação de textos que compõem um *paideuma* surrealista em terras angolanas. Nesse sentido, o universo onírico é frequente nos poemas da geração e, principalmente, em Cíntia Gonçalves, autora também do manifesto do grupo em *Tunda Vala*:

> [...] sonho, ponto de partida a excelsa escrita onde, para além da exaltação à beleza, se evidenciam sentimentos – tanto de desejo como de pesar. Nossa arte é o nosso mundo com nossa mais bela criação. Com o agriscarimbo no manifesto de poesia, deixamos claro o que entendemos por literatura e essencialmente por poesia.[11]

Se o onírico faz parte de uma proposta poética, nele são deixadas marcas do feminino, como busca e concretização de uma voz própria, mesmo que em outra percepção, em um mundo não automatizado. Nos versos, essa voz também é edificada aos poucos, por palavras indicativas do gênero, mas que apontam para algo mais, mesmo que próximas de palavras masculinas: *rica*, *rainha* e *mãe*. A poesia de Cíntia Gonçalves parece buscar sempre um espaço outro que não o real imediato, seja pela consciente inserção do feminino simbólico, seja pela atmosfera lúdica e onírica de seu próprio repertório. Ou, como diz Mabanza Kambaca no prefácio da obra: "A poesia de *As simetrias de mulher* não assenta todo o seu ser na letra, não aboliu toda a sua mediação e as distâncias".[12] Como exemplo, outro poema de Cíntia Gonçalves:

> Sou faca empunhada
> quando a turba do desejo rei
> incendeia os dedos

Com guizos de prazer
atados às pernas
doçuras tão efêmeras
tão violentas

Ondulam-se os sentidos
no mar da tua pele quando
nos lábios caem sobre os seios
e murmuro eternidade

Toque de sonho além-mar[13]

A leitura do poema deixa clara a intenção erótica por meio da palavra poética. A relação se constrói à medida que o texto nomeia o gesto erótico através do corpo, mas o analisa para além do desejo. O erotismo parte da palavra para encontrar um eco no seu significado, aquilo que pretende dizer. Provém da palavra, expressão do indivíduo que quer dar voz às suas sensações e, principalmente, ao seu corpo. Em suma: o erotismo clama, através da poesia, a libertação do corpo. Na contemplação de um objeto ou na reflexão sobre o próprio ser, a palavra alcança, por meio da poesia, uma expressão máxima do erotismo. Octavio Paz, em já conhecido e necessário estudo, faz uma diferenciação e uma gradação entre o erotismo e a sexualidade, trabalhando a relação que retira daí a poesia:

> A relação entre erotismo e poesia é tal que se pode dizer, sem afetação, que o primeiro é uma poética corporal e a segunda uma erótica verbal. Ambos são feitos de uma oposição complementar. A linguagem – som que emite sentido, traço material que denota ideias corpóreas – é capaz de dar nome ao mais fugaz e evanescente: a sensação; por sua vez, o erotismo não é mera sexualidade animal – é cerimônia, representação. O erotismo é sexualidade transfigurada: metáfora. A imaginação é o agente que move o ato erótico e o poético. É a potência que transfigura o sexo em cerimônia e rito e a linguagem em ritmo e metáfora. A imagem poética é abraço de realidades opostas e a rima é cópula de sons; a poesia erotiza a linguagem e o mundo porque ela própria, em seu modo de operação, já é erotismo. E da mesma forma o

> erotismo é uma metáfora da sexualidade animal. O que diz essa metáfora? Como todas as metáforas, designa algo que está além da realidade que lhe dá origem, algo novo e distinto dos termos que a compõem.[14]

Inserida nessa relação, Cíntia Gonçalves traduz seu universo feminino em linguagem transfigurada pelo erotismo, e o ritmo do poema, calcado em palavras corpóreas, compõe um poema cerimonioso, em que os versos são o próprio desejo e o gesto amoroso.

CONCLUSÃO

Para retomar a proposição de Achille Mbembe sobre uma África constantemente em trânsito, ou seja, em constante transformação, talvez seja realmente uma aposta no universo da criação e da imaginação a força impulsionadora de um espaço construído real e simbolicamente pelo humano. Um espaço de trilhas como as pistas poéticas de Hélder Simbad e Cíntia Gonçalves. Um espaço necessário da poesia.

REFERÊNCIAS

AGAMBEN, Giorgio. *O que é contemporâneo? e outros ensaios*. Chapecó, Argos, 2009.

AMARAL, Sérgio Alcides Pereira do. *Desavenças: poder e melancolia na poesia de Sá de Miranda*. São Paulo, Faculdade de Filosofia, Letras e Ciências Humanas, Universidade de São Paulo, 2007 (Tese de Doutorado).

KAMBAKA, Mabanza. "Prefácio". *In*: MARAQUITA 50. *As simetrias de mulher*. Luanda, Editora das Letras, 2018.

MARAQUITA 50. *As simetrias de mulher*. Luanda, Editora das Letras, 2018.

MBEMBE, Achille. *Sair da noite: ensaio sobre a África descolonizada*. Trad. Fábio Ribeiro. Petrópolis, Vozes, 2019.

MOVIMENTO LITTERAGRIS. *Tunda Vala: (Agristética)*. Luanda, União dos Escritores Angolanos, 2018.

PAZ, Octavio. *A dupla chama: amor e erotismo*. Trad. Wladir Dupont. São Paulo, Siciliano, 1994.

RANCIÈRE, Jacques. *Políticas da escrita*. São Paulo, Ed. 34, 1995.

SIMBAD, A. H. S. *Insurreição dos signos*. Campinas, Pontes Editores, 2021.

NOTAS

1 Agamben, 2009, p. 62.
2 *Idem*, p. 65.
3 Mbembe, 2019, p. 24.
4 Rancière, 1995, p. 7.
5 Nome artístico adotado por Hélder Silvestre Simba André.
6 Simbad, 2021.
7 *Idem*, p. 40.
8 *Idem*, p. 47.
9 Maraquita 50, 2018, p. 20.
10 Amaral, 2007, p. 90.
11 Movimento Litteragris, 2018, p. 23.
12 Kambaka, 2018, p. 10.
13 Maraquita 50, 2018, p. 70.
14 Paz, 1994, p. 12.

5
SOB O SIGNO DA AUTENTICIDADE: A REINVENÇÃO DO *ETHOS* COLETIVO EM ABREU PAXE

Vanessa Riambau Pinheiro

> É, pois, como resistência que a poesia sobrevive em Angola, ora trilhando os caminhos da sátira e da paródia, ora os da metalinguagem e do erotismo, ora os dos mitos e dos sonhos.[1]

De cariz iconoclasta, a poética do angolano Abreu Paxe transcende as habituais similaridades estético-temáticas de outros poetas de sua geração. O autor, nascido em 1969, na província de Uíge, norte de Angola, escreve em suplementos literários desde 1994 e destaca-se como uma das vozes mais proeminentes da poesia angolana da contemporaneidade. Em sua lírica, fortemente imagética, reascendem possibilidades diversas que atravessam a história de um país jovem, independente há 48 anos e há apenas duas décadas sem conflitos civis; uma nação de inconformismo e de resistência, que observa as possibilidades de aberturas políticas recentes ansiando por mudanças; e é essa Angola de hoje, plural e heterogênea, menos cerceada de si, mas ainda em devir, que é representada pelas múltiplas facetas da poética paxiana. De acordo com o poeta, em entrevista à revista *Zunai*, sua poesia dialoga

> [...] com estes momentos do nosso mais recente passado sócio-histórico, embora de forma perversa, na qual privilegio a informação estética. Traduz

a minha condição de ser, um ser confuso, incompleto, sempre pronto a ser forjado, moldado, formado e transformado.[2]

A história dos países africanos, principalmente ao longo da segunda metade do século XX, esteve imiscuída na literatura produzida por essas jovens nações; ora enquanto instrumento de combate ao colonialismo, ora como crítica social e denúncia dos horrores da guerra. Em pesquisa anterior,[3] destaco que, mais do que um instrumento de representação social, estética ou ideológica, a literatura dos países africanos que sofreram processo de descolonização de Portugal teve um papel ativo na construção imagológica das novas nações. Segundo Chatterjee,[4] o nacionalismo anticolonial, antes mesmo de iniciar sua batalha política contra o colonizador, cria seu próprio campo de soberania, dividindo o mundo das instituições e práticas sociais em dois domínios, o material e o espiritual. O material corresponde ao domínio do externo: economia, política, ciência, tecnologia. Ainda consoante o autor, o domínio considerado interno traz as marcas da identidade cultural. Assim, quanto mais sucesso é obtido nas aptidões tipicamente ocidentais, concernentes ao campo material, maior a necessidade de preservar a singularidade da cultura espiritual.

Para o autor, portanto, a formação da nação começa antes mesmo de sua desvinculação com o colonizador. Na verdade, dá-se na necessidade dessa diferenciação. A criação de uma identidade e cultura próprias, como fator interno significativo de uma nação, poderia servir para amenizar uma política internacionalista. Nesse sentido, a literatura cumpriu um papel essencial.

Consoante estudo anterior,[5] não se pode deixar de mencionar que, imbuída desse propósito de autonomia, a década de 1950 revela-se especialmente profícua para a literatura angolana, momento em que o conto e a poesia ganham destaque. Grandes nomes literários, como Luandino Vieira, começam a publicar, no final dos anos 1950; nas décadas seguintes, Viriato da Cruz, António Jacinto, Alda Lara, David Mestre, Jofre Rocha, Arlindo Barbeitos, Manuel Rui, Ruy de Carvalho, Pepetela e tantos outros. É mister também salientar, a propósito da tomada de consciência nacional que se vai afirmando, a existência de uma literatura de cunho denunciatório do sistema colonial, bem como de um discurso que "[...] nasce do período da guerra e que dele se alimenta".[6]

Inocência Mata afirma, também em relação à literatura angolana, que a construção literária da nação se fez particularmente através da poesia, que assumiu a "coletivização da voz".[7] Esse aspecto está presente, sobretudo, na produção poética do pré-independência, que cantou a construção de uma África livre e exibiu ao mundo as mazelas da opressão colonialista.

Em 1948, estudantes e intelectuais angolanos lançaram, em Luanda, o brado "Vamos descobrir Angola", que tinha como objetivos romper com o tradicionalismo cultural imposto pelo colonialismo; debruçar-se sobre Angola e sua cultura, suas gentes e seus problemas; atentar para as aspirações populares, fortalecendo as relações entre literatura e sociedade. O brado de 1948, reiterado pelo Movimento dos Novos Intelectuais de Angola (MNIA), de 1950, foi responsável pela publicação da *Antologia dos novos poetas de Angola* (1950) e das revistas *Mensagem*, *Voz dos Naturais de Angola* (1951-1952) e *Cultura* (1957-1961). A pesquisadora Elisalva Madruga aponta que a "ansiedade de angolanização" é o que move o grupo de jovens liderado por Viriato da Cruz, que incitava os jovens a redescobrir Angola a partir da consciência de seu caráter autônomo e desagregado de Portugal.[8]

Paxe, em entrevista, relembra esse momento inaugural na literatura angolana, quando recorda a formação do Movimento dos Novos Intelectuais de Angola (MNIA) sob a bandeira "Vamos descobrir Angola", uma frente cultural "que se criou no domínio da literatura e da guerrilha, ligados pelo mesmo denominador, que é o sentimento nacional, para combater o colonialismo [...]".[9] Conforme apregoaram os versos de Maurício de Almeida Gomes:[10]

> Ribeiro Couto e Manuel Bandeira,
> poetas do Brasil,
> do Brasil, nosso irmão,
> disseram:
> "– É preciso criar a poesia brasileira,
> de versos quentes, fortes, como o Brasil,

sem macaquear a literatura lusíada".
Angola grita pela minha voz
pedindo a seus filhos nova poesia!

Deixemos moldes arcaicos,
ponhamos de lado,
corajosamente, suaves endeixas,
brandas queixas,
e cantemos a nossa terra
e toda a sua beleza.

Angola, grande promessa do futuro,
forte realidade do presente,
inspira novas ideias,
encerra ricos motivos.

É preciso inventar a poesia de Angola!

Nos versos transcritos acima podemos observar, por um lado, a necessidade de desvinculação dos modelos europeus ("deixemos moldes arcaicos") e a ruptura do colonizador, tanto estética quanto ideologicamente; por outro, a criação de uma literatura de cariz nacional ("Angola grita pela minha voz / pedindo a seus filhos nova poesia! // É preciso inventar a poesia de Angola!").

Ao reforçar a necessidade da criação de uma literatura que se desvinculasse de Portugal, Abreu Paxe explica que o colonialismo foi "um mal que se implantou entre nós, cuja finalidade era a de destruir o outro despojando-o de todos os seus valores culturais e não só privilegiando os do sistema colonial".[11] Para subverter esse epistemicídio,[12] a autonomia literária foi um fator de suma relevância. Paxe, apesar de sentir-se influenciado por essa fase histórica correspondente ao período pré-independência angolano, ainda era muito jovem para produzir seus textos. Entretanto, pauta-se na crítica social e no desencanto com os rumos do país e com as mazelas da guerra civil, como podemos ver na dicção de alguns dos seus versos, reunidos na obra *A chave no repouso da porta*:

Sentidos aquartelado papel

pernoitam portas envelhecidas
superfície sobre o papel estrumados sentidos
por cima da mesa lágrimas
estendidos dícticos cujos sentidos de pó velho
renasce a cidade
dá cor caiada as galáxias bocas com zoológica consistência
sinalizada fica a cor dos ossos
outros corpos inocentes campos lavrados campos as veias
debruçadas em minúsculas incandescência mancham
a outra cidade entre partos paralelos lamas cinzentos corpos.[13]

No poema, a enumeração de substantivos concretos demonstra foco no signo como recurso estilístico de expressividade, a partir, por exemplo, da repetição do fonema /lh/ (envelhecidas/velho), de pronúncia contida, com mandíbulas entreabertas, coadunando-se com a retração que a velhice pode significar. Velhice das portas das casas dos angolanos cansados da guerra, do pó desse passado que precisa ser varrido, para que Angola possa renascer. O que se percebe, então, acerca da estética do poeta, é que é falacioso pensar que se trata do uso de meros recursos estilísticos sem maiores pretensões que não o artificioso labor da linguagem; existem indícios que mostram que, na verdade, trata-se de um memorial descritivo da guerra e seus efeitos, cujo reforço é dado por expressões como "aquartelados", "envelhecidas", "velho", "estrumados", "caiada", "inocente", "cor dos ossos", "mancham", "lamas", "cinzentos", "corpos".

Outros poemas dessa obra de Paxe apontam para o mesmo caminho de crítica estilizada, como se vê nos versos a seguir:

e nem são semelhantes oh nunca dina

a face intrínseca cinza o mato porta espessa
o centro da cidade palavras sem cidade
abraço desordenado cenário o beijo exílio
aflora frio fruto feito flor flutuando fechado

corpo refaz-se barbudo estigma centrada pátria
adjetivos aos pares os advérbios sem verbos os nomes
e nem são semelhantes, oh nunca dina
os vestígios antecipadas normas habituada incineração
o povo coincide com a vidraça nasce pequena lembrança
face intrínseco deserto o mato porta espessa.[14]

Novamente, o trabalho com as palavras se destaca, a partir do jogo com os fonemas fricativos (aflora/frio/fruto/feito/flor/flutuando/fechado), como se o efeito de cerre, sugerido pelo signo "fechado", fosse estabelecido gradualmente a partir da pronúncia desses vocábulos (cujo primeiro é "aflora" - que é pronunciado com o fricativo entre dentes, como se supõe, mas com a vogal "o" aberta - até chegar à palavra "fechado"). Há também, como no poema anterior, o elencamento de substantivos, adjetivos e advérbios que dão conta de descrever o ambiente caótico e desesperançado da guerra (cinza/porta espessa/palavras sem cidade/abraço desordenado/beijo exílio/fechado/estigma/centrada pátria/sem verbos os nomes/vestígios/habituada incineração/vidraça/deserto). Ainda em comum, os dois poemas possuem o caráter coletivo, na medida em que não pessoalizam sentimentos, antes manifestam a dor comum de uma nação fragmentada, transparecida através de lugares/objetos/cenários comuns.

De forma circular, o poema começa e termina quase do mesmo modo: primeiro descreve o cenário devastado, pessoa e pátria "a face intrínseca cinza o mato porta espessa"; e, por fim, "face intrínseco deserto o mato porta espessa" substitui o vocábulo "cinza" por "deserto", o que sugere um ambiente ainda mais desolador.

Consoante Secco, "diante do desencanto advindo do abalo das utopias revolucionárias, da despolitização dos partidos e do enfraquecimento do Estado nacional, os poetas começaram a construir novas imagens e metáforas que se voltaram para o interior do humano".[15] Tais questões refletem-se na obra dos autores pós-independência, da mesma forma que também aparecem em poemas de Paxe. Poetas representativos das últimas décadas, como Lopito Feijóo, José Luís Mendonça, João Maimona, Paula

Tavares e Maria Alexandre Dáskalos, entre tantos outros. Entretanto, a singularidade do autor dá-se pelo caráter coletivo, como já fora mencionado.

Após a fase inicial do *ethos* coletivo revolucionário da poesia pré-independência, como nos já citados Maurício de Almeida Gomes e no Movimento dos Novos Intelectuais de Angola (MNIA), "tornou-se recorrente a temática da decepção e da angústia diante da situação de uma Angola atormentada pela fome e miséria interna".[16] Tal característica ainda permeia as novas gerações, pois, ainda de acordo com a pesquisadora Secco: "Delineia-se, assim, uma forte tendência: a de que a noção de pátria precisa ser repensada segundo uma política de memória e da subjetividade".[17] Em estudo posterior, a autora pontua que a maioria dos poetas do século XXI reflete sobre o mal-estar "que asfixia todos num clima de desilusão e melancolia".[18]

O poeta Abreu Paxe, ao falar do momento atual de seu país, afirma que existe um princípio de unidade nacional, de reconstrução nacional, findada a guerra civil.

> Conjugam-se em mim estes três rostos: o primeiro, não tinha eu ainda nascido. O segundo, quando criança e adolescente vivendo o drama da guerra, da fome e da miséria [...]. O terceiro, já como adulto que é este ser em que me vou transformando.[19]

Reflexo dessa poesia profundamente autêntica em sua necessidade de reelaboração estética e esvaziamento do eu em sua subjetividade, o poeta, na coletânea posterior, *O vento fede de luz*,[20] traz maior desprendimento temático, a um tempo que invoca essa fragmentação que vê em si e no país, espelhos um do outro, como a própria literatura angolana a procurar sua face. Entretanto, os signos, mais esperançados, refletem uma nova postura estética.

> *A poesia angolana contemporânea, penso, está à procura de seu rosto. Precisa de o ajustar, com certeza.* Depois da década de setenta, as que se seguiram tornaram-se mais dinâmicas e reagem às transformações socioculturais. Ela constrói-se e vai ajustando-se na investigação antropológica (autóctone) –

com sentidos estéticos virados para a inteligência, para a vontade e para a razão africana – e na experiência alienígena, propondo-nos formas novas mais adequadas ao conteúdo da nova linguagem poética, no qual a transgressão, eroticidade, a errância, os desafios, a metalinguagem, a desconstrução (Secco) constituem-se em alguns dos seus mais importantes vectores. *Estes poetas não rejeitaram os valores da literatura universal; incansáveis vão procurando em seus versos uma síntese das formas tradicionais da oralidade africana e dos valores artísticos da cultura do mundo inteiro, tecem mediante a confrontação da ansiedade, do desespero e esperança da noite e do dia que se entrechocam na sua unidade, heterogenia, de diversidade discursiva.* Esta reflete toda a poesia unida no interesse comum pelas experiências literárias, pelos problemas de criação poética.[21]

Os poemas a seguir o ilustram:

versos luminosos

semelhante ao imóvel tombo, o eco
atirado ao gancho
esgota o riso na trajectória
cai sustida
perdida pálpebra
desprende-se de colina em colina
penetra calma em serenas janelas
contempla a borda do corpo contra as cores
lentamente quebrada luz
sobre a página do pasto nua celebração.[22]

No poema, o título "versos luminosos" nos traz uma imagem positiva, seguida pelos vocábulos "riso" (em vez de "incineração", expressão mencionada em verso anterior), "calma" e "serenas" (e não "desordenado"), "janelas" (em contraste com a "vidraça", aparecida em poema anterior, janela revela possibilidades), "colina" (e não "portas fechadas"), "cores" (em vez de "cor dos ossos", de poema anterior), "luz" (em vez de "cinza"), "nua" (em contraste ao vocábulo "deserto"), "pasto" (em contraste à negatividade advinda de "mato"), "celebração"(e não a modesta "pequena lembrança"). A reformulação dessas imagens, igualmente elencadas como nos poemas anteriores, denota possibilidades outras, mais passíveis à positividade que outrora. Entretanto, ainda são versos atravessados por conflitos que, ao tempo que "iluminam" esperanças, também ostentam problemáticas não resolvidas, como sugere o poema "o campo dos pés".

> o campo dos pés
>
> tranquila água esta agora do ciclo
> ou por exemplo:
> *esta substância paralela*
> *tem nível e superfície dum canto, tem cesuras*
> *também imensos mares com o tempo tão leve cimento*
> *os legumes o pão por trás do trigo*
> *manso lago afunda-se*
> e bebe do líquido os braços acima da casa
> esta linguagem dos textos ao lado
> traça pé a pé as entoações sem dedos longos e breves
> acorda no sintagma
> e junta-se à pátria com barcos e bandeiras.[23]

À parte as imagens positivas, como "tranquila", "ciclo", "tão leve", "manso lago", temos a revelação de dicotomias pertencentes a esses mesmos vocábulos, afinal, há "cesuras" nessa água tranquila, há também "imensos mares" e o tempo, que é leve, também é "cimento". O manso lago "afunda-se", mas sabemos que, ao fim, a "linguagem dos textos ao lado / traça pé a pé as entoações". A água e a terra, representadas pelo mar e pelo "campo dos pés" personificam a própria Angola e seu Atlântico, do passado e do presente; representam também seu povo e os sentimentos de sua gente, por ora acalmados, mas cientes da capacidade devastadora que possuem. Esses mesmos versos também trazem o eu poético coletivo, imiscuído na pátria e na sua gente. Afinal, de acordo com o poeta Abreu Paxe, em nota do autor, "estamos certamente numa condição antípoda a dos que querem possuir o mundo ao invés de o transformar, sem se perder, ou seja: tendo em conta a memória e o fundamento desta colectividade da qual não nos excluiremos, nunca".[24]

REFERÊNCIAS

CHATTERJEE, Partha. "Comunidade imaginada por quem?". *In*: BALAKRISHNAN, Gopal (org.). *Um mapa da questão nacional*. Rio de Janeiro, Contraponto, 2008.

DANIEL, Claudio. "Sobre a poesia de Abreu Paxe". *Revista Zunai*, 2021. Disponível em <https://www.revistazunai.org/post/sobre-a-poesia-de-abreu-paxe-claudio-daniel>. Acesso em 5/3/2024.

FERREIRA, Manuel. *Literaturas africanas de expressão portuguesa*. Lisboa, Biblioteca Breve/Instituto de Cultura e Língua Portuguesa, 1986. 2 vol.

GOMES, Maurício. "Exortação". *In*: FERREIRA, Manuel. *No reino de Caliban*. Lisboa, Seara Nova; Plátano, 1985, pp. 21-23.

MADRUGA, Elisalva. *Nas trilhas da descoberta: a repercussão do modernismo brasileiro na literatura angolana*. João Pessoa, Editora da UFPB, 1998.

MATA, Inocência. *Literatura angolana: silêncios e falas de uma voz inquieta*. Lisboa, Mar Além, 2001.

PAXE, Abreu. *A chave no repouso da porta*. Luanda, INIC, 2003.

____. *O vento fede de luz*. Luanda, União dos Escritores Angolanos, 2007.

____. "Viagem expansiva para o lugar inabitado: uma conversa com Abreu Paxe" [entrevista a Claudio Daniel]. *Vermelho*, 2019. Disponível em <https://vermelho.org.br/prosa-poesia-arte/viagem-expansiva-para-o-lugar-inabitado-uma-conversa-com-abreu-paxe/>. Acesso em 5/3/2024.

PINHEIRO, Vanessa Riambau. "A formação do sistema literário pós-colonial: apontamentos sobre a consciência geracional em Angola e Moçambique". *Acta Scientiarum. Language and Culture*, vol. 40, n. 1, 2018, p. e35720.

RÜCKERT, Gustavo Henrique (org.). *Modernidades líricas em língua portuguesa*. Diamantina, UFVJM, 2021. Disponível em <http://acervo.ufvjm.edu.br/jspui/handle/1/2706>. Acesso em 30/11/2021.

SANTOS, Boaventura de Sousa. *La globalización del derecho: los nuevos caminos de la regulación y la emancipación*. Bogotá, IlSA/Universidad Nacional de Colombia, 1998. Disponível em <http://www.boaventuradesousasantos.

pt/media/La_globalizacion_del_derecho_Los_nuevos_caminos_de_la_regulacion_y_la_emancipacion.pdf>. Acesso em 27/5/2021.

SECCO, Carmen Lucia Tindó. "A poesia angolana atual e a procura de novas formas de politização". *In*: CHAVES, Rita; MACÊDO, Tania & VECCHIA, Rejane (org.). *A kinda e a missanga: encontros brasileiros com a literatura angolana*. São Paulo/Luanda, Cultura Acadêmica/Nizla, 2007, pp. 159-170.

_____. *A magia das letras africanas: ensaios sobre as literaturas de Angola e Moçambique e outros diálogos*. Rio de Janeiro, Quartet, 2008.

NOTAS

1 Secco, 2008, p. 294.
2 Paxe, 2019.
3 Riambau *apud* Rückert, 2021.
4 Chatterjee, 2008, pp. 230-231.
5 Pinheiro, 2018.
6 Ferreira, 1986, p. 44.
7 Mata, 2001, p. 63.
8 Madruga, 1998, p. 32.
9 Paxe, 2019.
10 Gomes, 1985, p. 21.
11 Paxe, 2019.
12 "*El epistemicidio es el proceso político-cultural a través del cual se mata o destruye el conocimiento producido por grupos sociales subordinados, como vía para mantener o profundizar esa subordinación. Históricamente, el genocídio ha estado con frecuencia asociado al epistemicidio. Por ejemplo, en la expansión europea el epistemicidio (destrucción del conocimiento indígena) fue necesaria para 'justificar' el genocidio del que fueron víctimas los indígenas*". Santos, 1998, p. 208.
13 Paxe, 2003, p. 22.
14 *Idem*, p. 12.
15 Secco, 2007, p. 159.
16 *Idem*, p. 160.
17 *Idem*, p. 169.
18 Secco, 2008, p. 308.
19 Paxe, 2019.
20 Paxe, 2007.
21 Paxe, 2019. Grifos nossos.
22 Paxe, 2007, p. 27.
23 *Idem*, p. 51. Grifo nosso.
24 *Idem*.

6
COMO AGOSTINHO NETO ANTECIPOU FRANTZ FANON: A RENÚNCIA IMPOSSÍVEL DE SER NEGRO – TRIBUTO/NOVA ABORDAGEM DO INTELECTUAL

Pires Laranjeira

O poema "A renúncia impossível" tem duas versões, uma delas recolhida por Michel Laban no espólio de Mário Pinto de Andrade,[1] que a família Neto, entretanto, tem vindo a incluir na edição da poesia completa de Agostinho Neto, tanto em Angola, intitulada, na fase atual, como *Obra poética completa*, quanto em traduções em várias línguas, incluindo o mandarim e o hindi. E é de toda a conveniência terminar com a ideia de que a sua obra poética se resume a *Sagrada esperança*.

Aqui se pretende dar relevo a esse poema como prática da negação colonialista, texto estético que contribui para percebermos como é antecipatório e, nessa antecipação, não deixa de ser judicativo para a obra de Frantz Fanon. Quer isso dizer que nos obrigamos a pensar que não é este teórico engajado na libertação da Argélia que pode explicar e sancionar Agostinho Neto, mas o contrário, que alguma poesia do angolano, tal como a de Aimé Césaire, demonstra a gravidade do estado social e psíquico de ser colonizado e negro, e aponta o percurso da sua ultrapassagem, como efetiva teorização que irradia do poema.

O Manifesto de 1956, escrito por Viriato da Cruz, discutido pelo grupo que incluía António Jacinto e Mário Pinto de Andrade, entre outros, que viviam em Luanda, é o constitutivo teórico-doutrinário do movimento popular de libertação de Angola, mas não aparece isolado. Nessa década de 1950, Frantz Fanon cria a sua teoria da destituição do ser negro, da doença do sujeito e da cura dos traumas coletivos dos negros através da ultrapassagem da negritude (e) pelo uso da luta armada como ato político e cultural.

O poema "A renúncia impossível" (escrito em Coimbra, em 1949), de Agostinho Neto, na sua formação estética, analítica, fenomenológica, existencial, psicanalítica, social e política, antecipa a teorização de Frantz Fanon e o Manifesto de 1956 (do "movimento popular de libertação nacional"), contrariando, pela sua simples existência e evidência, investigações e postulados correntes que tendem a apresentar Viriato da Cruz, Mário Pinto de Andrade, Amílcar Cabral e Eduardo Mondlane como aqueles intelectuais determinantes e fautores quase exclusivos da teoria da desalienação ideológica, autonomização, autoestima e libertação, remetendo automaticamente Agostinho Neto para uma zona de sombra e de secundariedade. Por outro lado, não é por o Manifesto de 1956 não se ter constituído, de imediato, à maneira do Manifesto do Partido Comunista, de Marx/Engels, como texto formal fundador de um movimento/partido, que deixa de ser – junto com outros textos, incluindo os de Agostinho Neto – o manifesto que inclui, na sua letra, a denominação explícita, e justamente no final do texto, que formou o nome do Movimento Popular de Libertação de Angola (MPLA), mais tarde constituído como partido do poder conquistado, ao contrário do que argumenta Jean-Michel Mabeko-Tali.[2] Esse historiador – tanto como outros intelectuais – apresenta uma visão parcial e desfocada quanto às dificuldades de organização política, no contexto de 1940-1950, justamente pela repressão exercida pelos poderes coloniais, pela falta de meios de estudo e de consciencialização e a consequente dispersão dos melhores pensadores e organizadores africanos e angolanos, em nada ajudando ao aparecimento de um partido formal ou de uma frente unida, coesa e funcional que a tal organização se assemelhasse. O mesmo historiador argumentou que o "anti-intelectualismo e a atitude antiteórica andarão de mãos dadas, como o mostra 'Jika' no seu ensaio, e instaurará (sic) o crime de sangue", concluindo pela ideia de que Viriato da Cruz foi "efectivamente o verdadeiro fundador" do movimento.[3] Ora, o Comandante Jika escreveu: "Como explicar a eclosão em 63 das prevenções antiteóricas e anti-intelectualistas senão concebendo-as como uma arma operativa do arsenal ideológico da pequena burguesia rural?".[4] Essa suposta crítica às posições antiteóricas da direção do MPLA (subentende-se: Agostinho Neto), já nos anos 1960, não tem fundamento, porque não só Neto já não era um elemento da pequena-burguesia rural, mas urbana, pela sua formação intelectual e o seu percurso político, como se torna incompreensível que uma direção política e militar de um movimento como o MPLA possa sustentar-se sem que tenha uma orientação de conteúdo teórico, intelectual, e uma organização disciplinada, centralizada e hierarquizada. Ou refere-se Mabeko-Tali aos assassinatos indiscriminados de 1963, na região norte de Angola, do interior, por parte da UPA? Mas, se assim for, usa esses atos criminosos perpetrados por outra organização para criticar Agostinho Neto e amplificar a importância de Viriato da Cruz como autêntico fundador do MPLA, como, aliás, pretendeu fazer, o que é contestável, por assentar numa visão personalista e desajustada, facciosa, como se provou, pelo percurso errático e erróneo desse intelectual após perder a liderança. Essa exemplificação serve para mostrar como existem dezenas de intervenções, ou mesmo centenas, ao longo dos últimos 35 anos, sobretudo em Portugal e Angola, para descredibilizar e apagar Agostinho Neto como intelectual, teórico e poeta (que apresenta produções como um conjunto decorrente de um pensamento fundamentado, estruturado, coeso e coerente), procurando exibir potenciais líderes supostamente mais bem preparados e imaculados nos seus atributos e percursos (embora reconhecendo o imperativo de um líder ser negro), obliterando que, durante qualquer guerra, todo movimento de libertação ou exército regular de um país está sujeito, desde há séculos, a uma disciplina férrea e punitiva, sem a qual o corpo de militares seria um mero agregado sujeito à revolta, desorganização e debandada. Trata-se de analisar a história, e não a utopia ou os sonhos e sentimentos individuais.

O poema de Neto é substancialmente adverso à simplicidade das grelhas que o procuram ler, em exclusividade ou em predominância, como protótipo de um engajamento social e político. "A renúncia impossível" é um texto extraordinariamente apelativo, na sua aparente singeleza, gerador de significações de suma importância para a história da política e da cultura letrada angolana e africana, comparável ao *Cahier d'un retour au pays natal*, do franco-martinicano Aimé Césaire, ambos intertextualmente siameses.[5] Pelo seu contexto de produção, tal como aconteceu com o texto deste último, se Frantz Fanon tivesse conhecimento dele, poderia tê-lo citado no seu *Pele negra, máscaras brancas*, mas isso não era possível, porque somente foi publicado na década de 1980, após sua morte, pela esposa, Maria Eugénia Neto, em colaboração com Antero de Abreu e Dario de Melo. Esse poema fulcral na obra de Neto começou por não ser recebido com o apreço que merecia. Houve alguma relutância em aceitar-se que acrescentava bastante à sua obra. Mais ainda: esse poema, junto com outros textos anteriores e posteriores, tornou-o um pensador, um intelectual de vanguarda, avançado, que jamais poderá ser menos prezado em comparação com Viriato da Cruz, Mário Pinto de Andrade ou Amílcar Cabral.

O sujeito poético, no discurso que o constitui, expressa-se com categorias da filosofia materialista, transcendental e metafísica, como o existencialismo, a ontologia, a fenomenologia e a psicanálise, esta na sua faceta analítica, isto é, clínica e discursiva, de catarse e cura, e ainda da filosofia política, da sociologia e da teoria do poder, além da física quântica, da matemática e da lógica, para enfrentar o gigantesco desafio de ser negro, autoavaliar-se, avaliar os outros e transcender as limitações históricas e contextuais. Pareceria demasiado para um poema de Agostinho Neto, poder-se-ia dizer mal intencionadamente, mas a curiosidade e a inteligência, assim como o convívio nas tertúlias, centros de estudo, grupos e movimentos políticos em Portugal, enquanto estudante, intelectual, ativista e prisioneiro, numa época de agitação pós-II Guerra Mundial, mesmo sob a ditadura, mergulhou-o numa agitação intelectual que pode parecer improvável, mas isso seria reduzir o país, nessa altura, a um estereótipo exclusivamente do ponto de vista genérico, esquecendo as bolsas e campos de resistência e ilustração.

Disseca comportamentos e mentalidades e pode captar as significações e o sentido das existências, tecendo o seu próprio discurso, não filosófico, mas estético, contendo o filosófico e o científico, para devolver aos que constituem o seu povo e o povo negro em geral a capacidade de se revoltarem e fazerem a revolução. Cria uma arriscada e desconcertante manobra discursiva com o uso da ironia, para forçar o vitupério e o gozo, ou seja, uma vingança incisiva, mas tranquila, sobre a desrazão ocidental. Com tal poema, apresentou esteticamente o estado da nação em potência e o modo de ser, estar e fazer dos seus cidadãos, que, então, ainda não podiam desfrutar de condições de cidadania.

O poema pode ser interpretado evidentemente com a ajuda da teorização de Frantz Fanon, o consagrado autor cujos textos seminais – *Pele negra, máscaras brancas* e *Os condenados da terra* – são posteriores ao poema netiano, tal como ao poema-livro *Cahier d'un retour au pays natal* (edição em revista de 1939, edição em livro de 1947).

Obviamente, nada a apontar àqueles patriotas e líderes africanos estimados e referidos, a não ser as naturais críticas dialéticas a aspetos pontuais dos seus escritos ou ações, tal como acontece com qualquer filósofo, teórico ou ensaísta, todos sujeitos à crítica, no processo constitutivo do saber que se renova. Basta, porém, ler o largo espetro dos estudos literários, políticos, históricos, sociais etc. sobre essa Geração de 50, aquela que se formou nessa época e enformou os movimentos de libertação anticoloniais, para perceber que a esmagadora maioria das referências – quando se trata de enumerar os líderes intelectuais das libertações – inclui Amílcar Cabral (pelos seus estudos e ensaios sobre a guerra de libertação ou aspetos da economia da Guiné-Bissau e de Angola), Viriato da Cruz (pela feitura do Manifesto de 1956, pela poesia e alguns outros escritos), Mário Pinto de Andrade (pelos textos sobre literatura, que acompanhavam as antologias que organizou, ou pelo livro póstumo sobre o nacionalismo africano) ou, inclusive, embora menos referido no âmbito teórico, Eduardo Mondlane (graças ao seu livro sobre a análise da colonização e dos princípios programáticos da luta de libertação).

Tem havido continuadamente certa tendência para designar essa Geração de 50 como a "Geração de Cabral", como que obliterando ou beliscando o facto irrefutável de que se tratou de uma ampla geração, em que todos os contributos teóricos tiveram a sua importância, por serem diminutos (raramente se refere Alda Espírito Santo, por exemplo, para sublinhar uma ausência constrangedora), não convindo, de modo nenhum, subestimar ou sobretudo elidir personalidades fulcrais para o desenvolvimento dessas lutas. Do mesmo modo, não se pode arredar o contributo intelectual de certos vultos que estão na história do pensamento e da cultura dos países africanos, por muito que eles tenham virado as costas às lutas armadas de libertação nacional, cabendo aqui, portanto, os nomes do luso-são-tomense Francisco José Tenreiro e do angolano Mário António Fernandes de Oliveira.

No seu contexto de Coimbra, entre 1947 e 1950, e de Lisboa, a partir dessa data, enquanto estudante de Medicina, intelectual e militante anticolonialista, passou por vários encarceramentos e viveu numa atmosfera filosófica, teórica e científica que, para além do marxismo, incluía o existencialismo (Sartre), a fenomenologia (Husserl, Heidegger), a ontologia e a ética (Lévinas) e a psicanálise (Freud, Lacan).

Coimbra era uma cidade estudantil, pacata e propícia ao estudo, à discussão e à reflexão, mas Neto procurou a capital do império, para se juntar ao maior número de militantes anticolonialistas, estudantes e trabalhadores (subestima-se também a sua ligação aos marítimos/embarcadiços) e para estar no centro das lutas decisivas contra a ditadura portuguesa e fortalecer a luta pelas independências. Foi um tempo crucial de aprendizagem e maturação política, científica e cultural.

Mergulhou na influência do marxismo, que partilhava com os camaradas do movimento estudantil ligado ao Movimento de Unidade Democrática Juvenil (MUD Juvenil), e, portanto, atuando na órbita do Partido Comunista Português, mas não se pode limitar o espetro da cultura a esse quadrante doutrinário e ideológico, o que seria, e tem sido, redutor.

Verificamos que a "A renúncia impossível", juntamente com os outros poemas escritos nesse final da década de 1940, quando Neto chegou a

Coimbra com 25 anos, senhor de uma consciência elaborada e desenvolta (a esse propósito, convém ler os ensaios de Luís Kandjimbo sobre o que ele designa como o nativismo de Neto),[6] que se desenvolveu em processo denso e acelerado, quer pelo estudo, quer pela discussão e ação participativa, revela sua formação ou coincidência com áreas mais abrangentes, bem mais amplas do que se estima, que não têm sido esclarecidas. Não temos depoimentos dele próprio mais circunstanciados e esclarecedores sobre os novos horizontes da sua formação continuada, da sua família, dos amigos, dos companheiros e também dos intelectuais empenhados no movimento de libertação, mas as cartas que Maria Eugénia Neto enviava para a prisão onde estava mostram, ao menos, a sua capacidade pedagógica de indicar leituras.[7]

Sua esposa evocou o poeta em Coimbra, ao visitar a "república" em que ele viveu e que o homenageou com uma lápide na parede, no seu poema "Agostinho Neto, presente", escrito naquela cidade, no começo de 1997:

> Percorrendo a cidade
> ouvi as águas do Mondego
> murmurar
> que os frutos da sua obra
> hão-de um dia germinar.[8]

Entre os estudantes que faziam parte do seu círculo alargado havia quem cursava Engenharia, Física, Medicina, Ciências Agrárias e Direito. E tem-se o conhecimento de que Neto dedicou o seu único poema experimental a um estudante de Ciências, seu amigo próximo, "Homenagem a Joaquim Forte de Faria", datado de maio de 1950, em Coimbra, escrito para o livro de curso, brincando com conceitos de álgebra e química. Nele, há um verso que à primeira vista parece curioso, mas depois se torna intrigante: "A confusão de: Vida = 2 *n* *r*, sendo *r* = MIM". Tal verso, mesmo tendo em conta o humor, aborda a vida e a sua "confusão", sendo que, pela fórmula algébrica, o sujeito (MIM) surge duplicadamente, como que a significar a duplicidade/multiplicidade do eu, do sujeito. Aparecer tal problemática aludida num poema panegírico bem-humorado parece indiciar, pois, que a questão do ser, tão forte, nem nessas circunstâncias se poderia ignorar.

Justamente, desde o século XIX e o começo do século XX, outras teorias prepararam o terreno para que Neto pudesse discutir o sujeito, o ser, o nada e o zero. É possível ler o poema como a ultrapassagem da negação do sujeito e da sua consciência atormentada, do seu ser desumanizado e negado, pensando na questão das peles negras com máscaras brancas de ocasião, de sobrevivência, quer nas diásporas, quer na situação colonial hodierna, dos danados da terra, ou seja, dos sujeitos *assobalhados*, como dizem os galegos, e, portanto, doentes de assimilação e aviltamento, com a psique fragmentada e desnorteada.

***

O sentido fundamental do poema "A renúncia impossível", escrito em Coimbra, em 1949, relaciona-se com a frase "noção de ser", pertencente a outro poema, "Velho negro", escrito no ano anterior, aos quais se pode associar uns versos do poema "Ópio", de 1947, quando Neto chegou a Coimbra para estudar Medicina, com 25 anos: "Eu próprio sou uma ilusão / Sou a irrealidade / Sou sonho".[9] Essa proximidade temporal ajuda a situar com precisão o momento histórico em que os angolanos se encontravam, necessitando de reconsiderar, de repensar a sua identidade histórica e cultural e a sua consciência social e política. A poesia não se alheou dessa determinação em averiguar filosoficamente o mistério concreto do ser negro que contém o não ser que é nada, mas que se constitui como o tudo da totalidade que ultrapassa o negro para somente ser. Não se trata aqui de pisar o terreno de uma filosofia da literatura, nem sequer de descrever as filosofias que atravessam os textos como substância, mas antes de intertextualizar mundos paralelos ou, talvez melhor ainda, de transformar um texto poético, com novo procedimento de leitura e interpretação, em panfleto e manifesto filosófico-político de libertária teoria crítica. Este trabalho pretende ser também um aviso à leitura, porque se continua a não pensar na densidade e no longo alcance, quanto à premonição e ao impacto, do poema "A renúncia impossível".

O sujeito poético do poema "Velho negro" afirma que este "Perdeu a pátria / e a noção de ser" e se tornou um "Velho farrapo / negro / perdido no tempo / e dividido no espaço!". Neto tratou de expressar, com esses dois poemas, entre outros, a imperiosa necessidade de que todos os sujeitos negros, perante o colonialismo, perante a dominação, em Angola, como em qualquer parte do mundo, refizessem o seu perfil psicológico, ganhassem força mental e autoestima, persistindo na inquirição, resistindo, para se poderem afirmar, dentro das sociedades repressivas em que viviam, como entidades independentes, com autonomia e dignidade, mas solidárias entre si. Se, no poema "Velho negro", Neto procede à constatação da perda da "noção de ser", no poema testemunhal e acusatório "A renúncia impossível", ele empreende um trabalho estético e filosófico de (re)constituição de um sujeito negro capaz de se recompor do ser "esfarrapado", perdido, dividido, coisificado, anulado e, como dizem os brasileiros, zerado. E este zerado vem a propósito do "zero" e do "nada" no poema.

Nesse percurso poemático, enumera as existências do negro de todo o mundo, analisa os processos e circunstâncias da sua anulação como ser humano e cidadão e restitui-lhe a plenitude da interrogação existencial/ fenomenológica na cena social e histórica. Essa restituição começa por ser precisamente a aparição do ser negro no discurso, ou seja, a própria tomada da palavra poética pelo negro que Neto era, alçando a sua voz escrita e, nela, procurando erguer da negação a figura afirmativa dos negros, em busca da totalidade.

Para nos socorrermos de um autor que municiou Jacques Lacan, renovador da psicanálise freudiana, Emmanuel Lévinas, no livro *Totalité et infini: essai sur l'extériorité*, a totalidade é investigada segundo uma perspectiva ética e discursiva, que interroga o sujeito e a sua circunstância na situação de face a face e que surge aqui no sentido de se adequar ao discurso de Agostinho Neto: "O negador e o negado colocam-se juntos, formam sistema, quer dizer, totalidade".[10]

Todavia, acontece que o discurso, "pelo facto de que ele mantém a distância entre eu e o Outro, a separação radical que impede a reconstituição da totalidade, e que se pretende na transcendência, não pode renunciar ao egoísmo da sua existência".[11] Isto é, existe uma distância material, intransponível, entre a afirmação do sujeito na letra e a procura de relação com os outros, seja na comunicação ou na assunção imaginária de falar pelo Outro, pelos outros, na totalidade.

Não há condicionalismos na existência que possam impedir o negro de tomar a palavra enquanto tal, no tempo colonial, a não ser o analfabetismo ou a alienação, mas, precedendo a luta intensa e consequente pela tomada do poder através das armas, como afirmação cultural, conforme explicou Frantz Fanon em *Os condenados da terra*,[12] surgia, tantas vezes, em diversos setores da complexa sociedade angolana, o sujeito como que a *desnegrificar-se*. Punha a sua máscara branca para agradar ao dominador, até que, inaugurando uma nova postura e ambição, o sujeito assumisse um novo estado de consciência, desagravado, positivo, confiante e acusador.

Esse poema incorpora o estado pré-consciente, os processos de dominação e a revolta decisiva, acusando todos os estados coloniais, todas as ditaduras e democracias europeias e ocidentais, todo o eurocentrismo, incluindo o dos territórios extraeuropeus (onde novas elites e franjas populares se tornam eurocêntricas ou norte-americanizadas, quer dizer, capitalistas, burguesas e individualistas). É um grande acontecimento no processo evocativo e expurgador que recorda a história do enriquecimento material e cultural através da expansão imperial, do tráfico escravocrata dos negros e indígenas. Como se sabe, a história da construção da chamada modernidade assentou em poderes de genocídio, escravização e dominação de negros, indígenas, minorias, mulheres, crianças, pobres, assalariados, doentes, desprotegidos e derrotados do mundo, cujas consequências perduram para além do fim do imperialismo novecentista.

A "noção de ser" apela ao sentido ontológico/fenomenológico de que o *ser-em-si* não implica significações negativistas. O ser constitui uma entidade *per se*, por se tratar justamente de uma afirmação no mundo da existência. E essa afirmação é o face a face que não permite negar o outro, "uma impossibilidade de negar, uma negação da negação".[13] Emmanuel Lévinas afirma mesmo que o ser e o não ser são manifestações do ser, esclarecendo-se mutuamente ("*L'être et le ne-pas-être s'éclairent mutuellement et déroulent une dialectique spéculative qui est une détermination de l'être*").[14] Neto provavelmente não terá lido Lévinas, um filósofo que ainda não tinha receção privilegiada em Portugal, mas leu Sartre, não concordando com as teses de *O que é a literatura?*, que, na sua prática poética, claramente recusou, pois atribui-lhe o poder de agir e de influenciar, enquanto intervenção política ou filosófica, e não apenas à prosa, como comprovou Nelson Cerqueira,[15] num artigo sobre a resposta de Neto ao conceito equivocado de Sartre do que é poesia. Por outro lado, Sartre fundamentou-se em Husserl e Heidegger, entre outros, para enfrentar o problema do ser, que é central em "A renúncia impossível". Sartre recuou perante o conceito de "pastor do ser" (de Heidegger) e "ser-para-a-morte" (de Nietzche), mas atendeu à fenomenologia da concretização do ser em cada acontecimento. Heidegger postulava a associação entre ser e não ser, fundamental para compreender a significação não paroxística no poema de Neto, que, aliás, se reforça com a ironia e o sentido final de afirmação:

> Em relação ao facto de que a palavra "ser" é para nós, quanto ao sentido, uma espécie de vago vapor, o facto de que compreendemos a palavra "ser" e a distinguimos, com certeza, de "não-ser" não é somente um outro facto, um segundo facto, mas ambos estão estreitamente ligados e formam um todo.[16]

Surpreende-nos que, ao lermos Jean-Paul Sartre, em *O ser e o nada* (principalmente nos capítulos "As origens da negação" e "A má-fé"), nos pareça que ele escreveu certos trechos para explicar o poema de Agostinho Neto e a condição dos negros em geral:

> Minha consciência não se limita a encarar uma negatividade. Constitui-se a si em sua carne, como nadificação de uma possibilidade que outra realidade humana projeta como *sua* possibilidade. Por isso, deve surgir no mundo como um *Não*, e é efetivamente como um Não que o escravo vê de saída seu amo, ou o prisioneiro tentando fugir vê a sentinela que o vigia. [...] Outros, por

trazerem o Não na própria subjetividade, igualmente se constituem, enquanto pessoa, como negação perpétua: o sentido e função do que Scheler chama de "homem de ressentimentos" é o Não. Mas existem condutas mais sutis, cuja descrição nos introduziria mais fundo na intimidade da consciência: a ironia é uma delas. Na ironia, o homem nadifica, na unidade de um só ato, aquilo mesmo que diz; faz crer para não ser acreditado; afirma para negar e nega para afirmar; cria um objeto positivo que, no entanto, não possui outro ser senão seu nada. Assim, as atitudes de negação com relação a si permitem nova pergunta: que deve ser o homem em seu ser para que lhe seja possível negar-se?[17]

Noutro trecho, afirma: "Seria inconcebível um Ser que fosse plena positividade e mantivesse e criasse fora de si um Nada de ser transcendente, porque não haveria nada no Ser por meio do qual este pudesse transcender--se para o Não-Ser".[18] E, finalmente:

> [...] condição para a realidade humana negar o mundo, no todo ou em parte, é que carregue em si o nada como o que separa o seu presente de todo o seu passado. Mas não basta, porque este *nada* ainda não teria o sentido do nada: uma suspensão de ser que permanecesse inominável, que não fosse consciência de suspender o ser, viria de fora da consciência e teria por efeito cindi-la em dois, reintroduzindo a opacidade no bojo dessa lucidez absoluta. Além do mais, esse nada não seria negativo de maneira alguma. O nada [...] é fundamento da negação porque a carrega oculta em si, é negação como ser. Portanto, é necessário que o ser consciente se constitua com relação a seu passado separado dele por um nada; que seja consciente desta ruptura de ser, não como fenômeno padecido, e sim como estrutura da consciência que é. A liberdade é o ser humano colocando seu passado fora de circuito e segregando seu próprio nada.[19]

Esta última asserção de Sartre é uma possibilidade de espantosa hermenêutica aplicada ao poema "A renúncia impossível", porque vem mostrar que a ironia do Nada, do Zero e do Ser, em Agostinho Neto, é uma dialética muito sofisticada para provar que os povos negros não puderam ser reduzidos a zero ou a nada, embora assim pareça e se possa afirmar – por hipérbole ou dialética – na medida em que, pelo simples facto de existirem, para lá dos milhões de massacrados e feridos, ao longo dos séculos, o nada que queriam que fossem pertencia ao seu ser, dele não podendo ser erradicado, por integrar a sua pressuposta totalidade. Agostinho Neto podia rever-se na teoria do ser engajado de Sartre, um ser social e finalístico, com vontade de agir, perseguindo a liberdade e a independência. Todavia não se pode descartar uma leitura mais aberta, que "A renúncia impossível", sobretudo, solicita.

A consciência de que fala Sartre, no seu existencialismo humanista, pode resumir-se como sendo o reconhecimento do ser, da história e do contexto, na busca de uma explicação para o porvir de uma comunidade de indivíduos reunidos numa aliança estratégica, para a defesa da sua herança, preservação do património natural e construído e o alcance de bem-estar e satisfação das necessidades, sem prejuízo dos valores e princípios civilizacionais de outras comunidades. A nacionalidade é a consciência que um indivíduo apresenta ao reconhecer que pertence a uma comunidade alargada, a qual pode existir antes da formação de um Estado, que inclui um território pequeno ou enorme e povos, línguas e culturas muito diversas. Uma comunidade é um conjunto cheio de seres e valores, que Neto explorou enquanto projeto em processo, também na sua poesia. Esse processo teve desenvolvimentos inescapáveis, com acontecimentos marcantes, em poemas como "A renúncia impossível", que tem de ser canonizado institucionalmente.

Albert Camus, em *O homem revoltado*, que divergiu de Sartre, após evocar a história das revoltas, a Revolução Francesa e passar pelos pré--marxistas, a esquerda hegeliana, Marx e Nietzsche, discute a teoria da servidão de Hegel, para sublinhar o poder da revolta, em termos que se ajustam a potenciar uma aproximação ao poema de Neto:

> [...] "torna-te no que ainda não és" – Este desejo primitivo e obstinado do reconhecimento, que se confunde com a vontade de ser, só se satisfará com um reconhecimento que pouco a pouco se alargue ao reconhecimento de todos. [...] O homem é a criatura que nega a fim de afirmar o seu ser e a sua diferença.[20]

Essa linha de insubmissão social e histórica atravessa o poema, a par de uma profunda interrogação sobre a existência, o sujeito, o ser, o nada e o zero ou vazio, como consequência da repressão e do silenciamento dos colonizados negros em África e seus descendentes nos outros continentes.

Neto tanto distingue claramente, em "A renúncia impossível", o "nada" do "zero", como de imediato estabelece semelhanças, e não se tratou de senso ou lógica comuns, ou de contradição, nem sequer de retórica, como tantas vezes se acusa um discurso com que não se concorda ou não se aprecia. Na primeira parte do texto – "Negação" –, há versos que constituem o nó irradiador da tensão semântica que acompanha a descrição histórica dos horrores perpetrados contra os negros e, portanto, a crise trágica e traumática do ser e do sujeito:

> Não sou. Não existo. Nunca fui.
> Renuncio-me.
> Atingi o Zero.
> [...]
> eu-Nada
> vós-Tudo
> [...]
> Atingi o Zero
> o Nada.
> [...]
> Cheguei ao Zero-Espaço
> ao Nada-Tempo[21]

A noção de Nada, com maiúscula, sofreu os apertos hermenêuticos ao longo dos tempos, mas continua indecifrável, tal como o ser. Esse Nada tem sido o *Horror vacui* e o *Horror nihili*, assim mesmo em latim, expressões roubadas precisamente para salientar a sua relativa antiguidade na consciência europeia. Eis, pois, o nome do Vago/Vazio e do Nada, que é Negação. O horror da não existência, perante a (in)comensurabilidade da matéria e do tempo, está intimamente relacionado com a importância da interrogação sobre o Ser, que, como se disse, é, em substância, a interrogação sobre a existência do acontecimento e sua multiplicidade infinita, que gera a implausibilidade de compreender a totalidade. Em Neto, explicitamente, o zero situa-se mais na aproximação à noção de espaço (em conformidade com o conjunto vazio), enquanto o nada está inserido na cadeia da temporalidade, de um ser que não se realiza nunca, mas há outras hipóteses.

Escreve o físico teórico José Ignacio Latorre que "receamos as trevas, o silêncio, a solidão".[22] A eternidade e o infinito compensam a falta, a falha, a ausência e a inexistência, através das religiões, da razão crítica ou da crítica da razão, das lutas intelectuais e também sociais. O Nada que ele descreve, percorrendo a história das suas formulações, é multifacetado, imprevisível, inapreensível, mas, por outro lado, apresenta-se muito instigante, atrativo e amedrontador (usando aqui a sua argumentação), como não existência, que se diferencia do vácuo, este pela ausência de qualquer entidade no espaço. O elenco de variedades é impressionante, mas, para manter o foco, retenha-se a reflexão existencialista (em que o Nada provoca náusea), o Nada matemático (em que o zero é definido como a ausência de outro número) e a noção de conjunto vazio ou conjunto nulo (outra designação para a não existência), até ao vácuo quântico (o qual se des/multiplica em vácuo forte, fraco e quebrado), assim podendo, então, afirmar que a linguagem matemática, a linguagem da física e a linguagem poética se intersectam ou confluem para o enigma infinito e a beleza da liberdade livre. Como diz Latorre, explicando o teorema de Gödel e, em simultâneo, a célebre frase dita por Hamlet, "em certo sentido matemático, ser ou não ser é indecidível",[23] porque num sistema formal haverá sempre proposições que podem não ser nem verdadeiras nem falsas. Ou, como dizem as vozes populares, antes de ser, já o era, porque o nada nunca retirou potência e força, energia e vitalidade ao ser que da memória colhia o testemunho dos ancestrais e a capacidade de criar acontecimentos, sempre.

A ironia no poema mostra como o sujeito poético tenta descrever e abarcar uma totalidade a que não tem acesso, ser negro na totalidade dos discursos que o engendram. Como se o discurso ensaiasse todas as formas de denúncia e, por conseguinte, de ação e pensamento dos dominadores coloniais sobre os negros, para afirmarem, ao longo dos séculos, a consciência deles reduzida a Nada, o que significa a negação da sua condição humana, da sua humanidade.

Desde Descartes, até a primeira vaga da fenomenologia de novecentos ou ao pensamento sartreano, a consciência é uma relação do sujeito com aquilo que é pensado, não propriamente com uma hipótese de realidade externa. Sartre afirmou, segundo a interpretação de Vergílio Ferreira, seu prefaciador extenso, que a consciência é um "nada". Porém, Sartre afirma, em *O ser e o nada: ensaio de ontologia fenomenológica*, que "a negação aparece sobre o fundo primitivo de uma relação entre o homem e o mundo; o mundo não revela seus não-seres a quem não os colocou previamente como possibilidades".[24] É o caso de Alexandre Kojève, por exemplo – menos conhecido do que Edmund Husserl, Martin Heidegger e Jacques Lacan –, que colocou o problema do não ser contrastando a ontologia do *ego* com o arrojo do *inexistente* (o nada), ao contrariar a célebre afirmação de Descartes, quando escreve, com certo humor filosófico: "penso, logo 'eu' não existo". Kojève, cujos cursos Jacques Lacan seguiu, sobre a (não) separação entre o ser e o agir, buscava explicações sobre a consciência de si, do saber absoluto, do reconhecimento, do desejo, da satisfação, da consciência infeliz ou da consabida dialética hegeliana do senhor e do escravo, para uma geração que, antes da Segunda Guerra Mundial, se encontrava atormentada com o aparecimento das ditaduras, das guerras catastróficas e do culto de Nietzsche de um super-homem ou de Heidegger do "ser-para-a-morte", o que correspondia a uma enorme negatividade quanto à possibilidade de resistência e felicidade.[25]

Husserl e Heidegger entendiam o conhecimento como inexistente fora do sujeito que o pensava e, por outro lado, mostravam as faltas ou ausências do ser, as suas aberturas ao irracional, ao impensável/impensado, que desembocava na fratura da harmonia bergsoniana do eu e abria para o nada sem transcendência. Husserl escreveu:

> Eu sou-me, numa experiência evidente, constantemente dado como *eu-mesmo* [...]; o *ego* monádico concreto contém o conjunto da vida consciente, real e

potencial, é claro que o problema da *explicitação fenomenológica deste ego monádico* (o problema da sua constituição por ele mesmo) *deve abraçar todos os problemas constitutivos em geral*. E, no fim de contas, a fenomenologia desta constituição de si por si mesmo coincide com *a fenomenologia em geral*.[26]

Husserl explicava a possibilidade de compreender a formação do ego como uma resposta aos acontecimentos fora dele:

> [O] facto de que uma natureza, um mundo da cultura e dos homens, com as suas formas sociais etc., existem para mim significa que as experiências correspondentes são possíveis para mim, quer dizer, independentemente da minha experiência individual destes objetos, eu posso, a qualquer momento, realizá-los e desenrolá-los num certo *estilo sintético*.[27]

Agostinho Neto executa, nesse estilo sintético, a reconstrução do sujeito e do ser individualizado com possibilidade de experienciação pelo coletivo que o pudesse ler. Tal exercício filosófico-poético buscava, pois, a improvável totalidade.

O senso de finitude humana e cósmica surgia como impossibilidade de pensar o coletivo e sua vontade de representação, como queria Schopenhauer, além da sua vontade de organização e realização contra o caos e a catástrofe, que, note-se, na teoria respetiva, têm o condão de refazer e restaurar o denominado *real*, outro nome da esquiva *totalidade*. Esse pensamento obtinha uma formalização na teoria do zero, de Frege, e em Lacan, que concebia o sujeito como estando no lugar do zero, como se fosse uma falta, ambos excluindo a consciência da definição do sujeito.[28] Lacan falava da epifania ou sintoma da criação, patente numa fala quotidiana, num gesto, numa frase memorável, onde pode surgir o "esplendor do ser".[29]

Na versão melhor e mais completa de "A renúncia impossível", a curta parte final, chamada "Afirmação", ultrapassa a sintomatologia da negação exposta pelos conceitos implícitos de "nada" e de "zero", para concluir com a afirmação explícita do princípio de liberdade e independência, desautorizando a construção que os brancos tinham feito dos negros com imagens de inferiorização e anulação, abjeção e objetificação. Em 1949, ano da escrita de "A renúncia impossível", esses filósofos e teóricos aqui expostos, "os clássicos do fim", como adverte Jacques Derrida,

> [...] formavam o cânone do apocalipse moderno (fim da História, fim do Homem, fim da Filosofia, Hegel, Marx, Nietzsche, Heidegger [...], os acrescentos do próprio Kojève). Estava ali, por outro lado, e indissociavelmente, o que sabíamos ou o que alguns de nós desde há muito tempo não ocultavam a si mesmos sobre o terror nos países do Leste, sobre os desastres socioeconómicos da burocracia soviética, sobre o estalinismo passado ou o neoestalinismo então vigente. [...] Tal foi, sem dúvida, o elemento em que se desenvolveu o que se chama a desconstrução.[30]

O "zero" é definível como "valor nulo" ou "conjunto vazio" na matemática, o que se pode pensar que tende, de certa maneira, também para uma não existência, como, aliás, afirma Alain Badiou: "o vazio deixa de ser o eclipse do sujeito, ficando do lado do ser, do mesmo modo que o acontecimento convoca, através de uma nomeação interventiva, a errância em situação".[31] O zero existe e funciona, não como nada, mas como ser desamparado por não ter companhia. Esse ser ou não ser, que é também matemático, depois que Gödel chegou ao seu célebre teorema, não acarreta necessariamente uma decisão shakespeariana ou netiana, uma dicotomia enganadora e angustiante, porque nem todo axioma, nesse campo dos números e das equações, é verdadeiro ou falso. Alain Badiou, no livro *L'être et l'événement*, na sua "meditação 29", aborda o ser segundo uma perspectiva de construtibilidade, de conjunto construtível, de absolutidade, e do não ser absoluto do acontecimento perante a soberania da língua.

Badiou usa uma construção, linguagem e teorização lógicas com base em teoremas matemáticos, lógicos, digamos que arquitetónica e poeticamente implacáveis – seguindo Cantor na teoria dos conjuntos e Gödel no teorema da verdade/falsidade –, segundo a qual

> [...] ao pé do muro do ser, a ontologia sábia, ou construtível, é [...] ascética e perseverante. O gigantesco trabalho pelo qual ela refina a língua e faz passar

nos seus filtros subtis a apresentação da apresentação [...], depois de Gödel [...], é justamente admirável. Temos ali uma visão mais clara, porque a mais complexa e a mais precisa, daquilo que é pronunciável do ser-enquanto-ser sob a condição da língua e do discernível.[32]

O filósofo francês explica que, nesse filosofar de base lógico-matemática, "a delimitação do não-ser resulta de um enunciado explícito e inaugural",[33] para concluir, supondo que se trata de conclusão, que "a existência do indiscernível" é "o poder dos nomes", ou da palavra, pelo que, estando em presença de um "golpe de teatro" indemonstrável, voltamos à palavra que se faz carne, metáfora do ato. Por isso é que ele, no seguimento de Cantor e Gödel, como também explica Latorre, chama ao "vazio, nome próprio do ser".[34] Ser ou não ser, convém repetir, pode ser indecidível, mostrou Gödel.

Alain Badiou, tal como em relação ao ser, recusa a história como absoluto, argumentando, contra o absolutismo de certas totalidades e utopias centenárias, porque

> [...] podemos pensar *a historicidade* de certos múltiplos, mas não podemos pensar *uma* História. As consequências práticas – políticas – desta conceção são consideráveis, porque elas comprometem-se com uma topologia diferencial da ação. A ideia de uma mudança na qual a origem seria um estado da totalidade é imaginária. Toda a ação transformadora radical origina-se *num ponto*, que é, no interior de uma situação, um lugar de acontecimento.[35]

O ser, no poema de Neto, engloba o não ser, ou seja, o nada, o vazio e o zero. Houve um facto trágico que abalou a consciência do jovem Neto e o motivou para a escrita do poema, dez anos mais tarde, entre tantas outras motivações que aconteceram durante o seu crescimento intelectual. Foi o suicídio, ocorrido em 1938, em Luanda, de um jovem intelectual negro, Jorge Neto, de origem são-tomense, vítima de racismo, que contribuiu, portanto, para o acontecimento do discurso (conforme testemunho de Maria Eugénia Neto). O que Freud e Lacan não diriam dessa coincidência do nome! Hipoteticamente, o fantasma fabricando a revolta. Essa foi, com certeza, uma motivação poética por via desse facto, que provocou um choque enorme e que foi relatado pela imprensa daquele ano, que Mário António Fernandes de Oliveira recuperou na sua tese de doutoramento e também Óscar Ribas rememorou, tanto na sua autobiografia, quanto na entrevista a Michel Laban, tendo ainda Uanhenga Xitu usado o trauma na sua narrativa *O ministro*. Tais factos – acima de toda a suspeita – podem ser considerados tangenciais ao cerne fenomenológico do poema: ele é que cria o seu próprio sujeito e dele decorre o ser que ali é discutido. Não há explicação positivista para o acontecimento irrepetível de ser significante.

O zero absoluto talvez seja o "zero kelvin" da temperatura hipernegativa, onde as partículas de gás não apresentam movimento, não têm energia cinética. Com ironia, Agostinho Neto desenha no seu poema o estado de zero absoluto como componente do ser negro, em que atingiu, na sua vida, o nada, o que é semelhante ao vácuo quântico. Desse modo filosófico e estético, Neto conseguiu retratar a situação de ser negro, dos seres negros, de serem vistos – sobretudo pelos brancos, o que aqui importa – como tendo a pele preta e, portanto, não sendo. Pela hipertrofia/hiperbolização, apresenta um panorama descritivo que resulta em força de acusação e expõe uma violência estética, com palavras simples e certeiras, quase como na *arte povera*, sobre um novo ser humano, que impõe uma cruel vitória sobre a dominação e a sua história, ambas obrigadas a repensar a sua própria condição de poder e narrativa.

Naquele contexto, o da passagem do nativismo netiano juvenil pelas malhas do neorrealismo, pan-africanismo e negritude, temperado pelo marxismo, como fenómenos do percurso e do discurso da luta de libertação, convém interpretar esse texto como integrante dessa luta de libertação enquanto tripla ação: a da análise do sujeito negrificado (social, histórica, psicológica, cultural) e da respetiva violência sobre ele, que, assim se mostrando à sociedade e demonstrando o seu lugar e posicionamento, é devolvida ao opressor (como antítese), legitimada pela ausência de diálogo, a que se opõe o resgate das tradições culturais através da transformação pela aprendizagem, sendo essa violência anticolonial, por si só, reconstrutiva e emancipatória, tornando-se legitimadora de uma nova ordem ideológica e política, numa síntese afirmativa. Sublinhe-se que é uma violência discursiva, porque o negro, como quer apresentar/representar a totalidade da violência, passa a usar a palavra contra o seu silenciamento, transforma essa substância e a sua formação poética numa ata política ou, mais precisamente, num *speech act* performativo (cf. John Searle), num ato de fala política, ou, melhor ainda, num verdadeiro ato político, de reconhecimento do sujeito e do ser que se apresentaram, mas que, até 1982, ficaram silenciados na tinta verde e frágil do papel inédito.

Pode-se alinhar esse poderoso discurso com outros tão diversos de outras épocas, culturas e línguas, ao depararmo-nos com a mesma vontade e determinação de ser e assumir a política da poesia. Desde logo, um Percy B. Shelley, autor de *A máscara da anarquia*, escrito sobre o massacre de Manchester, seguido de *Cinco poemas de 1819*. Há o incontornável poeta turco referido por Neto, Nâzim Hikmet, que escreveu, por coincidência, em 1948: "E se há tanta miséria sobre a terra / é graças a ti, meu irmão". Depois, Ho Chi Minh, com *Diário do cárcere*, que foi traduzido para o italiano por Joyce Lussu, que também traduziu Neto. E, muito recentemente, Layli Long Soldier, com o livro *Whereas*, poemas de uma indígena norte-americana, de que retiro uma frase sintomática: "*I read an article in the New York Times about the federal sequestration of funds from reservation programs, the cuts*"[36] ("Leio um artigo no *New York Times* acerca do sequestro federal de fundos dos programas das reservas, os cortes"). São exemplos de poesia de resistência, engajada, comprometida com os temas sociais e políticos. Agostinho Neto amplifica a capacidade de ser e torna-se assertivo na segunda parte do poema, pequeníssima parte, mas de uma "afirmação" abrangente e concludente:

> Eu-todos nunca me negarei
> nunca coincidirei com o nada
> [...]
> O meu lugar está marcado
> no campo da luta
> [...]
> Eu sou. Existo.
> [...]

Sou um valor positivo
da Humanidade
e não abdico,
nunca abdicarei!

Seguirei com os homens livres
o meu caminho
para a Liberdade e para a Vida.[37]

Neto teve a ousadia de pensar fenomenologicamente, existencialmente e psicologicamente o processo de passagem do "não-ser" do negro dominado, como sendo um "zero", mais do que um "nada" que ao ser pertencia, à tomada de consciência negra, à sua reconstrução, enquanto processo psíquico, ideológico e político de empoderamento, no contexto de positividade que a sua Geração de 50 conseguiu criar nas colónias, em Portugal e no mundo, onde quer que os negros fossem silenciados, senão esmagados. Sabemos, com Heidegger e Sartre, que o "ser ou não ser" de Shakespeare, repetido "até à náusea", e note-se, aqui, a graça e a potência do lugar-comum, tal como o não ser e o ser de Neto, é o verbo que, pela ação, se transforma em carne, como consta do texto bíblico – "ao princípio era o verbo". Ou, então, podemos dizer de outro modo, que é o modo do Outro, o sábio dogon Ogotemmêli, cego e visionário:

> A Terra tinha uma linguagem, a primeira deste mundo, a mais rude de todos os tempos. Sintaxe elementar, verbo raro, vocabulário sem graça. As palavras eram sopros pouco diferenciados, mas portadoras de força. Tal e qual, a palavra sem nuances convinha aos grandes trabalhos dos começos. [...] O seu papel era de organização: ela era, pois, uma coisa boa; portanto, ela desbloqueava, desde logo, a desordem.[38]

As palavras de Neto foram simples e aparentemente diretas à mente e ao sentimento dos indivíduos e da coletividade, para um começo de pátria e de resgate do verbo pelos colonizados, mas não se pode dizer que a sua dialética aparecesse com facticidade e transparência: não havia qualquer facilidade em ser-se e ele sabia, por certo, que poderia ser mal interpretado. Daí que o texto se tenha tornado resistente à leitura.

Como disse Ogotemmêli, fraseado compreensível enquanto fundação da palavra, lenta e trabalhosa construção do discurso, que transforma o ser, através do fazer, da sua articulação (do discurso) nas relações sociais, num verdadeiro ser humano. Ou seja, o ser contém o não ser e não existe contradição, nem aporia, tal como em Heidegger ou no teorema de Gödel. Isso aproxima-se do dito popular "com a verdade me enganas" ou, de outro modo, apresentas-me a verdade com o fundo falso de um teorema. Acresce que Neto deu o título de "Náusea" a um conto nada absurdo, nem niilista ou negativista, publicado na revista angolana *Mensagem*. Sabe-se que hesitou no título e nem sequer simpatizava com ele, mas não o mudou. Assim permaneceu na letra como sintoma do tempo, das grandes aprendizagens nos debates que havia, em que podemos concluir sobre a náusea da alienação e da queda do colonizado, que, no entanto, conseguiu reerguer-se, tanto no conto quanto na história da libertação. Frantz Fanon viria a escrever, depois de Agostinho Neto: "Então o esquema corporal, atacado em vários pontos, desmoronou-se, dando lugar a um esquema epidérmico racial [...] A náusea... [...] Descobri a minha negridão. [...] Transportei-me para longe, muito longe do meu ser, aí constituindo-me objecto".[39]

A requalificação do ser negro, passado esse tempo, reencontra-se com o problema do neoliberalismo e de novas ortodoxias, desde o fim da história à pós-modernidade problemática, que Alain Badiou escalpelizou cirurgicamente:

> Os rapazes de Chicago, à sua maneira, procuravam fazer com que a verdade desaparecesse, e com ela o sujeito que ela autorizava. Eles situavam-se num espaço, histórico e geográfico, onde nenhuma fidelidade aos acontecimentos, em que Freud, ou Lénine, ou Cantor, ou Malevitch, ou Schoenberg eram os intervenientes, seria praticável de outra maneira senão sob as formas inoperantes da dogmática ou da ortodoxia. Nada de genérico seria suposto neste espaço. [...] Só o acontecimento autoriza que o ser, aquilo que se chama o ser, funde o lugar finito de um sujeito que decide: "tendo o Nada desaparecido, resta o castelo da pureza".[40]

Por direito inalienável, enquanto lugar de purificação, "A renúncia impossível" entra para a história da interrogação de ser negro e sua alienação, dos traumas da sua negação transformada em fantasma que habita o ser, da reconstrução de uma nova personalidade sobre as brasas ardentes e as cinzas de não ser, o qual, em conclusão, inclui na sua constituição o Nada, que é também pertença da totalidade desse sujeito/ser renascido enquanto outro nesse processo de cura individual e coletiva que o discurso soluciona.

Deve vincar-se com clareza que a poesia de Agostinho Neto foi realmente uma "arma da teoria", da cura psicológica, da redefinição da noção de ser e recriação dos sujeitos e do sentido coletivo dos negros na sua afirmação anticolonial, antirracista e anticapitalista. Ou seja, o estatuto e a potência da sua poesia não deixam de surtir efeitos comparáveis aos da teoria-teoria. Essa formulação opõe-se claramente, portanto, às que continuam a surgir, ainda hoje, com o preconceito bastante generalizado, quanto à teorização poética, de que à poesia não convém que contenha argumentação política, social ou filosófica, e de que Agostinho Neto, por questões políticas e de produção teórica, não deveria entrar nas enumerações das personalidades que criaram discursos políticos, teóricos ou culturais marcantes da sua geração, quanto aos universais e às particularidades dos negros, contra o imperialismo, o colonialismo e o capitalismo. É por isso que se deveria adotar a expressão "Geração de 50", por ser mais inclusiva e menos personalista, e não aquela que se costuma apresentar como designadora da "Geração de Cabral", e não está aqui em causa o legado inestimável do líder guineense.

O poema de Agostinho Neto, hoje, à luz do seu contexto e da história da literatura e das ideias, tanto quanto da história do MPLA e da história de Angola, ganha um estatuto de ícone incontornável e imorredoiro, uma verdadeira peça de antecipação ao Manifesto de 1956 e à teoria fanoniana da desalienação coletiva e da cura psíquica dos negros. Tal como Aimé Césaire, Agostinho Neto antecipa Frantz Fanon, o que é, no mínimo, um feito intelectual marcante, que torna caduca a ideia peregrina de que a postura de Agostinho Neto teria contribuído para engendrar o "anti--intelectualismo como fenómeno recorrente no seio do MPLA".[41] Esse poema, se o analisarmos como documento histórico e político que é – e muitos historiadores têm enorme dificuldade nisso –, não pode continuar a ser ignorado enquanto monumento, feito em 1949, para a edificação da estratégia teórica e da prática da fundação do Estado-nação e da luta a favor dos negros de todo o mundo.

REFERÊNCIAS

AGOSTINHO NETO. *A renúncia impossível. Poemas inéditos*. Luanda, Inald, 1982.

____. *Sagrada esperança. Renúncia impossível. Amanhecer*. Luanda, UEA, 2009a.

____. *Sagrada esperanza*. Org. Xosé Lois García. Havana, Sur, 2009b.

____. *Obra poética completa. Sagrada esperança, Renúncia impossível, Amanhecer*. Luanda: FAAN, 2016.

ANZIEU, Didier. *El cuerpo de la obra. Ensayos psicoanalíticos sobre el trabajo creador*. Ciudad de México, Siglo Veintiuno, 2011.

BADIOU, Alain. *L'être et l'événement*. Paris, Seuil, 2018.

BOURDIEU, Pierre. *Raisons pratiques. Sur la théorie de l'action*. Paris, Seuil, 1996.

CAMUS, Albert. *O homem revoltado*. Lisboa, Livros do Brasil, 2023.

CIORAN, Emil. *Breviário de decomposição*. Lisboa, Edições 70, 2022.

DENIS, Benoît. *Littérature et engagement. De Pascal à Sartre*. Paris, Seuil, 2000.

DERRIDA, Jacques. *Espectros de Marx. El estado de la deuda, el trabajo del duelo y la nueva internacional*. Madrid, Trotta, 1998.

EUGÉNIA NETO, Maria. *O soar dos quissanjes*. Lisboa, Vela Branca, 2001.

____. *Cartas de Maria Eugénia a Agostinho Neto*. Luanda, Faan, 2016.

FANON, Frantz. *Os condenados da terra*. Lisboa, Ulisseia, c. 1964-1966.

____. *Pele negra, máscaras brancas*. Lisboa, Letra Livre, 2022.

GRIAULE, Marcel. *Dieu d'eau*. Paris, Fayard, 1987.

HEIDEGGER, Martin. *Introduction à la métaphysique*. Paris, Gallimard, 1998.

HORKHEIMER, Max. *Teoría tradicional y teoría crítica*. Barcelona, Paidós, 2000.

HUSSERL, Edmund. *Méditations cartésiennes. Introduction à la phénoménologie*. Paris, Vrin, 2001.

JIKA, Comandante. *Reflexões sobre a luta de libertação nacional (outubro de 1971)*. Luanda, MPLA/DOP, 1976.

KANDJIMBO, Luís. *Apuros de vigília*. Lisboa, Livraria Castro e Silva, 2013.

KAUFMANN, Pierre (org.). *Dicionário Enciclopédico de Psicanálise. O legado de Freud e Lacan*. Trad. Vera Ribeiro e Maria Luiza X. de A. Borges. Rio de Janeiro, Zahar, 2013.

LABAN, Michel. "Da negação à afirmação". *In*: MATA, Inocência & PADILHA, Laura (org.). *Mário Pinto de Andrade, um intelectual na política*. Lisboa, Colibri, 2000, pp. 87-99.

LACAN, Jacques. *Les quatre concepts fondamentaux de la psychanalyse*. Org. Jacques-Alain Milner. Paris, Seuil, 1990.

_____. *Écrits I*. Paris, Seuil, 1999.

LAPLANCHE, Jean & PONALIS, Jean-Bertrand. *Vocabulário de psicanálise*. 5. ed. Lisboa, Moraes, 1979.

_____. *Vocabulaire de la psychanalyse*. 5. ed., 2. imp. Paris, PUF, 2009.

LARANJEIRA, Pires & ROCHA, Ana T. (org.). *A noção de ser. Textos escolhidos sobre a poesia de Agostinho Neto*. Luanda, FAAN, 2014.

LATORRE, José Ignacio. *O nada ou o vácuo quântico*. Lisboa, Atlântico Press, 2016.

LÉVINAS, Emmanuel. *Autrement qu'être ou au-delà de l'essence*. Paris, Le Livre de Poche/Kluwer Academic, 1990.

_____. *Totalité et infini. Essai sur l'extériorité*. Paris, Le Livre de Poche/Kluwert Academic, 2010.

_____. *Entre nous. Essais sur le penser-à-l'autre*. Paris, Le Livre de Poche/Grasset, 2016.

MABEKO-TALI, Jean-Michel. *Guerrilhas e lutas sociais. O MLPA perante si próprio. 1960-1977. Ensaio de história política*. 2. ed. rev. e ampl. Lisboa, Mercado das Letras, 2019.

MANJATE, Teresa; DIOGO, Rosália & LOBO, Almiro. *Literatura: neutra ou engajada?* Lisboa, Escolar Editora, 2014.

MATA, Inocência & PADILHA, Laura (org.). *Mário Pinto de Andrade, um intelectual na política*. Lisboa, Colibri, 2000.

MATTÉI, Jean-François. *Heidegger, l'énigme de l'être*. 2. imp. Paris, PUF, 2015.

MBEMBE, Achille. *Crítica da razão negra*. Lisboa, Antígona, 2014.

MELO, Adélio. *A aventura moderna das ideias. Descartes, Locke, Kant, Nietzche*. Porto, Rés, 2000.

MIJOLLA, Alain de & MIJOLLA-MELLOR, Sophie de. *Psicanálise*. Lisboa, Climepsi, 2002.

MINH, Ho Chi. *Diario dal carcere*. Camerano, Gwynplaine, 2015.

MORUJÃO, Carlos; PEREIRINHA, Carlos & FERNANDES, Catarina (org.). *Fenomenologia e psicanálise*. Lisboa, Universidade Católica, 2017.

NATÁRIO, Maria Celeste; TEIXEIRA, A. Braz & EPIFÂNIO, Renato (org.). *O movimento fenomenológico em Portugal e no Brasil*. Sintra, Zéfiro, 2010.

RIBAS, Óscar. *Tudo isto aconteceu*. Luanda, Ed. do Autor, 1975.

RODRIGUES, Catarina Isabel Silva. *"A renúncia impossível" de Agostinho Neto, um novo discurso poético, intertextualidades e alcance pedagógico*. Luanda, FAAN, 2014.

ROUDINESCO, Elisabeth. *Jacques Lacan. Esboço de uma vida, história de um sistema de pensamento*. São Paulo, Companhia das Letras, 2008.

RUSS, Jacqueline. *Les théories du pouvoir*. Paris, Le Livre de Poche, 1994.

SARTRE, Jean-Paul. *O existencialismo é um humanismo*. Lisboa, Presença, 1962.

____. *Esboço de uma teoria das emoções*. Lisboa, Presença, [1965?].

____. *O ser e o nada. Ensaio de ontologia e fenomenologia*. 7. ed. Petrópolis, Vozes, 1999.

____. *O existencialismo é um humanismo*. 4. ed. Petrópolis, Vozes, 2010.

SHELLEY, Percy B. *A máscara da anarquia seguido de cinco poemas de 1819*. Lisboa, & etc, 2008.

SOLDIER, Layli Long. *Whereas*. Minneapolis, Graywlf, 2017.

VARGAFTIG, Bernard (org.). *Poésies de résistence*. Paris, J'ai Lu, 1994.

VERÍSSIMO, André. *Emmanuel Lévinas. 1906-1995*. Porto, Estratégias Criativas, 2003.

NOTA

Este ensaio começou a ser pensado, fundamentado com leituras e escrito há alguns anos (talvez em 2016 ou ainda mais cedo), muito antes de setembro de 2019, quando apresentei uma primeira versão muito reduzida, na inauguração da Cátedra Agostinho Neto, na Faculdade de Letras da Universidade do Porto, a convite do prof. dr. Francisco Topa, e em que estiveram presentes representantes diplomáticos e familiares do poeta, com relevo para Maria Eugénia Neto e dra. Irene Neto, responsáveis pela Fundação Dr. António Agostinho Neto, além de outros universitários, escritores e estudantes.

Durante a pandemia de covid-19, permaneci, durante um semestre, em Belo Horizonte (dezembro de 2020 a abril de 2021), onde refiz esse primeiro texto, que foi apresentado *on-line*, em março de 2021, a um colóquio da Universidade de Bordéus, a convite da profa. dra. Bárbara dos Santos. Continuei a pensar o ensaio em Coimbra, até que, em março-junho de 2022, expandi o texto, para uma versão que apresentei no Centenário de Agostinho Neto, em Luanda, em 21 de junho de 2022, no Colóquio do Centenário, a convite da profa. dra. Maria do Rosário Bragança, ministra do Ensino Superior, Ciência, Tecnologia e Inovação, e do prof. dr. Domingos da Silva Neto, secretário de Estado para a Ciência, Tecnologia e Educação, aos quais agradeço o honroso convite. Agradeço igualmente a Boaventura Cardoso e Rosa Cruz e Silva, pelo apoio e gentileza que me têm prodigalizado.

Esta versão, com a mudança significativa do título, terminou em agosto de 2022, em Coimbra. Os meus agradecimentos muito especiais a Maria Eugénia Neto e Irene Neto, pelo apoio, incentivo e diálogo frutuosos, ao longo do tempo, bem como aos diplomatas, funcionários e amigos das instituições angolanas ou ligadas a Angola, tanto em Luanda como em Lisboa, Porto e Coimbra. Finalmente, uma última palavra de agradecimento ao dr. Bento Monteiro, da Casa de Angola, em Coimbra, que, desde há cerca de duas décadas, sempre me tem convidado para ser honrado participante em palestras, colóquios e outras intervenções, em datas relacionadas com África, Angola e Agostinho Neto.

Tenho a clara perceção de que o texto está distante ainda de um estudo acabado; torna-se necessário desenvolver a reflexão a partir das extensas, densas e inovadoras propostas de Alain Badiou sobre o sujeito, o ser e o acontecimento, em que ele avança para lá de Lacan, usando a lógica e a matemática.

Coimbra, 2016(?)-setembro de 2019.
Belo Horizonte, dezembro de 2020-abril de 2021.
Coimbra, março-agosto de 2022.

NOTAS

1 Cf. Mata & Padilha, 2000.
2 Mabeko-Tali, 2019.
3 *Idem*, pp. 180-181.
4 Jika, 1976, p. 47.
5 Cf. Rodrigues, 2014, pp. 51-74.
6 Kandjimbo, 2013.
7 Eugénia Neto, 2016.
8 *Idem*.
9 Agostinho Neto, 1982, p. 14.
10 Lévinas, 2010, p. 30. Traduções nossas, a partir daqui, sempre que os livros não estão em português.
11 *Idem*, p. 29.
12 Fanon, 1964-1966.
13 Lévinas, 2016, p. 45.
14 Lévinas, 1990, pp. 13-14.
15 Laranjeira & Rocha, 2014, pp. 609-622.
16 Heidegger, 1998, p. 90.
17 Sartre, 1999, pp. 92-93.
18 *Idem*, p. 65.
19 *Idem*, pp. 71-72.
20 Camus, 2023, pp. 192-193.
21 Agostinho Neto, 1982, p. 14.
22 Latorre, 2016.
23 *Idem*, pp. 59-60.
24 Sartre, 1999, p. 47.
25 Cf. Roudinesco, 2008, pp. 123-129, 141-144.
26 Husserl, 2001, pp. 118-119. Grifos do autor.
27 *Idem*, p. 129. Grifos do autor.
28 Roudinesco, 2008, p. 457.
29 *Idem*, p. 502.
30 Derrida, 1998, pp. 28-29.
31 Badiou, 2018, p. 473.
32 *Idem*, p. 343.
33 *Idem*, p. 337.
34 *Idem*, p. 193.
35 *Idem*, pp. 196-197.
36 Soldier, 2017, p. 84.
37 Agostinho Neto, 1982, p. 14.
38 Griaule, 1987, pp. 28-29.
39 Fanon, 2022, p. 108.
40 Badiou, 2018, p. 475.
41 Mabeko-Tali, 2019, p. 180.

7
A FORÇA FEMININA DA ESCRITA LITERÁRIA DE ANA PAULA TAVARES

Terezinha Taborda Moreira

A série de poemas "MUKAI", da escritora angolana Ana Paula Tavares, publicada na coletânea de poemas *O lago da lua*, em 1999,[1] brinda o leitor com uma exploração muito peculiar do corpo feminino. Trata-se de uma sequência de quatro poemas cujos títulos se apresentam grafados em letra maiúscula: "MUKAI (1)", "MUKAI (2)", "MUKAI (3)" e "MUKAI (4)".

O significado comumente apontado para o vocábulo *mukai* tem sido "esposa, mulher". No Brasil, Nei Lopes, em seu *Novo Dicionário Banto do Brasil*, sugere ser ele uma variação de *mucai*, cujo significado seria mulher.[2] Esse significado parece ter sido buscado, primeiramente, em António de Assis Júnior, que, em seu *Dicionário Kimbundu-Português*, traz a seguinte explicação para o vocábulo *múkaji* e sua variante, *mukáji*:

> Múkaji, sub. (I) Mulher; esposa: *-a riiala* | Manceba (em relação ao homem com quem vive): *-'e* | adj Femenil; fêmea. || *-'a-mona*, sub. Nora. | V. *'nbalakaji*. Mukáji, sub. (II) bot. Grande árvore fam. das combretáceas (*Combretum lepidaium*), de madeira apreciável. |Seu fruto|| Árvore cupulífera. | Carvalho. || Nome por que é conhecida entre os quiocos e luchazes a árvore *mupépe*.[3]

A elipse da letra "J" no vocábulo *múkaji/mukáji* talvez possa ser buscada em um estudo de Maria Carlota Amaral Paixão Rosa. Discutindo a condição da língua quimbundo como língua estrangeira no século XVII, a pesquisadora analisa os trabalhos produzidos pela Companhia de Jesus para a realização de suas atividades missionárias em Angola, no século XVII. Destaca que as escritas do quimbundo propostas pelos missionários partiam de sua experiência com o sistema de escrita do português. Tomando como objeto de estudos os textos *Gentio de Angola suficientemente instruído nos mysterios de nossa sancta Fé*, catecismo dos padres Francesco Pacconio e Antônio do Couto, e *Arte da língua de Angola*, do jesuíta Pedro Dias, a pesquisadora defende que "a finalidade dos materiais escritos em quimbundo pelos missionários jesuítas para outros membros da mesma ordem não era, primordial ou necessariamente, a compreensão (que podia ser extraída das traduções), mas a vocalização".[4] Ou seja, mais do que a compreensão, interessava a esses primeiros missionários que assumiram o registro escrito da língua quimbundo a produção oral das palavras, ou seja, o modo de falar.

Ao comparar as duas produções escritas, Maria Carlota Amaral Paixão Rosa detém-se em algumas advertências propostas pelos padres Francesco Pacconio e António do Couto para se ler a língua de Angola. Dentre elas, chama nossa atenção a advertência relativa ao processo de vocalização da vogal "I" e da consoante "J", conforme lemos abaixo:

> 9 A letra, I, hũas vezes nesta lingua serue de consoante, ou, j, rasgado, & outras de vogal quando for consoante, ou rasgado, se vsará delle como no Portugues. Manjar, Monja &c. na lingua de Angola, exemplo. Ginzò jami jaoâba. As minhas cousas sam fermozas.[5]

Se a alternância entre a vogal "I" e a consoante "J" transpõe, para a língua quimbundo, um modo de organização que, no sistema de escrita português, autoriza a substituição da segunda pela primeira em algumas situações – o que poderia, inclusive, justificar a elipse da consoante "J" –, ela, no entanto, nada nos esclarece sobre a entonação do vocábulo nessa nova grafia: *mukai*. Consequentemente, nada nos esclarece sobre a permanência, ou não, das diversas significações apontadas para ele no dicionário de António de Assis Júnior. Por isso, achamos importante recuperar aquele desdobramento de significado para o vocábulo que

Assis Júnior traz em seu dicionário quando nos informa que ele resulta da diferença de pontuação e, consequentemente, de entonação que a língua quimbundo oferece para uma mesma palavra. Na perspectiva de Assis Júnior, e da língua quimbundo falada, *múkaji* significa "mulher, esposa, manceba, fêmea, nora", e *mukáji*, "grande árvore de madeira apreciável, fruto dessa árvore".

Interessa-nos esse desdobramento de significados porque queremos destacar como, no poema "MUKAI (1)", Ana Paula Tavares parece propor um exercício de escrita que recupera essa dupla significação que estaria na origem quimbunda da palavra falada. O vocábulo *mukai*, grafado sem pontuação distintiva de entonação, intitula o poema apontando para o que poderíamos compreender como sendo o processo de enquadramento da língua quimbundo orientado pelo sistema de escrita do português. Porém, o significado para o vocábulo, que se apresenta no corpo do poema, remeteria tanto para "mulher, esposa, fêmea" quanto para "grande árvore e fruto dessa árvore". Assim, o poema desenha, na letra da escrita em língua portuguesa, os signos de uma percepção mítica da realidade que aproxima a mulher à natureza na língua quimbunda. Esses signos são projetados a partir de uma visão negra africana de mundo que, inclusive, se identifica como feminina. Na pena da poeta, a grafia da palavra *mukai* no título do poema não apenas explicita o tema do qual ele trata, mas também inscreve nele algumas das várias tensões que se verificam na cultura angolana, as quais vão figurar a percepção do feminino que leremos no corpo do poema. Vejamos o poema:

MUKAI (1)

Corpo já lavrado
equidistante da semente
é trigo
é joio
milho híbrido
massambala

resiste ao tempo
dobrado
exausto

sob o sol
que lhe espiga
a cabeleira.[6]

A dupla significação para o vocábulo *mukai*, que estamos destacando, já se evidencia desde o primeiro verso do poema, quando a voz do eu lírico nos coloca diante de um "Corpo já lavrado". Uma primeira leitura do verso pode relacionar corpo e lavra/lavoura. Isso por causa do significado da palavra *lavrar*, que aponta para cultivo, mas também para grande extensão de terra desprovida de árvores e arbustos, descampado. Nesse caso, a associação das imagens de mulher e árvore/natureza responderia à presença, na escrita de Ana Paula Tavares, de um modo de organização social que guardaria correspondência com as sociedades tradicionais angolanas. Tal associação apontaria para "um corpo de formas maduras, capaz de fecundar", a comparação do corpo feminino com a terra indicando "uma mulher 'já' iniciada sexualmente e capaz de gerar, frutificar".[7] A condição desse corpo, "equidistante da semente", poderia evidenciar "a maturidade sexual da mulher",[8] nesse caso colocando o corpo feminino e a semente a uma distância equivalente e pensando a semente como promessa de futuro.

Mas aquilo que chama nossa atenção no poema de Ana Paula Tavares é uma outra possibilidade de leitura que o verso anuncia, na qual a palavra "lavrado" poderia remeter àquilo que é firmado por escrito, estabelecido, redigido. Nesse caso, o "corpo já lavrado", enunciado pela voz lírica, poderia apontar para um corpo feminino já escrito. E a equidistância da semente resultaria de uma outra condição além daquela pautada na associação entre corpo e semente, conforme a mundividência angolana/africana tradicional: aquilo que distanciaria corpo e semente seria sua inscrição na/pela escrita, na medida em que, por meio da escrita, a voz enunciativa instalaria o corpo feminino no texto remetendo à sua condição de signo.

A maestria da pena de Ana Paula Tavares está na maneira como a escritora joga com os signos das culturas angolana e portuguesa. Sem querer apenas reiterar um jogo de palavras que já vem marcando os estudos de literaturas africanas de língua portuguesa, de maneira geral, e da autora, em particular, chamo a atenção para a maneira como ela elabora os significantes que remetem para a relação entre oralidade e escrita, tradição e modernidade. O corpo feminino, já lavrado, tornado signo, é ambivalente: é "trigo" e "joio", por isso, tanto pode ser puro quanto impuro; é "milho híbrido" e "massambala", por isso, tanto pode resultar do cruzamento de linhagens nobres quanto pode ser composto para a alimentação mais vulgar. A ambivalência lhe faculta a resistência ao tempo, permite-lhe que, mesmo "dobrado", "exausto", não sucumba ao sol, antes, permita-se produzir, com ele, "a cabeleira". E aí se vão proliferando as associações entre mulher e árvore/natureza, língua quimbunda/língua portuguesa, cultura angolana/cultura portuguesa-ocidental, resultante das tensões trazidas no poema.

Mas queremos refletir sobre o fato de o corpo feminino projetado em "MUKAI (1)" ser, antes de mais nada, "grão". É corpo na voz – "grão da voz", no dizer de Roland Barthes – que o inscreve na escrita.[9] Por isso, pode ser escrita, mas também será oralidade; pode evocar a materialidade de um corpo cultural, um corpo num tempo e num espaço específicos, mas também profanará essa visão agenciando nele memórias que lhe acrescentam outras biografias. Isso porque se trata de um corpo que é produzido na/pela escrita, e que emerge nela como um grito poético. O grito que a letra maiúscula sugere nos títulos dos poemas da série MUKAI aparece em vários estudos já realizados sobre esses textos de Ana Paula Tavares.[10] Lavrado, o corpo feminino significado em "MUKAI (1)" envolve os significantes da língua quimbundo e do português num processo de tradução em que signos das culturas angolana e portuguesa se reelaboram em uma "poética da Relação", nos termos que para ela propõe Édouard Glissant.[11]

A força das línguas e das culturas angolana e portuguesa na escrita de Ana Paula Tavares pode ser vista nos quatro poemas da série "MUKAI", embora a extensão deste texto não nos permita explorar e evidenciar essa característica em todos eles. No poema "MUKAI (3)", lemos:

MUKAI (3)

(Mulher à noite)

Um soluço quieto
desce
a lentíssima garganta
(rói-lhe as entranhas
um novo pedaço de vida)
os cordões do tempo
atravessam-lhe as pernas
e fazem a ligação terra.

Estranha árvore de filhos
uns mortos e tantos por morrer
que de corpo ao alto
navega de tristeza
as horas.[12]

Óscar Ribas nos conta que, na cultura angolana, a morte é pranteada alto, pois "ninguém sabe chorar em silêncio".[13] Ao contrário, a dor "deve romper naturalmente, sem o artifício das convenções".[14] No entanto, o estudioso adverte que o pranto obedece a fórmulas. Assim, "enquanto o civilizado se abre espontaneamente, livremente manifestando o que sente, o nativo, *sobretudo as mulheres*, só profere frases canónicas, variáveis segundo a relação de parentesco ou intimidade: mãe, marido, filho, amigo".[15]

Dois aspectos tornam essa afirmação de Óscar Ribas curiosa: o primeiro, relativo à diferença entre formas de lamento de sujeitos nativos e civilizados; o segundo, relativo à associação direta entre os nativos, ou "não civilizados", e as mulheres. Esse segundo aspecto nos leva a pensar a condição da mulher na sociedade angolana. A esse respeito, merece registro uma distinção entre os papéis da mulher e do homem na composição familiar da sociedade angolana ao longo de sua formação híbrida, decorrente do processo colonial. Cabia às mulheres a transmissão, às crianças, dos elementos das culturas autóctones, enquanto aos homens era estimulada a aproximação aos códigos sociais europeus. Pepetela explicita essa distinção de papéis, quando, ao falar sobre o semba ou rebita, dança de roda comum em Angola no final do século XIX, caracterizada pela integração de elementos europeus e africanos, comenta:

> Os europeus provêm das danças das cortes oitocentistas, cheias de mesuras e poses aristocráticas, enquanto os africanos se revelam mais pela tradicional umbigada (embora muito discreta) e o ritmo. Até mesmo nos trajes essa mestiçagem é notória, pois as damas vestem com grande quantidade de panos, à moda africana, enquanto os cavalheiros ostentam fato e colete, no melhor estilo europeu. É uma boa representação da sociedade da época, em que o homem se aproxima mais da norma cultural europeia, enquanto a mulher continua mais agarrada às tradições africanas e as transmite aos filhos. Dança ordenada e cerimoniosa, bem longe do frenesim do batuque, o semba ou rebita pode ser apresentado como um símbolo dessa camada social no seu período de ouro.[16]

Nessa representação da sociedade trazida por Pepetela vemos que a condição da mulher é a de sujeito que, por continuar "agarrada às tradições africanas" e as transmitir aos filhos, parece confirmar aquele aspecto que ressaltamos da fala de Óscar Ribas, no qual a mulher é associada ao sujeito nativo, "não civilizado". De qualquer forma, é em razão dessa condição, ainda na perspectiva de Óscar Ribas, que o pranto das mulheres é marcado por "frases canónicas", nas quais figuram "adágios, invocações de episódios",[17] fórmulas por meio das quais elas testemunham suas perdas, enquanto lamentam suas saudades.

Acreditamos que vale a pena recuperar, aqui, uma dessas lamentações, que, segundo Óscar Ribas,[18] segue em forma de oração, ou prece. Nesse exemplo, o sujeito feminino que se enuncia lamenta a perda de um filho:

Só, só, só, ó homem que não se divorcia, pois quem o faz divorciar é Kalungangombe!
Só, só, só, ó meu filho!
Deixaste-me sozinha, e para "Segura aqui." é preciso estar com companheiro, ó respeitável homem que não se divorcia, pois quem o faz divorciar é Kalungangombe!

Só, só, só, ó meu filho!
Onde me hei-de meter?
Só, só, só, ó meu filho!
Uma pessoa só está bem com outra, tal como o boi precisa de pastor!
Sou a estéril de massango e milho: se cuido do milho, comem o massango; se cuido do massango, comem o milho.[19]

Encontramos nesse texto as fórmulas ou "frases canónicas" a que se refere Óscar Ribas: adágios, invocações de episódios, lamentações, orações, preces, adivinhas. A enunciadora se anuncia lamentando o rompimento de relação e o consequente afastamento físico estabelecido entre ela e o filho. Dirigindo-se ao filho – "...ó homem que não se divorcia..." –, ela explicita que o motivo do divórcio não deriva de um desejo dele, como também não provém de uma predisposição dela, pois "quem o faz divorciar é kalungangombe!". Ou seja, aparentemente, tanto ela quanto o filho sofrem a perda, são submetidos a ela. Talvez por isso a enunciadora exorte o filho perdido, transmitindo-lhe a condição em que ela se encontra em decorrência da separação: "Deixaste-me sozinha..." e sem segurança. Vemos que a segurança da mulher está vinculada à presença do filho, um homem. Por isso o aparente desalento da enunciadora, sua indagação sobre o futuro, que aparece associada à constatação da falta de abrigo: "Onde me hei-de meter?". Mais do que um espaço físico, o abrigo parece sugerir uma direção, um caminho, uma vez que a comparação entre a mulher e o boi, feita no texto, parece evidenciar sua profunda carência de alguém que lhe sirva de guia. Tal comparação é inserida no texto por meio de um adágio que traduz sua condição: "Uma pessoa só está bem com outra, tal como o boi precisa de pastor!". Sem filho, a mulher se torna estéril: "Sou a estéril de massango e milho...". A esterilidade, conforme Óscar Ribas, especialmente para a mulher, "é uma afronta", "uma angústia".[20] Isso em decorrência da educação tradicional, que o estudioso traduz pelos seguintes adágios: "Procriar na mocidade é mandar na velhice" e "A procriação dá senhoria, a esterilidade dá escravidão", dentre outros.[21] Apartada do filho, a vida da enunciadora se lhe oferece como um enigma que, aparentemente, ela não sabe como desvendar, e que aparece no texto em forma de uma adivinha: "...se cuido do milho, comem o massango; se cuido do massango, comem o milho". Mãe sem filho, somente lhe resta expressar sua profunda dolência por meio de "frases canónicas" que, além de traduzirem seu sofrimento, explicitam sua condição de sujeito "agarrado às tradições africanas" a partir da qual ela ocupa seu lugar na sociedade angolana.

Mas o que significa afirmar que o motivo do divórcio é kalungangombe? Sugerir que ela e o filho são submetidos à separação? Quem é Kalungangombe? Óscar Ribas responde a essa pergunta propondo uma vinculação entre ser e lugar. Kalungangombe seria uma entidade suprema dos mortos, um juiz que "julga e condena".[22] Mas seria, também, o Além, o espaço onde os mortos podem retomar sua vida "com as mesmas aspirações, o mesmo proceder, as mesmas resultantes do agir", acrescidos da possibilidade de, quando necessário, velar "pelos que ficaram, ora os afastando do perigo, ora os alertando por intermédio de sonhos".[23]

A vinculação entre ser e lugar não apenas identifica Kalungangombe como um ser do Além, mas também espacializa, no imaginário angolano, o Além. Dizer Kalungangombe é, simultaneamente, dizer o espaço que ele habita, ordenar esse espaço e, consequentemente, criar condições para relacionar-se com ele. Mas que lugar é esse? Onde fica? É ainda Óscar Ribas quem nos explica que "o Além-Túmulo localiza-se nas profundezas do globo".[24] Portanto, a alma dos mortos tem, como destino, a terra, para onde ela baixa junto com o corpo, e não o céu. Analisando algumas práticas rituais, Ribas explica-nos que, entre os povos angolanos, "os espíritos dizem que o espírito 'baixou'. Portanto, vindo das alturas. E os nativos, em sua invocação, proferem 'sobe'. Em decorrência, provindo de baixo. Justamente o contrário".[25]

Por isso a exortação ao morto é importante. Ela responde à necessidade de lamentar a separação e, ao mesmo tempo, à de efetivar o passamento, uma vez que "a alma não se encaminha logo para o seu mundo".[26] Ao lado de outras práticas rituais como as "narrações de histórias e adivinhas, durante noites e noites, entre comes-e-bebes, no conforto prestado pelos consolentes, *sobretudo mulheres*",[27] os vivos propiciam à alma do extinto sentir-se "mais tranquila, menos ligada à Terra, à família, a quantos sentimentos deixou",[28] desembaraçando-se dos vínculos morais para adentrar o Além-Túmulo. Assim, a dor, a saudade, a pungência do lamento tanto garantem a pacificação da alma, a fim de que ela não perturbe com enfermidades ou azares a paz dos familiares, quanto permitem que o trauma da perda seja elaborado pelos vivos, especialmente as mulheres.

Além dos lamentos, adágios, invocações de episódios e narrações de histórias e adivinhas, também compõe as fórmulas do óbito uma disposição diferenciada do corpo. Entre os vivos, o pranto das mulheres deve ser acompanhado por um modo diferenciado de caminhar, que pode ser "saltitando, arrastando os pés, como que em movimentação de dança", sempre "se agitando".[29] Já as almas do outro mundo – cazumbis – "caminham no ar, a uns 20 cm do solo, preferindo a escuridão ou a penumbra".[30] Sua passagem pode ocasionar ventos brandos, se estiverem calmas, ou forte deslocação de ar, caso estejam excitadas.

Esse movimento do corpo, em geral feito pela mulher,[31] acompanha a exortação ao defunto. E embora seja elemento fundamental do rito de passamento, a exortação não é feita de maneira entusiástica. Antes, é proferida por meio de um balbucio,[32] que, junto com o modo diferenciado de caminhar, os gestos, as lágrimas, a hesitação no ato de falar e de se exprimir e os soluços, assegura a possibilidade de pensarmos no óbito como um "drama ritual"[33] no qual a *performance* do corpo, especialmente o feminino, tem um papel fundamental.

Instituído a partir dessas práticas rituais, o óbito acontece à noite. Por isso o vocábulo "óbito" ganhou uma amplitude semântica para os angolanos: "além de exprimir 'falecimento', ainda se desdobra em 'casa onde se realiza um funeral', bem assim os subsequentes rituais".[34]

Após essa digressão sobre o óbito e seu lamento, queremos voltar à leitura do poema "MUKAI (3)", de Ana Paula Tavares, observando nele aquela força que as línguas e as culturas angolana e portuguesa adquirem em sua escrita, da qual vínhamos tratando.

O significado do vocábulo *mukai*, no título do poema já indica ao leitor o encontro com mais um texto cuja temática é a mulher. Mas o que chama a atenção desse leitor é a presença de uma indicação do que vou chamar de "personagem e tempo" que aparece entre parêntesis, entre o título e o corpo do poema: "(Mulher à noite)". Os parêntesis abaixo do título remetem o leitor a uma indicação típica da representação dramática, a rubrica ou didascália. De maneira geral, no texto dramático rubricas ou didascálias apresentam aspectos materiais e simbólicos do rito teatral, indicam a cena e fazem uma ponte entre o texto e o espetáculo. Parece-nos ser essa motivação que justifica sua presença também no poema que estamos analisando.

A existência de uma rubrica entre o título e o primeiro verso mostra ao leitor que existe, na construção do poema de Ana Paula Tavares, um trabalho com a linguagem e com o estilo. Nesse caso, a introdução dessa rubrica no poema distingue-o de um texto poético apenas. Torna-o algo como um espetáculo, e o leitor é, consequentemente, tornado um espectador. Com isso, a construção do poema inclui um aspecto colaborativo, que integra a autora e o leitor, a voz enunciativa não apenas projetando, na página em branco, um corpo feminino, mas criando uma *mise-en-scène* na qual um corpo feminino encena seu lamento. Assim, a escrita do poema adquire intensidade dramática. Isso porque a rubrica desloca o foco de atenção da textualidade para algo como um devir cênico, que apontaria para a *performance* de um corpo feminino. O poema se constitui, então, com uma plasticidade que fará emergir, na linguagem, signos, sensações, emoções, gestos e entonações que projetam, na folha em branco, uma cena. Mas qual?

A rubrica entre parêntesis, "(Mulher à noite)", coloca diante do leitor um corpo feminino em um tempo específico: a noite. E o primeiro verso do poema, "Um soluço quieto", indica a condição em que se encontra esse corpo: em pranto entrecortado de suspiros. A adjetivação "quieto" para o soluço é inusitada, uma vez que não podemos atribuir à palavra um significado de inércia pelo fato de o vocábulo "soluço" indicar a presença de contrações espasmódicas e involuntárias típicas de singultos. Além disso, a ideia de que o soluço "desce / a lentíssima garganta", trazida nos versos seguintes, mostra, no vocábulo "lentíssima", a extensão de um movimento que se prolonga no tempo, e no vocábulo "garganta", a metonímia de uma voz no ato de projetar-se. Ainda, a ideia de uma movimentação do corpo gerada pelo soluço ganha um significado particular no poema se nos lembrarmos de que ele – soluço – resulta da contração do diafragma e do consequente barulho desagradável causado pelas cordas vocais quando movimentadas pela passagem de ar na glote. Esse barulho desagradável, esse frêmito, esse ruído, vindo de um corpo feminino que pranteia à noite, pode, então, significar aquele balbucio por meio do qual a mulher exorta o morto durante o óbito. Nesse caso, a cena que o leitor vislumbra no poema poderia corresponder àquela do óbito, típica da cultura tradicional angolana, como vimos naquele lamento/oração/prece que colhemos nos estudos de Óscar Ribas.

Se aceitamos que o corpo feminino projetado no poema de Ana Paula Tavares encena o corpo cultural da mulher angolana no óbito, podemos entender que o soluço, esse barulho desagradável, esse ruído entrecortado que "desce a lentíssima garganta", conforma-se como expressão da voz de um sujeito que, por ser visto como não civilizado, como ainda agarrado às tradições africanas, expressa sua dolência por meio das possibilidades que a sociedade lhe faculta: frases e fórmulas canônicas como lamentos, lágrimas, soluços e gestos que evidenciam a hesitação no ato de falar e de se exprimir.

Nessa perspectiva, o poema se torna signo da própria cultura angolana, traduzindo, na escrita, os sentimentos, os ritmos e as singularidades da experiência feminina. E o faz construindo, em palavra poética, a imagem da cultura e da vida. Por meio da mediação imagética proposta no poema, a escrita situa o óbito feminino no texto e, ao mesmo tempo, o modaliza, projetando, na pele do poema, as imagens do corpo feminino conforme seu enquadramento na cultura. Não é por acaso que esse corpo é desenhado por meio de escolhas lexicais e de uma organização formal específicas, que encenam a maneira como a mulher ocupa seu lugar na sociedade tradicional. No entanto, essa encenação não corrobora o enquadramento cultural do corpo feminino, antes, problematiza-o por meio do deslocamento de sentido operado pela mediação significante.

Assim, se a voz da mulher é desenhada por meio de "um soluço quieto" que "desce" a "lentíssima garganta", seu ventre é recriado como um parêntesis que, se por um lado plasma na escrita o acolhimento do óvulo fecundado durante seu desenvolvimento, por outro delimita o estatuto de sua função de procriadora: "(rói-lhe as entranhas / um novo pedaço de vida)". Ao figurar o ventre feminino através de uma contraposição entre proteção e clausura, o poema elabora o ato de gestar por meio de um prisma que decompõe a procriação em um espectro de significações que incluem o poder de dar existência, de fazer nascer, de trazer à luz, mas também a imposição de produzir, fornecer, (re)produzir. Vale a pena retomar aquelas observações de Óscar Ribas sobre a esterilidade ser, especialmente para a mulher, uma afronta, uma angústia, podendo, inclusive, justificar o divórcio, dada a estreita vinculação entre a procriação e a produção, pois "os filhos [...] fazem o dinheiro, [...] ajudam em casa e na lavra".[35] Talvez por isso o ato de gerar um "novo pedaço de vida", que aparece como quinto verso, é problematizado no verso que lhe antecede, "rói-lhe as entranhas", pelo significado do vocábulo "roer", de triturar, carcomer, desgastar, fazer desaparecer aos poucos, enfraquecer, minar.

Essa problematização se estende pelos versos seguintes: "os cordões do tempo / atravessam-lhe as pernas / e fazem a ligação terra". A referência ao tempo, com seus cordões, remete à atemporalidade característica da tradição, o que torna peculiar a abordagem da mesma apresentada pelo poema. Nele, a relação do corpo feminino com a tradição seria ambígua, na medida em que, se, por um lado, a tradição sustém, firma, nutre, sustenta, por outro ela também detém, contém, reprime, restringe. Em consequência dessa ambiguidade, o corpo feminino se assemelha a um títere, sem posições próprias, que se move por meio dos cordéis do tempo, os quais, atravessando-lhe as pernas, ao mesmo tempo que o ligam à terra, também fazem escoar sua energia.

Se na primeira estrofe a enunciadora coloca diante dos olhos do leitor um corpo feminino numa cena de óbito, na segunda estrofe o foco de sua projeção se modifica, pois ela parece assumir, também, uma posição de espectadora. De uma perspectiva de quem observa, a enunciadora agora contempla, aparentemente admirada, o corpo feminino desenhado na primeira estrofe: "Estranha árvore de filhos / uns mortos e tantos por morrer", comenta ela numa digressão. Por meio dessa digressão, a enunciadora interrompe a apresentação do corpo feminino que vinha fazendo e distancia-se dele, introduzindo no poema, em tom autorreflexivo, comentários e observações sobre esse corpo. Esse desvio do tema evidencia, mais uma vez, a presença de um trabalho com a linguagem e com o estilo que distingue o poema "MUKAI (3)" de um texto poético apenas, pois a digressão desvela a condição de reflexividade do próprio poema, seu modo de construção que busca a participação do leitor na composição do sentido, sua intenção de que o leitor não seja passivo.

Maria Lúcia da Cunha Oliveira Andrade observa que a digressão é uma estratégia discursiva por meio da qual "a interação recebe uma espécie de reorientação de seu sentido, revelando algo que está no horizonte do campo de percepção do locutor".[36] Pensando a digressão sob o enfoque interacional, a estudiosa sugere que ela resulta de uma busca, pelo locutor, por um determinado efeito de sentido. Por isso, na materialidade linguística ela manifesta "o quadro de relevâncias acionado na situação enunciativa".[37] Podemos inferir, então, que sua presença num texto aponta para "algo que estava no *entorno* e que agora é inserido no contexto situacional".[38] O objetivo dessa inserção pode estar numa observação de Beth Brait de que "a linguagem é sempre, em maior ou menor grau, uma forma de persuasão, de levar o outro a aderir a um ponto de vista".[39] Isso porque, como assevera a mesma estudiosa, a linguagem, além de seu valor como instrumento de representação, comunicação e expressão, é também uma "forma de ação sobre o outro".[40]

Mas o que estaria no *entorno* do contexto situacional do discurso da enunciadora do poema "MUKAI (3)"? Que quadro de relevâncias acionado por ela na construção do poema motivaria a reorientação de seu discurso? O que estaria no horizonte de seu campo de percepção que ela desejaria partilhar com o leitor? O que a motivaria a buscar uma estratégia para agir sobre ele?

Essas questões que o processo criativo de Ana Paula Tavares suscita decorrem daquela mesma observação que fizemos sobre o poema "MUKAI (1)" quando afirmamos que, na pena da poeta, encontramos a inscrição de algumas das várias tensões que se verificam na cultura angolana, as quais tangenciam uma determinada percepção do feminino que sua escrita desenha.

Assim, novamente no poema "MUKAI (3)", o verso "Estranha árvore de filhos" anuncia a inscrição, na letra da escrita em língua portuguesa, dos signos de uma percepção mítica da realidade que aproxima a mulher à natureza, típica da cultura tradicional angolana. Mas anuncia também aquele jogo com os signos das culturas angolana e portuguesa que destacamos lá atrás.

A leitura mais imediata que assoma a nossos olhos quando lemos o verso é a da associação entre os significantes "árvore" e "mulher", já que ambas geram "rebentos". E no verso seguinte, "uns mortos e tantos por morrer", as generalizações sugeridas pelo artigo indefinido plural "uns" e pelo advérbio pronominal indefinido "tantos" nos autorizam a expandir a percepção dos significantes "árvore "e "mulher" para arquétipos de um corpo cultural feminino. Nesse caso, a digressão da enunciadora poderia resultar do estranhamento experimentado por observar um corpo cultural indelevelmente fixado no ciclo nascimento/morte. Porém acreditamos que essa expansão apenas não justificaria a mudança de perspectiva da enunciadora no processo de construção do poema, ou seja, sua adoção de um tom autorreflexivo para observar o corpo que havia estampado na primeira estrofe.

Por isso, além de relacionar o significante "árvore" ao significante "mulher", queremos aproximá-lo também a um outro significante:

"genealogia". Assim, além de pensar em árvore como mulher, vamos associar árvore a representação gráfica, a mapa genético apresentado em forma de tronco, com ramos e bifurcações que representam as linhas de uma ancestralidade e suas filiações. Em vez de buscar encontrar, na escrita de Ana Paula Tavares, apenas uma percepção mítica da realidade que aproxima mulher e natureza, vamos tentar ler seu processo criativo como produto de uma escrita que se constrói também imersa numa dimensão histórica. Nessa perspectiva, o significante "árvore" poderá referir-se à mulher angolana, mas também poderá ser lido como "árvore genealógica" que presentifica no poema, em representação gráfica, ancestralidades, filiações, filhos como resultado de uma investigação histórica que não apenas identifica uma origem, mas também evidencia as relações de poder que envolvem as ideias, os valores e as crenças que fundamentam essa origem.

Essa leitura nos ajuda a entender os versos seguintes, "que de corpo ao alto / navega de tristeza / as horas". Numa árvore genealógica o olhar fixa o "alto" para "navegar" entre pontos determinados, consultar sequencialmente diversos pontos, passar de um para outro, saltar entre eles, segundo o lugar, a época, o ponto de vista escolhido. Integradora, a árvore genealógica permite conectar o passado, o presente e o futuro, compreender o lugar que se ocupa, aprimorar a relação com o espaço, identificar as cadeias de repetição, reconstruir a memória, reescrever a história. Talvez por isso a enunciadora navegue "de tristeza / as horas", ou seja, o suporte no qual sua navegação está ancorada não é um barco, nem um *mouse*, mas a tristeza, possivelmente resultante da melancolia de identificar, em cada ponto de parada, numa cadeia infinita de repetições, aquele corpo feminino que balbucia projetado na primeira estrofe do poema. Corpo feminino que, por sua vez, se inscreve no poema na mesma perspectiva em que, na cultura angolana, as almas do outro mundo, ou cazumbis, se fazem presentes no mundo dos vivos, ou seja, subindo da terra – "de corpo ao alto" – para caminhar no ar, entre a escuridão e a penumbra.

Essa outra maneira de ler o significante "árvore" nos ajuda a entender melhor o tom digressivo que a enunciadora adota na segunda estrofe do poema. A reorientação que ela opera no discurso quando deixa de projetar um corpo feminino no poema e passa a refletir sobre ele revela toda a amplitude de sua percepção sobre o lugar da mulher no universo cultural angolano. Acreditamos que o que estaria no *entorno* da construção estética do corpo feminino contido no discurso da enunciadora do poema "MUKAI (3)", aquilo que ela deseja partilhar com o leitor e a motiva a buscar uma estratégia para agir sobre ele, é a perspectiva de provocar, também nele, uma reflexão sobre condição histórica da mulher no contexto cultural angolano.

É essa condição histórica que se inscreve no processo criativo dos poemas "MUKAI (1)" e "MUKAI (3)" como uma evocação obsedante, uma premência que leva a escritora a presentificá-la nessa sua escrita por meio do exercício da memória. Por isso o recurso à rubrica ou didascálica na abertura do poema "MUKAI (3)", a exposição do corpo feminino na cena de um óbito na primeira estrofe, e a digressão reflexiva na segunda estrofe. Por meio desses recursos encontramos, novamente, no processo criativo de Ana Paula Tavares, aquela mobilização dos signos das línguas e das culturas angolana e portuguesa, tornando ambas soberanas na construção poética. Encontramos, ainda aqui, aquele processo por meio do qual os signos das culturas angolana e portuguesa se reelaboram em uma "poética da Relação".[41] Essa poética é a estratégia adotada por Ana Paula Tavares para criar condições que permitam, ao espectro do corpo feminino que pranteia, assomar na escrita literária, porque a assombra. A árvore escrita é o espaço onde o corpo cultural da mulher na sociedade tradicional angolana, qual cazumbi, pode retomar vida para velar pelos vivos, tentando afastá-los do perigo de que a história se repita.

Como tentamos mostrar neste estudo, o processo criativo de Ana Paula Tavares trabalha a escrita evidenciando sua possibilidade de colocar, na cena literária, "o choque, o entrelaçamento, as repulsões, as atrações, as conivências, as oposições, os conflitos"[42] entre as línguas e culturas angolana e portuguesa, especialmente no que se refere à maneira como ambas encenam o universo feminino. Essa perspectiva de escrita permite que Ana Paula Tavares opere com os signos das línguas e das culturas angolana e portuguesa por meio de uma posição de enunciação que se anuncia como feminina e, por isso, reivindica a partilha do sensível; ou seja: a participação em um conjunto comum e "inversamente, a separação, a distribuição dos quinhões", pois aquilo que lhe interessaria seria "o modo como se determina no sensível a relação entre um conjunto partilhado e a divisão de partes exclusivas".[43] Ler a escrita da autora a partir da noção de partilha do sensível permite-nos vislumbrar sua palavra poética como proposta estética que assume a escrita como *locus* de enunciação feminino e como mediação entre passado e presente, tradição e modernidade, oratura e literatura, oferecendo-se ao leitor num exercício que é, simultaneamente, visão crítica dos valores das culturas de que resulta e autocrítica em relação a seu próprio processo de produção.

REFERÊNCIAS

ANDRADE, Maria Lúcia da Cunha V. de Oliveira. "A digressão como estratégia discursiva na produção de textos orais e escritos". *In*: ABRALIN. *Boletim da Associação Brasileira de Linguística*, n. 14, 1993, pp. 425-434. Disponível em <https://www.abralin.org/site/wp-content/uploads/2018/12/boletim14a.pdf>. Acesso em 31/7/2020.

ASSIS JÚNIOR, António de. *Dicionario Kimbundu-Português: linguístico, botânico, histórico e corográfico. Seguido de um índice alfabético dos nomes próprios*. Luanda, Edição de Argente, Santos e Cia. Ltda., 1967.

BALOGUN, Ola. "Forma e expressão nas artes africanas". *In*: SOW, Alpha I. *et al.* (org.). *Introdução à cultura africana*. Trad. Emanuel L. Godinho, Geminiano C. Franco e Ana Mafalda Leite. Lisboa, Edições 70, 1977, pp. 37-94.

BARTHES, Roland. *O grão da voz*. Trad. Teresa Meneses e Alexandre Melo. Lisboa, Edições 70, 1982.

BRAIT, Beth. "A construção do sentido: um exemplo fotográfico persuasivo". *Língua e Literatura*, n. 21, 1995, pp. 19-27. Disponível em <http://www.revistas.usp.br/linguaeliteratura/issue/view/8628/636>. Acesso em 31/7/2020.

FONSECA, António. *Sobre os Kikongos de Angola*. Luanda/Lisboa, União dos Escritores Angolanos/Edições 70, 1985.

GLISSANT, Édouard. *Introdução a uma poética da diversidade*. Trad. Enilce do Carmo Albergaria Rocha. Juiz de Fora, Editora UFJF, 2005.

KREMSPER, Ciomara Breder. "A construção de identidade feminina na poesia de Paula Tavares". *Anais* do XV Congresso Internacional da Abralic. Rio de Janeiro, 7-11 ago. 2017, pp. 6.523-6.533. Disponível em <https://abralic.org.br/anais/arquivos/2017_1522242951.pdf>. Acesso em 25/7/2020.

LOPES, Nei. *Novo Dicionário Banto do Brasil*. Rio de Janeiro, Pallas, 2012.

PAIXÃO ROSA, Maria Carlota Amaral. *Para saberem pronunciar o que acharem escrito: ler quimbundo, língua estrangeira, no século XVII*. Rio de Janeiro, Universidade Federal do Rio de Janeiro, 2015 (Tese de Doutorado).

PEPETELA. *Luandando*. Porto/Luanda, Elf Equitaine Angola, 1990.

PEREIRA, Érica Antunes. "O arquétipo feminino em quatro poemas da série 'Mukai' de Paula Tavares". *União dos Escritores Angolanos*, 2003. Disponível em <https://www.ueangola.com/criticas-e-ensaios/item/129-o-arqu%C3%A9tipo-feminino-em-quatro-poemas-da-s%C3%A9rie-mukai-de-ana-paula-tavares>. Acesso em 20/7/2020.

PEREIRA, P. A. A. "A circularidade inacabada de Paula Tavares". *Cadernos CESPUC de Pesquisa*, vol. 16, 2017, pp. 73-96. Disponível em <http://periodicos.pucminas.br/index.php/cadernoscespuc/article/view/14766>. Acesso em 15/7/2020.

RANCIÈRE, Jacques. *A partilha do sensível*. Trad. Mônica Costa Netto. São Paulo, EXO experimental org./Ed. 34, 2005.

RIBAS, Óscar. *Temas da vida angolana e suas incidências. Aspectos sociais e culturais*. Luanda, Edições Chá de Caxinde, 2009.

TAVARES, Ana Paula. *O lago da lua*. Lisboa, Caminho, 1999.

_____. *Amargos como os frutos. Poesia reunida*. Rio de Janeiro, Pallas, 2011.

NOTAS

1 Tavares, 1999.
2 Lopes, 2012, p. 180.
3 Assis Júnior, 1967, p. 300.
4 Paixão Rosa, 2015, p. XII.
5 Pacconio & Couto, 1642 *apud* Paixão Rosa, 2015, p. 92.
6 Tavares, 2011, p. 89.
7 Pereira, 2003. Grifo da autora.
8 *Idem*.

9 Barthes, 1982.
10 Cf. Kemsper, 2020; Pereira, 2007, entre outros.
11 Glissant, 2005.
12 Tavares, 2011, p. 91.
13 Ribas, 2009, p. 42.
14 *Idem, ibidem.*
15 *Idem, ibidem.* Grifo nosso.
16 Pepetela, 1990, p. 83.
17 Ribas, 2009, p. 42.
18 *Idem*, p. 43, nota.
19 *Idem*, pp. 43-44.
20 *Idem*, p. 35.
21 *Idem*, p. 36.
22 *Idem*, p. 54.
23 *Idem*, p. 47.
24 *Idem*, p. 55.
25 *Idem*, p. 75. Grifo do autor.
26 *Idem*, p. 46.
27 *Idem*, p. 47. Grifo nosso.
28 *Idem, ibidem.*
29 *Idem*, p. 44.
30 *Idem*, p. 59.
31 *Idem*, p. 44.
32 *Idem, ibidem.*
33 Balogun, 1977, pp. 86-92.
34 Ribas, 2009, p. 48. Grifo do autor.
35 *Idem*, p. 37.
36 Andrade, 1993, p. 1.
37 *Idem*, p. 2.
38 *Idem, ibidem.* Grifo da autora.
39 Brait, 1995, p. 20.
40 *Idem*, p. 21.
41 Glissant, 2005.
42 *Idem*, p. 98.
43 Rancière, 2005, p. 7.

PARTE II

FEIÇÕES POÉTICAS DE MOÇAMBIQUE

8

PALAVRA DE POETA: MOÇAMBIQUE – AS GERAÇÕES E OS NOMES DA LITERATURA MOÇAMBICANA

Léo Sidónio de Jesus Cote

> Em frente ao milagre de não possuir
> a paisagem tem a sua frescura
> e ela sopra as minhas maçãs
> esquecendo-se do peso dos anos
> como se o excesso da existência
> a acordasse.[1]

Quase sempre, quando se fala de literatura, refere-se a ela sob o ponto de vista da tradição escrita, como se a tradição oral fosse um filho bastardo, muitas vezes se esquecendo de que a tradição escrita nasceu da tradição oral e de que, de tempos em tempos, esta se alimenta daquela. Mas pensar a literatura hoje – sobretudo, a literatura moçambicana – pressupõe, inevitavelmente, equacioná-la dentro da lógica da tradição da escrita em língua portuguesa. Daí não ser por acaso que o primeiro nome que surge ligado a essa tradição, em Moçambique, é o de Campos de Oliveira, nome representativo ligado ao primeiro núcleo de intelectuais moçambicanos que floresceu na Ilha de Moçambique, então capital deste torrão geográfico. No entanto, esse núcleo de intelectuais não produziu efeitos no que veio a se consagrar como o primeiro núcleo de intelectuais que vão, efectivamente, influir na formação da primeira geração literária moçambicana, à qual estão ligados os nomes de Rui de Noronha, que terá a sua obra poética publicada postumamente, e de João Albasini, com *O livro da dor*.

A Geração do *Itinerário*, antes da sua consumação, vai conhecer um escritor de fronteira, João Dias, com *Godido e outros contos* (edição póstuma), representando, igualmente, o topónimo que receberá a primeira fase dessa geração (1940-1950), fase *fronteira*, que nascerá no período pós-Guerra (1939-1945), já muito aquém da fase protonacionalista do primeiro núcleo, ao se ver marcada pela ideia de ruptura, quer por herança subversiva dos processos de assimilação, quer pela absorção do espírito das vanguardas ocidentais, assim como a do V Congresso Panafricano.

Essa fase constitui-se como o lugar do(s) primeiro(s) encontro(s) geracional(is), em que se separa o trigo do joio, e que só vai ganhar cunho estético-ideológico sistemático nos anos 1950, porque nesses despontam, tal como nos dá conta Mendonça,[2] autores como João da Fonseca Amaral, Orlando Mendes, que publica "Trajectórias" e "Cinco poesias do mar Índico", na revista portuguesa *Seara Nova* (n. 1029, de 19/04/1947), e Noémia de Sousa e João Dias, que morre deixando "inédito um conjunto de textos 'Godido e Outros Contos' publicado postumamente pela C.E.I. (1952)".

À segunda fase (1950-1964) designamos de utópica, porque nela vemos a manifestação do que o *pathos* socioliterário consagrou, ao se consagrar a obra de arte literária como lugar de consubstanciação daquele, que se revela diferente da primeira fase, que vai conhecer, tendencialmente, um momento de publicações dispersas, que procuram uma forma sistemática e estético-ideológica que essa segunda fase vai pôr em obra. É nessa fase que surge, mais ostensivamente, o projecto da nação literária moçambicana e da ambiguidade geracional, deixando à mostra a sua heterogeneidade, a partir da qual o perfil da literatura moçambicana se vai definir – entretanto, dominada pela poesia e pela titubeante existência da narrativa –, ao se abrir em duas linhas estéticas fundamentais: a) uma, que exprime um lirismo individual que faz da poesia espaço de afirmação da poesia, eximindo-se de comprometimentos políticos ou ideológicos, exprimindo, mesmo de forma oblíqua, mas não menos profunda, preocupações existenciais nos mais variados níveis. Aqui, a figura emblemática é, inquestionavelmente,

Rui Knopfli; b) a outra, inserida num projecto e num desiderato mais amplo de afirmação colectiva, em que se reivindicam raízes culturais negro-africanas, instituindo uma poesia programática e dotada de protesto e denúncia, em que se observa uma crescente contaminação político--ideológica[3] em que, inegavelmente, José Craveirinha e Noémia de Sousa são os sumos pontífices.

Nessas circunstâncias, o perfil da literatura moçambicana define-se e se faz mergulhado no manto do sistema colonial e sob a coerção das políticas educacionais de assimilação e de adestramento dos povos autóctenes, suportadas por instituições como a Igreja Católica, tendo sido igualmente constrangido pela presença da literatura colonial[4] e pelo consequente debate sobre a literatura aqui produzida, ao se questionar se esta era moçambicana, colonial ou ultramarina, polarizando-o e assentando-o, umas vezes, sob ideias etnolinguísticas, ou de lugar(es) de nascimento(s) do(s) autor(es), e outras ainda sob a batuta da pigmentação, para se auferir a nacionalidade autoral. Daí o lugar problemático de autores como Reinaldo Ferreira (e não só) no sistema literário moçambicano.

As obras *Nós matámos o Cão-Tinhoso*, de Luís Bernardo Honwana,[5] e *Portagem*, de Orlando Mendes,[6] vão representar o culminar da segunda fase, que vai assistir à emergência da poesia de combate, à qual estarão associados autores como Marcelino dos Santos (Kalungano), Sérgio Vieira, Fernado Ganhão e Jorge Rebelo.

A terceira fase (1964-1970) há-de ser menos intensa, até pelo facto de a Guerra Colonial e/ou a Luta de Libertação Nacional estar(em) em seus momentos mais intensos e de os mecanismos de repressão se terem agudizados. A fase de Confirmação é a menos expressiva, mas a que confirma os melhores autores e as melhores obras de Moçambique e dessa primeira geração literária, quer domesticamente, quer internacionalmente, embora se perceba, nesse exercício, um certo contágio ideológico derivado de questões relativas ao contexto da guerra colonial e da Guerra Fria. Glória de Sant'Anna, nessa fase, publica grande parte da sua obra poética, surgindo, igualmente, nomes como Jorge Viegas, Sebastião Alba, Lourenço de Carvalho, Eduardo Pitta (todos com livros publicados), Armindo

Caetano de Sousa, Heliodoro Baptista e Leite de Vasconcelos (com colaborações dispersas na imprensa), como nos advoga Mendonça,[7] sem nos esquecermos de Rui Nogar.

A quarta fase (1970) – a fase da Consagração – produz o primeiro sinal da fase mais madura dos autores dessa geração, ao se registar a colaboração entre Grabato Dias e Rui Knopfli, da qual resultarão "os cadernos CALIBAN, que, apesar da sua existência efémera de apenas quatro números, indiciam a preocupação de divulgar autores moçambicanos num leque suficientemente vasto para abarcar, por exemplo, Grabato Dias e Lindo Lhongo", o que já indica a tendência dessa fase, que sofrerá uma interrupção que resultará do processo da Independência Nacional (1975) e do que daí resultará: o início da Guerra Civil (1976) e o ressurgimento da poesia de combate como proposta ideológica modelar, agora com o apoio do aparato do Partido FRELIMO e do aparato do Estado.

É só a partir de 1980, com a publicação da primeira obra de Luís Carlos Patraquim, que a Geração do *Itinerário* retomará a sua marcha, em simultâneo ao surgimento da Geração da *Gazeta*, que nos legará nomes como Mia Couto (primeira onda geracional – fase fronteira), Eduardo White, Armando Artur, Ungulani Ba Ka Khosa, Aldino Muianga, Suleiman Cassamo, Paulina Chiziane, Lília Momplé, Filimone Meigos, Guita Jr., Nelson Saúte, Marcelo Panguana e José Pastor (segunda onda geracional – fase utópica) etc., que representarão um segundo momento da literatura moçambicana, embora, claramente, com o seu próprio contorno. No entanto, de forma esquemática, esse segundo momento, assim como o terceiro momento, vão seguir a configuração da Geração do *Itinerário*.

Se é verdade que o ano de 1997 pode ser tomado como o divisor de águas entre a Geração da *Gazeta* e a Geração Pós-distópica, é também verdade que ele é assim julgado pela emergência da revista *Oásis* e da primeira onda geracional (fase fronteira), de que resultam nomes como Hélder Faife, Sangare Okapi, Andes Chivangue, Chagas Levene, Celso Manguana, Ruy Ligeiro, Rogério Manjate, Aurélio Furdela e João Paulo Borges Coelho, entre outros. A segunda onda (fase utópica) dessa geração vai produzir nomes como os de Lucílio Manjate, Mbate Pedro, M. P. Bonde, Hirondina

Joshua, Lica Sebastião e Sónia Sultuane, entre outros. É igualmente nessa fase em que a literatura infanto-juvenil se institui como sistema, dando uma nova animada à cena literária moçambicana. À *Só Letras*, revista que está associada ao nome de Dany Wambire, e à revista *Literatas* correspondem marcadores que sinalizam o início da terceira onda (fase de afirmação) dessa geração, da qual sairão nomes como Álvaro Taruma, Pedro Pereira Lopes, Celso Cossa, Mélio Tinga, Mauro Brito, Virgília Ferrão, Nick do Rosário etc.

Há, contudo, o quarto momento da literatura moçambicana, que se inicia com o *boom* da internet (2014), a fase de consagração da Geração da *Gazeta* e de afirmação da Geração Pós-distópica, na qual surgem nomes como Óscar Fanheiro, Otildo Justino Guido, Maya Ângelo Macuácua e Loide Nhaduco, entre outros.

REFERÊNCIAS

HONWANA, Luís Bernardo. *Nós matamos o cão-tinhoso*. Maputo, Afrontamento, 1964.

MENDES, Orlando. *Portagem*. Maputo, Coleção Prosadores de Moçambique, 1964.

MENDONÇA, Fátima. "Para uma periodização da literatura moçambicana". *Lua nova*. Maputo, Associação dos Escritores Moçambicanos, 1988.

NOA, Francisco. "A nova poesia moçambicana". *Escrita infinita: ensaios sobre literatura moçambicana*. Maputo, Livraria Universitária, 1998.

______. *Império, mito e miopia: Moçambique como invenção literária*. São Paulo, Kapulana, 2003.

NOTAS

1 Cote, 2019, p. 5.

2 Mendonça, 1988, p. 8.

3 Se é verdade que esta caracterização do perfil da literatura moçambicana se enfoca na poesia, é também verdade que, em linhas gerais, tais características se vão

verificar igualmente na parca produção narrativa, em que podemos colocar, de um lado, obras como *O livro da dor*, de João Albasini, e *Portagem*, de Orlando Mendes, e, do outro, *Godido e outros contos*, de João Dias, e *Nós matámos o cão tinhoso*, de Luís Bernardo Honwana; as primeiras, tendendo para essa profusão existencial e de compromisso com a própria literatura, as segundas, tendendo a essa afirmação colectiva e de reivindicação de raízes culturais negro-africanas, de protesto e de denúncia. É verdade que, aqui, a questão é mais complexa, porque, embora haja "tendências estéticas díspares, há uma relativa convergência na afirmação de uma literatura identificada com Moçambique, com suas vivências e problemáticas" (Noa, 1998, p. 39).

4 Segundo Noa, 2003, p. 402, a literatura colonial "estabeleceu ponte para a emergência de uma literatura nacional moçambicana". Até porque, pela reunião de obras que esse pesquisador põe em estudo, em *Império, mito e miopia: Moçambique como invenção literária*, fica claro que a literatura colonial constitui a maior parte da prosa editada em Moçambique.

5 Honwana, 1964.

6 Mendes, 1964.

7 Mendonça, 1988, p. 11.

9
ENTRE O SILÊNCIO, O DESASSOSSEGO E A(S) DISTÂNCIA(S): AFINAL, QUEM SOMOS NÓS?

Amosse Mucavele[1]

Um poeta deve nascer da incerteza.
David Bene[2]

Moçambique é hoje um dos países da Comunidade dos Países de Língua Portuguesa (CPLP), depositária de uma produção e acção literária plural, assinalável e das mais diversificadas no contexto da representatividade e representação de vozes polifónicas de diversas gerações.

Embora esteja a viver um *boom* editorial, que não é acompanhado pelo financiamento à cultura, a literatura tem-se revelado um espaço de resistência e permanece como privilegiado lugar de fala, em que geralmente ressoam desafios actuais decorrentes da crise de valores, bem como proposições "inalcançáveis" para concepção e consolidação do Plano Nacional da Leitura e da Política Nacional do Livro e da Leitura.

No rol das acções desenvolvidas à margem do pecado da política cultural, pequenas editoras e iniciativas privadas com parcos recursos testemunham a força da palavra, esse legado de Rui de Noronha, Noémia de Sousa, Virgílio de Lemos, José Craveirinha, Luís Bernardo Honwana, Rui Knopfli, Orlando Mendes e Rui Nogar.

No entanto, instituições como Aemo, Fundação Fernando Leite Couto, Conselho Municipal de Maputo, Conselho Autárquico de Quelimane, Centro Graal, Casa do Professor, Camões – Centro Cultural Português em Maputo, Instituto Guimarães Rosa, os clubes de livro e editoras como a Cavalo do Mar, do poeta Mbate Pedro, a Gala-Gala, do escritor Pedro Pereira Lopes, a Kulera, do ensaísta Emílio Cossa, a Índico, do artista plástico Lénio Ussivane, a Marimbique, do escritor Nelson Saúte, a Ethale Publishing, do jornalista Jessemusse Cacinda, a Fundza e a Feira do Livro da Beira, iniciativas lideradas pelo escritor Dany Wambire, sob os auspícios da Associação Kulemba, permitem reconstituir a paisagem literária que há anos tem contribuído para a construção da nação e para inscrever os itinerários da moçambicanidade no quadro da literatura mundo.

Carece referir que cada iniciativa tem as suas especificidades e provável atenção aos leitores, por outro lado, vale sublinhar a peculiaridade de uma grande editora, a Alcance Editores, que detém monopólio em termos de publicações (dos mais notáveis catálogos) e um circuito financeiro e distributivo maior em nível nacional.

Portanto, há alguns aspectos a considerar: as pequenas editoras (independentes), com publicações parceladas entre 100, 200 ou 300 exemplares, salvo raras excepções (caso das publicações patrocinadas que chegam a 500 ou 1.000 exemplares), mesmo com esse entrave, apresentam uma estrutura editorial superorganizada em termos de grafismo, criatividade, autenticidade e acompanhamento do percurso da obra, comparando com os resultados da Alcance Editores.

De facto, o domínio da Alcance no panorama literário moçambicano não é um produto do acaso, mas corresponde a uma convergência dos factores acima mencionados, em que a técnica, o *marketing*, o *lobby*, a estrutura e o significado editorial ilustram uma realidade múltipla em que se cruzam questões e respostas sobre o futuro da literatura moçambicana.

A literatura enquanto sistema de produção e reposição da memória está indo muito bem. Vê-se que há mais ousadia, mais livros a sair e muitos bons autores, o problema neste momento é a indústria do livro, que está em colapso. Há muito desinvestimento nessa área e a cada dia muito se perde do interesse em relação às artes. No entanto, os escritores vão surgindo aqui e acolá, muitas vezes cumprindo um papel de erva daninha contra a crescente plantação da ignorância. O belo sempre prevalecerá.

Como assegura o poeta Álvaro Taruma, considerando o seu percurso e a sua experiência literária – que em parte sinalizam um caso de abandono governamental –, eles pressupõem a resistência dos escritores no seu ofício: assim o belo se estabelece como verdadeiro acto de reconciliação entre a memória e a liberdade.

Compreende-se, assim, esse minúsculo mercado editorial, que é obviamente um lugar de recusas e submissões, onde os escritores compõem a maioria absoluta; e os leitores desavindos com a literatura. E sem perder de vista o desaparecimento físico das livrarias/indústrias gráficas, a instituição literária moçambicana se edifica sobre crises após crises, e é sempre interessante observar as bases e o esforço para abarcar a dinâmica desse universo cáustico.

Atendendo a esse facto, as circunstâncias determinam várias questões: o que é ser editor num país sem livrarias e leitores? Para quem escreve o escritor moçambicano? Qual é o papel da academia e da imprensa na divulgação da literatura moçambicana? Quais são os mecanismos para a internacionalização da literatura moçambicana? Questões antigas e novas que mesmo a persistência e o dicionário referencial da literatura não encerram, porque a realidade moçambicana evidencia um paradoxo editorial.

PARA QUE UMA FRONTEIRA NÃO SE TORNE UMA BARREIRA NUMA COMUNIDADE

> Uma outra Língua em nós vulcaniza.
> Hirondina Joshua[3]

Com o advento das redes sociais, o cenário literário moçambicano ganhou destaque e importância na projecção de novas poéticas e narrativas no panorama internacional, pondo em xeque os seus significados, mitos, questionamentos, cruzamentos, com o objectivo único de promover a sua imagem e conquistar um lugar de maior destaque no espaço literário da língua portuguesa. Nesse sentido, a descentralização das acções e estratégias de internacionalização de autores e a consolidação de uma carreira reconhecida fora de portas constitui uma prática individual que vai além da simples publicação da obra literária, mesmo em condições desfavoráveis; procura sempre implementar um centro difusor de vozes moçambicanas através da palavra escrita, como afã das literaturas escritas em língua portuguesa.

Por outro lado, há um lugar transfronteiriço de legitimação, representatividade e de edificação de pontes de afectos, por meio de *blogs*, *sites*, revistas literárias e encontros virtuais, veículos que cedo se tornaram lugares de mudança do paradigma de recepção e da inversão do olhar sobre a literatura moçambicana e da(s) língua(s) portuguesa(s) no espaço da CPLP. Aliás, essas iniciativas de divulgação literária, maioritariamente isoladas umas das outras, aos poucos vão enraizando vozes significativas; cito, como exemplo, David Bene, Lino Mukurruza, Álvaro Taruma, Jaime Munguambe, Hirondina Joshua, Dany Wambire, Otildo Justino, Mélio Tinga, Óscar Fanheiro, entre outros. Essas vozes, antes desconhecidas no meio literário do espaço lusófono, com textos dispersos em várias revistas eletrónicas (brasileiras, angolanas e espanholas), com obras publicadas à margem das grandes casas editoriais ou por via de prémios literários, são marcos imprescindíveis para conhecer a produção contemporânea, ou como meras estatísticas da produção literária de cada país, que simultaneamente, devido à falha sistemática no espírito dos mesmos, terminam a sua carreira após a entrega do galardão, deslocando toda a cadeia de sentimentos perante um novo mundo que deveria se abrir.

No entanto, a distância física encontra o seu equivalente nos inúmeros reencontros virtuais entre os escritores, o que já lhes rende leitores e espaços de circulação, sem nenhuma pretensão mercantilista, apenas o compromisso estético com o texto, suas tendências, sua linguagem, sua musicalidade, seus desafios, reverenciando a eternidade do poema, enquanto objecto inventivo, interventivo e subjectivo.

Entre trânsitos e militância literária, David Bene, poeta e prosador, escreve para diversos jornais e revistas literárias em Moçambique, Brasil,

Galiza e Japão, e vem resistindo e se afirmando cada vez mais como uma voz singular e consistente na literatura moçambicana. O seu livro de estreia *O vazio de um céu sem hinos* foi galardoado com o Prémio Imprensa Nacional/Vasco Graça Moura 2021, em Portugal, onde, numa entrevista após o anúncio, afirmou, sobre o papel dos prémios literários, as intenções e as balizas que delimitam a urgência da criação de um tronco comum de partilha de saberes numa casa onde o desconhecimento se fez múmia.

Moçambique é um país vasto e tem revelado vários escritores que sempre escreveram em português. A maioria deles (talvez os maiores) não recebeu nenhum prémio pelo seu trabalho, e isso só mostra que a literatura é maior do que qualquer prémio. O facto de esses autores não serem premiados não lhes tira o mérito de serem a força que vitalizou a língua portuguesa em Moçambique.

Ademais, existem casos curiosos de projectos de divulgação literária, liderados naturalmente por escritores da nova geração das letras moçambicanas e angolanas, por exemplo: Movimento Literário Kuphaluxa, Catalogus, Diário de uma Qawwi, Mbenga, Artes e Letras, revista *Literatas*, revista *Mayombe* e Movimento Literário Litteragris, que em sábias circunstâncias submeteram a história à sua expressão de luta e conquista de lugares hegemónicos, que outrora dependiam da benevolência de Portugal para a sua visibilidade e a cooperação/mobilidade literária entre os países falantes de língua portuguesa. Importa referir esse fenómeno de apagamento da maioria em detrimento de uma minoria, rejeitando todas as escritas enraizadas na cultura de cada país ao destacar narrativas crioulas, facto que se configura no desconhecimento da diversidade estético-literária de cada país na comunidade linguística.

É, por sinal, mais do que uma tentativa de espelhar a imagem da nossa comunidade num ângulo: um misto de abordagens tiranas com particularidades ímpares, cujo foco é condenar o mercado editorial e os festivais literários a uma decadência estrutural enquanto sistema de apropriação e legitimação do espaço literário, obstáculos esses que permeiam as várias formas de participar/divulgar escritores fora do cânone lusotropicalista, convertendo toda a produção desses países para um presente exótico, em que o texto deixa de propor novos caminhos alternativos de revisitação da pátria, ao assumir uma cisão entre a língua e a história. Haverá ainda espaço para a presença de novas vozes de Moçambique, Angola, Brasil, Cabo Verde nos festivais literários e revistas literárias em Portugal? Como é possível ler autores que o sistema persiste em não querer conhecer? Quem são os autores representativos das literaturas africanas de língua portuguesa em Portugal? Quantas universidades portuguesas preservam a memória de Alfredo Margarido e Manuel Ferreira?

Nas sábias palavras do intelectual português Guilherme d'Oliveira Marins, as respostas não devem se limitar a uma solidariedade literária, mas sim reflectir sobre a diversidade e a imaginação:

> Todos aspiramos que haja uma maior relevância internacional da Comunidade de Países de Língua Portuguesa. Só uma relação biunívoca e uma compreensão das diferenças e complementariedades (ou se quiser suplementariedades) poderão beneficiar-nos a todos. Longe de idealizar as relações comuns trata--se de partir da heterogeneidade, das diferenças e da adaptação para delinear uma agenda de interesses e valores comuns.[4]

Pode-se dizer, em parte, que esta é a época dos poderes transculturais, encontros inusitados, itinerários opostos e da dignidade da língua; quiçá, de trânsitos para conhecimento mútuo de que Portugal ainda resiste em aprender, para quem a tarefa de dominar e ensinar consiste em desenhar um mapa que "oculta o vazio" de conhecer o outro.

No entanto, a história das literaturas escritas em língua portuguesa, assim como todo o panorama referencial, já não está refém de um discurso arbitrário à moda portuguesa, que consiste na exclusão de determinados autores, quase sem nenhuma representação institucional ou familiar na metrópole, facto que os colocava em uma condição de subalternidade, tal como afirma David Bene: "A minha relação com Portugal é orgânica, muito por causa da língua. Portugal, como espaço ou lugar, no meu subconsciente, vem inteiramente da fotografia dos escritores que cresci a ler e de alguns amigos mais próximos".

É sob esse prisma que a nova safra de escritores moçambicanos calcula os eixos significantes da (in)existência de Portugal e a sua acção estrutural no cenário literário da comunidade. O mesmo acontece no caso dos autores angolanos, cabo-verdianos, brasileiros, publicados de forma tímida em Portugal, onde faltam horizontes interculturais para a cooperação literária (a cada ano se expõe a consciência cirúrgica dessa triste realidade que se arrasta desde a década de 1980 e se prolonga até aos nossos dias).

É evidente que há um longo caminho a percorrer para achar os traços que nos definem, embora persista a resistência portuguesa em reconhecer a vitalidade das literaturas das antigas colónias (as quais a academia e a imprensa insistem em desvalorizar), facto que em nada contribui para a afirmação de uma comunidade literária de língua portuguesa.

Diante da necessidade de repensar os mecanismos de diálogo entre a literatura portuguesa e as literaturas das antigas colónias, o escritor e crítico literário português Miguel Real conclui que "a lusofonia deveria ser levada mais a sério pelo Estado português, já que ela constitui, como organização internacional que dá rosto à língua portuguesa, a nossa segunda marca inscrita na história, nesta grávida de muito futuro".

REFERÊNCIAS

BENE, David. "Um poeta deve nascer da incerteza" [entrevista]. Imprensa Nacional, 29 de março de 2022.

JOSHUA, Hirondina. "A língua na língua: o vulcão fora da boca". *El Trapezio*, 5 de maio de 2020.

NOTAS

[1] Amosse Mucavele é editor, crítico cultural e poeta moçambicano.

[2] Bene, 2022.

[3] Joshua, 2020.

[4] Martins, 2022.

10
MULHERES EM TRÂNSITO: A ESCRITA POÉTICA FEMININA EM MOÇAMBIQUE[1]

Ana Mafalda Leite
Sara Jona Laisse

Elencamos neste texto, num primeiro momento, um conjunto das mulheres moçambicanas que publicaram poesia e ficção em livros, antologias, jornais, revistas e blogues. Começamos por referir o número de autoras moçambicanas que escrevem tanto poesia como prosa, mencionando as que publicaram em livros e, depois, as que têm textos publicados em outros suportes. A amostragem não visa a critérios críticos e selectivos; apenas dar conta do número de mulheres a escrever em Moçambique, com participação na literatura.

Uma vez que o nosso estudo se centra na escrita feminina em poesia, num segundo momento vamos referir as principais vozes poéticas moçambicanas no período anterior à independência e, num terceiro momento, serão apresentados os trânsitos históricos, temáticos e artísticos entre aquelas figuras e algumas das vozes poéticas actuais.

Esperamos, com isso, demonstrar que a produção literária feminina tem estado a crescer significativamente, quebrando o mito do patriarcado literário moçambicano. Este estudo permitirá, ainda, confirmar que a poesia é actualmente a arte literária mais desenvolvida no país.

ELENCO DE MULHERES MOÇAMBICANAS COM PUBLICAÇÕES EM FICÇÃO E POESIA

Com publicações em livros

Na prosa: Amilca Ismael; Virgília Ferrão, "Awaji Malunga"; Cristiana Pereira; Helga Languana, "Clássica"; Yonesse Matsinhe, "Cri Essencia"; Eunice Matavele; Fátima Langa; Felismina Velho; Isabel Ferrão; Lília Momplé; Lina Magaia; Maira Andrade, "Ginger Andra"; Maria dos Anjos Martins; Maria Sorensen; Paulina Chiziane; e Sónia Jona (que tem um conto publicado numa obra com um outro autor).

Na poesia: Ana Mafalda Leite (também ensaísta); Amélia Matavele, "Predestinada"; Ana Paula Loureiro; Cláudia Constance; Clotilde Silva; Dércia Feliciana, "Deusa d'África"; Glória de Sant'Ana; Hirondina Joshua; Karina Jamal; Isa Manhique; Lica Sebastião (artista plástica); Márcia Santos, "Rinkel"; Melita Matsinhe (pianista); Nizete Monteiro; Carolina Noémia Abranches de Sousa Soares, "Vera Micaia"; Paulina Chiziane; Sónia Sultuane (artista plástica); e Tânia Tomé (cantora e declamadora).

Em ambos géneros literários (poesia e prosa): Manuela Xavier, Emmy Xys (artista plástica); e Angelina Neves.

Com publicação em antologias

Só na escrita em poesia se encontram antologiadas: Carmita Sigaúque; Donia Tembe; Emília Alexandre; Geraldina Rafael, "Maria do Craveirinha"; Henriqueta Macuácua; Iyolanda de Jesus, "Hera de Jesus"; Yolanda Madeira, "Xiduva Moiasse"; Laize Sílvia dos Anjos; Nynna; Regineta Mário Chaúque; Saquina Badrudine Ismael; Tina Mucavele.

Com publicações em jornais, revistas e blogues

Em blogues, encontrámos apenas uma mulher a publicar textos em prosa: Eliana N'Zualo. As restantes escrevem poesia, em jornais e revistas, a saber: Açucena Esperança, Celestina Marques, Énia Lipanga (cantora de rap e declamadora), Hirondina Joshua, Fátima Mimbirre, Ivete Mavie, Naty Ivo e Solange Macie.

TRÂNSITO HISTÓRICO E GEOGRÁFICO: PRINCIPAIS VOZES POÉTICAS MOÇAMBICANAS NO PERÍODO ANTERIOR À INDEPENDÊNCIA

Depois do levantamento apresentado de autoras mulheres que publicaram e publicam em Moçambique, cuja intenção foi mostrar como, a partir do século XXI, o seu número aumentou significativamente – apesar de, em proporção, ser ainda bastante desigual, quando comparado com o número de homens –, observamos que há diversificação de práticas culturais que se articula com a escrita de romance, conto, literatura infantil e infanto-juvenil, praticada por mulheres, além de trânsitos complementares nas artes plásticas, na música e na *performance*.

Do estudo ainda em curso, observámos que o número de artigos críticos, teses e dissertações sobre literatura feminina moçambicana se centra mais na área da prosa; em especial, em torno das obras de duas ficcionistas que publicaram no período pós-independência: Lília Momplé e Paulina Chiziane. No que respeita à poesia, o número de análises foca-se, em especial, na obra de Noémia de Sousa, embora haja, também, estudos sobre a poesia de Glória de Sant'Anna. Verificamos, assim, que no quadro da pesquisa académica há um centramento na poesia feminina que foi escrita, fundamentalmente, durante o período colonial. No que toca à escrita pós-colonial, começa a haver estudos sobre a obra de Ana Mafalda Leite, Sónia Sultuane, Deusa d'África, Hirondina Joshua, Tânia Tomé e Lica Sebastião.

No quadro deste nosso trabalho, vamo-nos centrar apenas na poesia; no entanto, partindo, em especial, do período pós-independência, assinalando alguns dos percursos mais recentes da poesia moçambicana de mulheres; com efeito, não é presunção nossa reflectir, longamente, sobre as publicações de Noémia de Sousa ou de Glória de Sant'Anna, mas, sim, numa breve linha cronológica, tentar perceber as linhas temáticas matrizes que, a partir, em especial, dessa dupla poética, vêm ou não a se desenvolver no período pós-colonial.

Para o efeito desse tentame, ainda em progresso, tomamos como base para nossa reflexão um artigo de Carmen Lucia Tindó Secco, "A voz, o canto, o sonho e o corpo - reflexões sobre poesia feminina em Moçambique", incluído na obra *Passagens para o Índico, encontros brasileiros com a literatura moçambicana*,[2] talvez um dos primeiros ensaios que evidenciam algumas das transições na escrita poética feminina que têm lugar na passagem do período colonial para o pós-colonial e do século XX para o XXI.

Gostaríamos, também, de assinalar o artigo de Maria Nazareth Fonseca intitulado "Literatura africana de autoria feminina: estudo de antologias poéticas",[3] que nos inspirou para o estudo das antologias de poesia publicadas em Moçambique, a fim de destacar as autoras que aí são representadas. Assim, destacamos as seguintes antologias publicadas após a independência: *Antologia da nova poesia moçambicana*, organizada por Fátima Mendonça e Nelson Saúte,[4] com uma segunda edição reformulada e ampliada em 2004, com o título *Nunca mais é sábado,* de Nelson Saúte;[5] a antologia *Rostos da língua*, organizada por Eduardo White;[6] já no século XXI, a Aemo organizou, em 2006, a *Antologia esperança e certeza - I* (poesia).[7] Essa publicação foi seguida pela *Antologia de jovens escritores de Manica*, com poesia e prosa, coordenada por Domingos do Rosário Artur e Benjamim Pedro João.[8] Referimos, também, a *Arqueologia da palavra e a anatomia da língua*, com coordenação do poeta Amosse Mucavele, iniciativa da revista *Literatas*.[9] O ano de 2014 foi rico quanto a esse tipo de publicação, uma vez que foram publicadas duas antologias, a saber: *Antologia inédita: outras vozes de Moçambique*, organizada por Lucílio Manjate,[10] e *Vozes do Hinterland*, coordenada por Deusa d'África, Elísio Miambo e Mucuruza Lily do Amures.[11] Em 2015, é publicada a antologia poética intitulada *Sonhos, caminhos & lutas*, sob a coordenação de Alex Barga, presidente de um movimento cultural de jovens denominado

MOLIJU.[12] Em 2018, sai, pela editora Fundza, a antologia poética *Soletras esse verso*, por Gustavo Sabamba;[13] ou seja: do que nos consta, ao todo, entre 1989 e 2018, foram publicadas dez antologias.

Na primeira antologia, mais abrangente, que enquadra o período colonial e o pós-colonial, a cargo de Mendonça e Saúte, em edição de 1989, são incluídas como referências femininas: Noémia de Sousa e Clotilde Silva.[14] São acrescentadas, na edição de 2004, as poetas Glória de Sant'Anna, Manuela de Sousa Lobo, Rinkel e Sónia Sultuane;[15] na terceira antologia, a cargo de Eduardo White, são incluídas quatro autoras: Noémia de Sousa, Maria Manuela Sousa Lobo e Ana Mafalda Leite (Lília Momplé na prosa);[16] na quarta, *Antologia esperança e certeza – I*, foram publicados poemas de Carmita Sigaúque, Laize Sílvia dos Anjos, Hirondina Joshua, Saquina Badrudine Ismael, Regineta Mário Chaúque e Yolanda Madeira.[17] Desse grupo, destaca-se Hirondina Joshua com a publicação do livro *Os ângulos da casa*, em 2016.[18] A quinta antologia é composta por textos em prosa e em poesia, mas nela não constam trabalhos escritos por mulheres. Na sexta antologia, a cargo do movimento Kupalhuxa, são incluídas Ana Mafalda Leite e Emmy Xyx, que têm vários livros publicados, e, na sétima, organizada por Lucílio Manjate, surge incluída apenas a poeta Tânia Tomé. Da oitava, constam Maria do Craveirinha, Nynna e Deusa d'África, a última com livros já publicados. Na nona, *Sonhos, caminhos & lutas*, foram publicados poemas de Henriqueta Macuácua, Donia Tembe e Emília Zacarias Alexandre. Na décima, organizada por Gustavo Sabamba, foram publicados poemas de três mulheres: Hera de Jesus, Hirondina Joshua e Melita Matsinhe, as duas últimas com livros publicados.

Nem todas as autoras antologiadas já publicaram livros; no entanto, essa recolha serve para mostrar que, progressivamente, de 1989 aos nossos dias, várias delas estão desenhando um percurso de escrita, e a escolha da sua inclusão em antologias é reveladora da aceitação do seu trabalho e de seu enquadramento na instituição literária moçambicana.

Podemos dizer que a matriz da enunciação feminina da poesia moçambicana, como já implicitamente assinalava Carmen Tindó, constitui-se, durante o período colonial, em duas vertentes fundamentais:

uma delas representada por Noémia de Sousa, com uma poética da voz e do grito, com raiz fortemente telúrica, situada entre uma dimensão pan-africana e uma vertente temática nativista (em uníssono com a geração de poesia africana da década de 1950, que denuncia a ocupação colonial), a outra, com uma vertente da poesia mais lírica e intimista, "uma poética do silêncio, do mar e do canto", com Glória de Sant'Anna. A escolha desse par matriz permite-nos perceber as derivações futuras da poesia pós-colonial e, com ele, não estamos a excluir outras vozes poéticas, que ainda não estejam suficientemente estudadas e tenham publicado durante a época colonial.

Noémia de Sousa (1926-2002), cujo nome completo era Carolina Noémia Abranches de Sousa Soares, conhecida pela família e amigos como Carol, nasceu em Maputo, no distrito de Catembe, em 1926. É mestiça, filha de mãe moçambicana e de pai português. Muito cedo, lidou com a leitura e literatura, uma vez que o seu pai tinha rica biblioteca em casa. Além disso, ainda jovem conviveu com a associação cultural do Grémio Africano de Lourenço Marques, trabalhou na Associação Africana e iniciou a sua publicação literária em 1948, n'O *Brado Africano*, jornal que criticava a dominação colonial. Foi colaboradora em jornais e revistas literárias, nomeadamente: *Mensagem*, *Itinerário*, *Notícias do Bloqueio*, *Moçambique 58*, *Vértice* e *Sul*. A mensagem contestatária nos seus poemas fez com que ela fosse perseguida pela PIDE. Entre 1951 e 1964, trabalhou, em Portugal, como tradutora, tendo, depois, emigrado para a França, onde residiu entre 1964 e 1973, trabalhando no Consulado de Marrocos. De volta a Portugal, trabalhou na Agência Noticiosa Portuguesa Lusa e residiu nesse país até à data da sua morte.

A sua obra literária aborda temas como africanidade, dignidade humana, denúncia do sistema colonial, fraternidade e outros. O poema "Se me quiseres conhecer" mostra a sua dimensão de africanidade, de partilha cultural e de assumida figuração feminina do continente africano:

> Ah, essa sou eu: / órbitas vazias no desespero de possuir a vida, / boca rasgada em feridas de angústia, / mãos enormes, espalmadas, / erguendo-se em jeito de quem implora e ameaça, / corpo tatuado de feridas visíveis e invisíveis /

pelos chicotes da escravatura... / torturada e magnífica, / altiva e mística, / África da cabeça aos pés, / – ah, essa sou eu.[19]

Outras temáticas abordadas pela poetisa são a crítica e a indignação perante a opressão, a injustiça e a imposição dos valores advindos da dominação colonial, entre outros males sociais. A preocupação de Noémia de Sousa com os problemas ligados à colonização levaram-na a redigir, juntamente com José Craveirinha e Dolores Lopes, uma carta a solicitar a independência de Moçambique. Podemos afirmar, com propriedade, que a obra de Noémia de Sousa é sempre actual. Um dos exemplos pode ser encontrado no "Poema a Jorge Amado", no qual, utilizando esse autor como *leitmotiv*, o sujeito de enunciação aborda a multiculturalidade:

Que importa, afinal, que as gentes sejam moçambicanas / ou brasileiras ou brancas ou negras? / Jorge Amado, vem! / O povo aqui nesta povoação africana / O povo é o mesmo também / é irmão do povo marinheiro da Bahia, / companheiro Jorge Amado, / amigo do povo, da justiça e da liberdade...[20]

A sua obra *Sangue negro*, que reúne os poemas publicados dispersamente, foi publicada em livro em Moçambique postumamente, em 2001.

Glória de Sant'Anna (GSA) nasceu em Lisboa, em 1925, e viveu durante 23 anos em Moçambique, em Porto Amélia (Pemba), entre 1951 e 1974, onde foi professora e desenvolveu actividade literária, antes de voltar definitivamente para Portugal, onde faleceu em 2009. A poeta começou a publicar as suas obras em Moçambique e se enquadra numa linha estética de lirismo subjectivo e intimista: "A essência das coisas é senti-las / tão densas e tão claras, / que não possam conter-se por completo / nas palavras".[21] Todavia, a sua poesia também problematiza, de forma muito subtil, algumas das questões sociais e raciais da realidade colonial moçambicana, bem como o avanço da guerra: "A terra está ficando toda de sangue / toda de sangue / e mil olhos nos olham de lá do fundo".[22] Colaborou com a revista *Itinerário* e com O *Brado Africano*. Para além das suas diversas obras publicadas no período colonial, foram publicados poemas de GSA na revista *Caliban* 3/4 (1972) e na antologia da Casa dos Estudantes do Império

(CEI) intitulada *Poetas de Moçambique* (1960-62). Após a independência de Moçambique, a primeira parte da sua obra foi recolhida e seleccionada na antologia *Amaranto* (1951-1983). Em 1999, Carmen Lucia Tindó Secco publica *Antologia do mar na poesia africana de língua portuguesa do século XX*, que inclui poemas de GSA.[23] Essa antologia testemunha o facto de que uma das temáticas centrais da obra da poeta, o mar, é também um elemento comum a outros poetas moçambicanos. Também em 2011, num processo de recuperação da poesia da guerra colonial, três poemas de GSA são incluídos na *Antologia da memória poética colonial*, por Margarida Calafate Ribeiro e Roberto Vecchi.[24]

A poesia dessa autora se abre ao mundo moçambicano, oferece uma visão de figuras locais, como os pescadores ou, em especial, o mundo feminino, as mulheres à beira-mar, representados de uma forma íntima e profundamente humana, que contraria o estereótipo racial. "Dos nossos ventres altos / os filhos que brotarem / nos chamarão com a mesma palavra. / E ambas estamos certas – tu, negra e eu, branca – / que é dentro dos nossos ventres / que germina a esperança".[25] A produção lírica de GSA, que se torna marco importante da poesia moçambicana, convida a repensar algumas questões literárias e identitárias no contexto colonial moçambicano. A sua produção poética é caracterizada por uma escrita reflexiva e intimista, dominada pelo silêncio e pelas imagens do mar Índico, repondo o oceano a relação com a viagem e com a história colonial.

No fundo, e garantindo-se as necessárias diferenças que tal comparação possa comportar de redutor, essa dupla – Sousa/Sant'Anna – ganha, em espelho refractado, na publicação masculina de poesia, uma similar reduplicação: o par Craveirinha/Knopfli, repondo algumas das questões de entrelaçamento crítico e de tensão entre as dimensões temática e intertextual de escritas poéticas que se situam entre o local e o universal, entre a ideologia política e a estética.

Após a independência, na mesma época da publicação da revista literária *Charrua*, em Moçambique, que vem a revelar uma primeira geração de autores pós-coloniais, na que se destacam, em especial, as vozes poéticas de Eduardo White e Armando Artur, publica Ana Mafalda Leite, em Portugal, o seu primeiro livro de poesia, *Em sombra acesa*,[26] ao mesmo tempo que se finaliza a primeira tese de mestrado sobre poesia africana de língua portuguesa, dedicada a José Craveirinha.

Com a poesia de Ana Mafalda Leite, é retomado o vínculo lírico-intimista da poética de Glória, mas, em simultâneo, uma dimensão do sonho e do erotismo, colocando-se em diálogo com a poesia de Eduardo White e a de Luís Carlos Patraquim, partilhando, com esse último, a publicação de *Mariscando luas*,[27] uma escrita que se inventa na relação com as artes plásticas, por meio da pintura de Chichorro. Outros tópicos atravessam a poesia de Ana Mafalda Leite: a visitação metapoética da poesia moçambicana e a demanda identitária (visível em *Passaporte do coração* e em *Livro das encantações*),[28] tópicos esses, em especial, como notou Carmén Tindó, que vão surgir também, uns anos depois, na poética de Sónia Sultuane; em especial o sonho, o erotismo e a questionação identitária. Sónia Sultuane publica o seu primeiro livro, *Sonhos*.[29]

Sem querermos ser redutoras, observamos que, a partir da matriz poética de Noémia de Sousa, vai surgir uma escrita como a de Rinkel, de Deusa d'África ou de Paulina Chiziane (poeta), evidenciando trilhos temáticos como a denúncia social e a postura centrada em temas de mulher. Por outro lado, a partir do lirismo de Glória de Sant'Anna, vão entroncar-se a poesia de Ana Mafalda Leite, Sónia Sultuane, Cláudia Constance e Ana Paula Loureiro, entre outras. Um terceiro trilho revela um percurso original, com a poesia de Hirondina Joshua, que reclama uma dimensão estética da palavra e intertextualiza a língua na sua materialidade mais viva, retomando, de outro modo, o experimentalismo da poesia de Emmy Xyx.

TRÂNSITOS TEMÁTICOS DAS VOZES POÉTICAS FEMININAS EM MOÇAMBIQUE NO PERÍODO PÓS-INDEPENDÊNCIA

A maioria das vozes femininas que começa a publicar poesia em Moçambique praticamente no início do século XXI não evidencia filiações estéticas específicas, embora se enquadre, de uma ou de outra forma, na genealogia referida mais atrás. Mostra uma proliferação de dicções muito diferentes, da voz lírica à crítica social, entre escritas do sentir e do alheamento, de narcísica exposição do corpo e de seu ocultamento, bem como temáticas relacionadas com a mulher e a sociedade. Abraçando vertentes sociais e erotismo, entrelaçando tópicos de individuação do sujeito feminino, reconfigurando a genealogia de escritas anteriores. Vamos referir em síntese alguns aspectos da escrita de sete poetas, a saber: Deusa d'África; Emmy Xyx; Paulina Chiziane; Rinkel; Sónia Sultuane; Tânia Tomé; e Hirondina Joshua.

DEUSA D'ÁFRICA, UMA VOZ NATIVIZANTE E CRÍTICA

Eminentemente purgatória, a escrita de Deusa d'África se apresenta como uma exploração ambivalente e desmesurada de uma voz que vem de dentro, que deseja encontrar/reclamar elementos culturais e linguísticos próprios, nativos, mas que, simultaneamente, demanda a modernidade da poesia ocidental através de muitas das dedicatórias.

Deusa d'África nasceu em 1988, em Xai-Xai, e é cofundadora do grupo cultural Xitende (Núcleo Literário do Xai-Xai). Organizou, em regime de colaboração, uma colectânea poética de autores de Gaza e Niassa, uma obra na área da ficção intitulada *Equidade no reino celestial*[30] e publicou os livros de poemas: *A voz das minhas entranhas* (com um prefácio de Paulina Chiziane) e *Ao encontro da vida ou da morte*.[31]

O seu segundo livro de poemas tem epígrafe da autora que já orienta, filosófica e tematicamente, o leitor: "Os homens são o que são, e os leões apenas feras inocentes". Essa obra está organizada em quatro partes, intituladas "Ao encontro da vida", "A cidade adormecida", "A destruição da cidade" e "Ao encontro da morte" e compõe-se de 25 longos poemas intitulados "Confissão". Essa insistência no título remete, de imediato, a um conteúdo religioso e de encenação autobiográfica.[32]

Assistimos a vários autorretratos nas confissões/poemas, que podem ser lidos como representações da figura feminina de África, ainda hoje neocolonizada, ou da cidade suburbana, ou, ainda, da mulher subalternizada e do sujeito de escrita; alegoricamente, há uma voz que se apresenta como interpeladora e denuciante dos males, em estrofes que, redundantemente, apelam ao leitor/ouvinte.

Há, por vezes, um ritmo de abundância no verso que se excede sem margens limítrofes, como a subida inesperada de um rio que leva consigo o que está à frente. Esse vozear das entranhas da poesia, que, por vezes, se aparenta à palavra de pregação, ou de anunciação, trata de muitos assuntos, da história de Gaza, da dominação colonial, da religião, do amor, das relações homem/mulher, do desejo de liberdade para as mulheres, da miséria e das injustiças sociais, das iniquidades humanas, cabendo aos textos a perplexidade da interrogação e o testemunho moral de uma condenação/confissão. A dramaticidade, a mistura de géneros irrompem no texto, com a entrada de outras vozes:

> Ngungunhane: Minha menina Deusa d'África / Que fizeste em África / Teu povo continua com repugnância de si mesmo / E ainda clama pela independência sendo escravo de si mesmo / Quantos jovens vestiram sua nudez / Exaltando a música americana / Quantas vezes lembraram vossos ancestrais e pediram o Pangolim / Quantas vezes te ocupaste na plantação de swithokozelos...[33]

EMMY XYX, A DESCONSTRUÇÃO DOS SENTIDOS

Emmy Xyx, pseudónimo de Manuela Xavier, nasceu em Vila Coutinho, actual Ulóngwé, na província de Tete, em 1958. Publicou *Espelho* (prosa),[34] *Contar ser gregos*,[35] *De sol acções a sol unções*[36] e *Escritas na mão do mar à Ria*.[37]

A poesia dessa autora desafia o leitor pela sua aparente ausência de sentido. Fortemente moralizante e crítica, por vezes chegando ao descrédito de ser escrita, vive da desconstrução das palavras e dos significados. Mostra, na sua herança literária, alguns dos procedimentos retóricos que caracterizam a produção de Grabato Dias e de Filimone Meigos.

Alguns poemas mais longos, outros bem mais curtos, encenam proverbialidade, uma moral, e, mesmo assim, também a descontroem. A crítica é sobre os comportamentos femininos, sobre as emoções, sobre a corrupção social, económica e política. *Erres de heróis*: "Os erres dos heróis são apagados? / Os erres são livres de ficar? / Quantos erres tem o vento? / Quantos ventos tem o mar?".[38]

Manuela Xavier encena uma espécie de antilirismo da sua escrita na procura de sentidos numa sociedade e numa humanidade que não os têm. Assim, símbolos poéticos como a cotovia e a lua perdem-se no novelo da serpente e na moeda de compra dos amores:

> *Cotovia*: Fugida do inverno acústico / a cotovia / acotovela a vizinha. / Serpentes em violoncelo / esperneiam vozes / que se espezinham.[39]
> *Frases da lua*: Fazes da lua / tua amante / cheia de novas faces / as frases da lua endoidecem / quem escuta / num quarto / crescem promessas / noutro / mínguam diamantes...[40]

Manuela Xavier usa a língua retirando-lhe o poder organizacional, desmontando-a e brincando ludicamente com ela como se fosse um *puzzle*, sem formas/significados definidos, mas volvendo significante, som, em formulação desconcertante. O leitor pergunta-se: o que quer dizer essa escrita?

> *Entre dedos*: Entre dedos me passa o vento / entre os lábios a frase se corta / pela suavidade do convento / a frase apareceu morta. // Se disse alegre pelo destino / liberdade conquistada / mata-se a morte de um menino / p'ra dar vida ao fim da estrada?[41]

PAULINA CHIZIANE, UM LIVRO DE POEMAS

Incluímos nesta pesquisa a estreia de Paulina Chiziane. Nascida em 1955, em Maputo, é conhecida romancista, embora se autointitule contadora de estórias. É das autoras moçambicanas com mais livros traduzidos e sujeitos à análise crítica e a estudos especializados.

Embora a sua obra seja muito mais abordada na perspectiva da escrita de mulheres por ser densamente povoada por personagens mulheres e por reflectir sobre o patriarcado, ao realizar este estudo a partir do seu livro de poesia, que implica uma mudança de perspectiva de análise da sua obra em prosa, verificamos que, mais do que a emancipação da mulher, a escritora se preocupa com a libertação e mudança de mentalidades oprimidas, convidando o continente africano a refazer-se, a redefinir-se e a resgatar a sua memória.

A sua obra em prosa inclui: *Balada de amor ao vento*; *Ventos do apocalipse*; *O sétimo juramento*; *Niketche – uma história de poligamia*; *O alegre canto da perdiz*; *As andorinhas*; *As heroínas sem nome* (coautoria com Dya Kassembe); *Quero ser alguém (Histórias de crianças soropositivas)*; *Por quem vibram os tambores do além* (coautoria com Rasta Pita); *Na mão de Deus* (coautoria com Maria do Carmo da Silva); *Ngoma Yethu, o curandeiro e o Novo Testamento* (coautoria com Mariana Martins) e *Ocupali – (Helvetas Swiss Corporation)*.

Na sua obra de poesia *O canto dos escravizados*,[42] tal como nos habituou na sua escrita em prosa, Paulina clama pelo resgate da identidade africana e sonha com o dia em que os negros estarão libertos das sequelas do colonialismo.

No poema "Testamento de um escravo", o sujeito de enunciação convida o leitor a usufruir da relativa liberdade que África tem e inspira os filhos desse continente a "hastearem a bandeira da liberdade". Insistindo, esse sujeito afirma: "Escuta a suavidade deste canto de esperança. Serena / Respira o ar puro do alto das montanhas. Reflecte / Busca inspiração na memória da África e do mundo / Segura com braços firmes a liberdade que se escapa".[43]

E há uma esperança de dias melhores em sua mensagem. Veja-se o caso do poema:

> Às vezes penso: Às vezes penso que já morri ...às vezes penso que o mundo já se acabou ...Quando sinto solidão na alma / Às vezes penso que Deus não está no céu / ...Agora penso que um novo mundo vai nascer / Tanto sofrimento, resistirei e resistirei / Às vezes penso que o mundo será melhor / E por ele lutarei por toda a eternidade.[44]

Nessa obra, são inúmeras as menções a Deus. Especialmente no Capítulo I, que a autora intitulou "África Reza". Há, também, imensos apelos à libertação, liberdade e esperança de dias ou de momentos melhores para África, ou para um lugar que se sugere ser Moçambique, dada a epígrafe do livro, que é um recorte do Hino Nacional de Moçambique, bem como a utilização de excertos deste em seus poemas. O último poema do livro é a súmula do que acabamos de referir: "Na memória da África e do mundo", que recupera o hino nacional moçambicano.

RINKEL, DERIVAÇÕES TEMÁTICAS SOBRE ESCRITA DE GÉNERO

Rinkel é o pseudónimo de Márcia dos Santos, que publicou até ao momento três livros de poesia, *Almas gémeas*,[45] *Revelações*,[46] *Emoções e abstracções*.[47]

Nascida em 1977, e natural de Inhambane, Rinkel, nos primeiros poemas de *Almas gémeas,* mostra uma escrita ainda um pouco adolescente, confessional e revoltada, em que aborda vários temas, questionando as injustiças sociais, nomeadamente a questão racial, e a infância triste dos meninos de rua, dos órfãos da guerra, dos meninos soldados, nascidos e crescidos no meio da violência da guerra civil. Leia-se, nessa perspectiva, o poema *Mártires da democracia*: "A ti criança / parida quando tua mãe morreu / nos teus braços. // A vós heróis antes de serem homens. // Tu que pegaste na arma / que pegaste na catana / Tu que mataste impiedosamente / com a mente pura de uma criança / adulterada".[48]

Nesse primeiro livrinho de Rinkel, verificamos que a enunciação feminina se centra nos temas da maternidade, no tópico da infância, da repressão social sobre a mulher, em suma, no tratamento das limitações dos seres mais frágeis da sociedade, as crianças e as mulheres, em confronto com a violência da guerra, limitados e dominados pela sua periferia social e urbana.

No seu segundo livro, *Revelações*, encontramos uma voz mais amadurecida e sensualizada. Como o título indica, há revelação do sujeito e da sua relação com o mundo. A dedicatória do livro insiste sobre a condição da mulher. Aí lemos: "Às sofredoras. / Às batalhadoras. / Às Amantes da vida. / Às grandes mulheres. / Às verdadeiras mulheres. / Às que carregam o mundo nos seus ventres".[49] Nota-se, ao longo do livro, a aprendizagem da dor e do prazer de ser mulher e o fortalecimento do sujeito mediante esse conhecimento.

Emoções e abstracções é, até ao momento, o último livro publicado pela autora e revela um amadurecimento das emoções, nomeadamente dos sentidos físicos e de uma sensualidade mais assumida, como se pode ler no poema "Tu és": "Teu corpo / Minha perdição // Tua pele / cheiro a flor // Tua boca / sabor a mel // Teu olhar / verde e penetrante // Tu, minha casa / Meu destino".[50]

SÓNIA SULTUANE, UMA ESCRITA DA EMOÇÃO E DO PRAZER

Sónia Sultuane nasceu em Maputo, em 1971. Artista plástica, ela tem colaborado noutras disciplinas artísticas, como a instalação, a dança e a fotografia. Como poeta, conta com três obras publicadas, *Sonhos*,[51] *Imaginar o poetizado*,[52] *No colo da lua*[53] e, mais recentemente, *Roda das encarnações*.[54]

Em *Sonhos*, a poeta percorre o espaço que vai de si própria a uma outra em que se procura e desafia, "como queria ser a outra dos meus sonhos",[55] feminino sujeito que se quer intenso e pleno no seu sensitivo imaginário: "Menina ainda tornei-me mulher / enfrentei o mundo, e a mim mesma".[56]

Um percurso que corporiza, gradualmente, os sentimentos e, sensualmente, os convoca em todas as suas contradições: desejo, ausência, saudade, ilusão, sonho, distância, alegria, dor. Imaginando através das palavras as formas que têm os sentimentos, de tanto os sentir. Imaginando o amor, vivendo-o nessas imagens que ele encontra nos muitos espelhos da alma: "Amar-te é algo sem dimensão ou justificação / é viver sempre na imaginação / [...] / estar sempre a sonhar".[57]

Na sua segunda colectânea de poemas, a autora assume quase uma reivindicação da forma de sentir e do ser amoroso, ao escrever sobre a exaltação do prazer, a força erótica e a assumpção de um erotismo social e secularmente negado à mulher. Nessa perspectiva, os poemas de Sónia Sultuane são insinuantemente inconformistas pela sua temática sensorial e seu desnudamento emocional.

O poema "Africana" amplifica o tema da identidade, uma vez que tende a territorializar o feminino. Além dessa primeira identidade, e lembrando com alguma ironia o poema "Se me quiseres conhecer" de Noémia de Sousa, a poeta assume a sua africanidade: "dizes que me querias sentir africana / dizes e pensas que não o sou, / só porque não uso capulana, / porque não falo changana,/ porque não uso missiri nem missangas,/ deixa-me rir...".[58]

Quer esse poema desenhar um percurso identitário de abertura às diferenças de género, de raça, de língua e de cultura, num continente e num país que se caracterizam também pela coexistência harmónica de tal múltipla diversidade.

Interrogativa, reticente, dialogal, a voz de Sultuane percorre os poemas como o sangue nas veias de um corpo amoroso, palavras que são o próprio sujeito em acto de constituição e de revelação: "As palavras que te dou / são o que sou, / são o que sinto, / e como me sinto, / essas são as minhas palavras EU".[59]

No colo da lua é o terceiro livro de poemas de Sónia Sultuane. Há, nesses poemas, a procura de harmonia de um corpo que quase voa, elegante na sua aspiração ao sonho e à verdade, à pureza das sensações, à celebração do desejo. O poema que dá título ao livro diz-nos da apetência amorosa de expansão e abertura do sujeito ao mundo, da vontade da poeta de falar às estrelas, se aninhar no colo da lua, o mágico planeta da noite que transfigura o sonho em realidade:

> Quero olhar o céu / e contemplar a sua sombra dançando / na cadência do meu coração, / mergulhar no seu infinito, / no reflexo do azul esverdeado profundo, / sentir o cheiro do mundo percorrer-me as entranhas, / falar às estrelas prateadas, / sentar-me no colo da lua amando a imensidão do universo, / saboreando cachos de uvas pretas adocicadas, / para poder entregar-me a todos os sabores exóticos, / cantando e suspirando pela vida.[60]

TÂNIA TOMÉ, ENTRE A ENCENAÇÃO DA VOZ E O CANTO

Tânia Tomé nasceu em Maputo, em 1981, e publicou *Agarra-me o sol por trás*.[61] Em 2008, realiza e produz o espetáculo Poesia em Moçambique, em tributo a José Craveirinha, em que todas as artes interagem para tornar vivo o poema. Introduz o conceito de *showesia* (neologismo criado por ela) em Moçambique, com o qual se faz espetáculo de poesia com uma banda de músicos, ao lado da qual Tânia canta e recita poemas, havendo dramatização da poesia, dança da poesia, entre outras coisas. Em 2009, lança o primeiro DVD de poesia em Moçambique, com base no espetáculo Poesia em Moçambique. Em seguida, lança oficialmente a página www.showesia.com. Talvez essa partilha entre escrita e oralidade/música/encenação revele um dos traços mais originais da escrita da poesia feminina moçambicana actual. Com efeito, os poemas de Tânia Tomé oscilam entre a vontade do canto e a consciência da escrita numa desenvoltura criativa inesperada. O sentido da representação temática dilui-se na força das imagens e na força de uma voz que se procura.

O seu primeiro livro, publicado em 2010, surge com aparato gráfico inovador e os poemas terminam com o título no final em letras em caixa alta. Vejamos o início do poema de abertura:

> Um murmúrio de vozes em uníssono no meio da noite desperta-me, / os espíritos makwas kimoenes. / E o sonho meio sonâmbulo desata-se-me: / escorro numa chuva de pálpebras, uma estrela azul e luminosa / criva-me / o peito. / Grilos, uma orquestra, trilo na sombra. / É Deus/ que fecha os olhos na cor do espanto / para te ver?[62]

A força enunciativa dessa voz feminina é transbordante e os poemas, ora longos, com uma e duas páginas, ora mais curtos, parecem procurar esse lugar de origem em que a música se cruza com a palavra e se desfaz e refaz nela: "Meu poema infinito / Meu poema infinito / tu escreves-me tão bem: / esse amor todo nos teus dedos / escrevive-me exactamente / como me sonhei / POEMIM".[63]

Simultaneidade na erotização do som/música e do corpo do sujeito lírico: "E tu comigo, cá dentro, lá fora / amando-me na medida do ritmo / de um jazz cálido frenético. / Abraço do Índico, o piano / atravessa as fronteiras que nos distam, / recria o sopro do teu sax / no meu corpo".[64]

O segundo livro da autora, *Conversas com a sombra*,[65] é um pouco diferente do primeiro. Junta a fotografia a uma escrita de registo dramático; o livro lê-se entremeado de fotos de raízes de árvores antigas; é um cântico, unitário, em 32 fragmentos, que começa por perguntar: "Quem serei do que fui? Olhava à volta. E o algodão / crescia-me na carne, depressa como água / na areia, como o sol esquenta na palhota / da minha vida. Onde eu me exilei, eu / com mais meu futuro por vir".[66]

"M'bique", abreviatura de Moçambique, é a figura (nação, pátria, mulher?) que motiva o longo poema que se estende, ora como exortação, ora num fluir reflexivo que se alimenta do diálogo e da interpelação:

> M'bique? Sim é a Moça da minha vida.
> Sabor de cacana. Sabor amargo, mas que faz bem à alma,
> cura-me de mim, aquela dor de ser.[67]
> [...]
>
> Ah M'bique, falar dela é a emoção mais completa
> que vibra no alto. No alto do grito.
> No alto da estrela. Dentro.
> Eu nasci com ela com todo meu acredito.[68]

Escrito no feminino, em torno de uma biografia desejada e arquetípica, essa escrita faz nascer, renascer, o país em mulher encanto, natureza gestante, recuperação do sonho; um longo poema que mostra uma fusão entre a voz lírica e a narrativa, entre o singular e o plural do corpo social do país, em que o corpo feminino da nação e da poeta se sintonizam com os elementos naturais. Desejos de descoberta, de sentimentos individuais e colectivos, que coincidem numa ligação e partilhas íntimas:

> Quando eu conheci M'bique, eu nem apercebi. Vinha enredada em capulanas, até no rosto, as capulanas, como gaze. Nas suas mãos brilhavam inteiras as

sementes. E éramos tantos, todos as desejávamos como fruta despida para comer. Desejando-a em caroço para a ver.[69]

Um único poema, organizado entre imagem e voz. Uma voz oral, dramatizada, que ganha presença e encenação. Um livro bastante diferente do primeiro. Este é nitidamente mais discursivo do que *Agarra-me o sol por trás*, e, permeado de incursões narrativas, apresenta-se como um fluxo mais dramático, interpelativo e reflexivo.

HIRONDINA JOSHUA, METAPOESIA E MATERIALIDADE VERBAL

O livro inaugural de Hirondina Joshua, *Os ângulos da casa,*[70] remete para a questão da casa, considerando-se a casa como possessivo "minha casa", "cor local", literatura nacional, ou a casa do mundo, espaço de cruzamentos angulares, corpo em subjectivação de arco-íris literário. O livro de Hirondina Joshua tende a desprender-se da cor local, da afirmação da moçambicanidade, para se abeirar de uma completa e subjectiva incorporação do desejo da escrita e da circulação de sentidos.

Digamos que a poesia moçambicana, com esse muito belo livro de Hirondina Joshua, chega agora ao patamar de escrita em que não necessita de reclamar chão, identidade, origem telúrica, para se afirmar na sua mais pura e maravilhosa materialidade verbal.

Os "ângulos da casa" literária e artística, retomando o título da poetisa Hirondina Joshua, mostram a variabilidade de situações identitárias no campo da literatura num mundo em que se articulam cada vez maior número de pertenças, de redes e de projectos transnacionais. A casa poética moçambicana de Hirondina é também uma casa poética da língua portuguesa: veja-se a inclusão de citações de Adélia Prado, Herberto Helder, Mia Couto e Eduardo White, em que, sustentando uma voz própria, a autora recombina, sofisticadamente, estilos, tópicos, palavras e percursos desses poetas.

Ao recuperar uma tradição poética, Hirondina, do seu Alto-Maé, olha as línguas de fogo das literaturas de língua portuguesa e acende um rastilho vibrante de versos numa língua portuguesa, moçambicana, que fulgura e se reveste, com voz própria, em múltiplas dicções, pertenças literárias, transnacionais.

> [...] Falo-te daqui e noutra língua.
> Falo-te doutro lado de mim desta cultura individual repleta de
> Fronteiras,
> Atravessadas do que sou.
> Uma língua não é difícil, difícil é ser entendida.[71]

CONSIDERAÇÕES FINAIS

Considerando dois períodos históricos, o anterior à independência e o após esta, listamos inicialmente um conjunto de mulheres que escreve ficção e poesia em Moçambique. Posteriormente demonstramos, a partir das temáticas abordadas, que trânsitos ou movências históricas e artísticas podem ser estabelecidas entre diferentes poetisas moçambicanas.

Confirma-se, em função da proposta de leitura de Carmen Secco, que, antes da independência, os fundamentos da enunciação feminina da poesia moçambicana se alicerçaram com a escrita de Noémia de Sousa e com a de Glória de Sant'Anna. A primeira, com temáticas telúricas, de cariz contestatário e crítico da época colonial, e, no caso da segunda autora, com temáticas lírico-intimistas. Esse duplo registo diferencial de temáticas constitui o ponto de partida-matriz da escrita poética moçambicana.

O segundo inicia-se, na época pós-colonial, com Ana Mafalda Leite, que retoma o vínculo lírico-intimista da poesia de Glória de Sant'Anna, introduzindo a dimensão do sonho, do erotismo e da demanda identitária, que mais tarde surgem na poética de Sónia Sultuane. Nessa matriz também se colocam Cláudia Constance e Ana Paula Loureiro, entre outras.

A partir da matriz poética de Noémia de Sousa, vemos surgir a poesia de Rinkel, Deusa d'África e de Paulina Chiziane, ou mesmo Emmy Xyx, enquanto registo crítico de denúncia social e temas centrados na mulher.

Tânia Tomé de certa maneira combina várias tendências, a reivindicação da dimensão erótica no primeiro livro, aliada ao canto de louvação de um recém-nascido país-mulher, que se quer fecundo.

Por outro lado, a poesia de Hirondina Joshua inaugura uma celebração metapoética da materialidade verbal da poesia e convoca uma casa do mundo para os seus poemas, que transitam numa língua portuguesa intertextualmente iluminada.

Verificamos que os trânsitos poéticos que acontecem no século XXI são marcados por diferentes filiações estéticas, combinadas, com diferentes dicções, que vão desde a lírica à crítica social, passando pela narcísica exposição do corpo e seu ocultamento, até as temáticas relacionadas com a mulher e a sociedade, ou as da celebração da materialidade verbal da poesia como exercício de escrita, como se pode observar no caso da maioria das mulheres elencadas neste estudo.

Dos acervos nos quais consultamos a escrita de mulheres, tanto em prosa quanto em poesia, verificamos que ainda são muitas que carecem de publicação em livro, e que as antologias publicadas não tomam em consideração a questão da equidade de género.

Este estudo permitiu revelar que a produção literária feminina em Moçambique aumentou significativamente depois da independência, e assinalamos que o género literário de preferência é a poesia.

REFERÊNCIAS

ARTUR, Domingos do Rosário & JOÃO, Benjamim Pedro. *Antologia de jovens escritores de Manica*. Chimoio, UNOREMA, 2008.

ASSOCIAÇÃO DOS ESCRITORES MOÇAMBICANOS (ed.). *Antologia esperança e certeza – I*. Maputo, Aemo, 2006.

BARGA, Alex & INÁCIO, Stélio (org.). *Sonhos, caminhos & lutas*. Maputo, Moliju, 2015.

CHIZIANE, Paulina. *O canto dos escravos*. Maputo, Matiku, 2017.

D'ÁFRICA, Deusa. *Equidade no reino celestial*. Maputo, Ciedima, 2014.

D'ÁFRICA, Deusa; MIAMBO, Elísio & AMURES, Mucuruza Lily do (org.). *Vozes do Hinterland*. Luanda, Editora das Letras, 2014.

FONSECA, Maria Nazareth. "Literatura africana de autoria feminina: estudo de antologias". *Scripta*, vol. 8, n. 15, 2004, pp. 283-296.

JOSHUA, Hirondina. *Os ângulos da casa*. Maputo, Fundação Fernando Leite Couto, 2016.

LEITE, Ana Mafalda. *Em sombra acesa*. Lisboa, Vega, 1984.

_____. *Mariscando luas*. Lisboa, Vega, 1992.

_____. *Passaporte do coração*. Lisboa, Quetzal, 2002.

_____. *Livro das encantações*. Antologia. Maputo, Alcance Editores, 2010.

MANJATE, Lucílio & OKAPI, Sangare (org.). *Antologia inédita: outras vozes de Moçambique*. Maputo, Alcance Editores, 2014.

MENDONÇA, Fátima & SAÚTE, Nelson. *Antologia da nova poesia moçambicana*. Maputo, Associação dos Escritores Moçambicanos, 1989.

MUCAVELE, Amosse (coord.). *Arqueologia da palavra e a anatomia da língua*. Maputo, Literatas, 2013.

RIBEIRO, Margarida Calafate & VECCHI, Roberto (org.). *Antologia da memória poética da guerra colonial*. Porto, Afrontamento, 2011.

RINKEL, Márcia dos Santos. *Almas gémeas*. Maputo, Aemo, 1998.

_____. *Revelações*. Maputo, Aemo, 2006.

_____. *Emoções e abstracções*. Maputo, Aemo, 2011.

SABAMBA, Gustavo. *Soletras esse verso*. Beira, Fundza, 2018.

SANT'ANNA, Glória de. *Amaranto*. Lisboa, INCM, 1983.

SAÚTE, Nelson. *Nunca mais é sábado*. Lisboa, Dom Quixote, 2004.

SECCO, Carmen Lucia Tindó. *Antologia do mar na poesia africana de língua portuguesa do século XX*. Rio de Janeiro, Universidade Federal do Rio de Janeiro, 1999.

_____. "A voz, o canto, o sonho e o corpo – reflexões sobre poesia feminina em Moçambique". *In*: CHAVES, Rita (org.). *Passagens para o Índico: encontros brasileiros com a literatura moçambicana*. Maputo, Marimbique, 2011.

SOUSA, Noémia de. *Sangue negro*. Maputo, Aemo, 2001.

SULTUANE, Sónia. *Sonhos*. Maputo, Aemo, 2001.

_____. *Imaginar o poetizado*. Maputo, Ndgira, 2006.

_____. *No colo da lua*. Maputo, Ed. Autor, 2009.

_____. *Roda das encarnações*. Maputo, Fundação Fernando Couto, 2016.

TOMÉ, Tânia. *Agarra-me o sol por trás*. Maputo, Índico Editores, 2010.

_____. *Conversas com a sombra*. Maputo, Showesia, 2012.

WHITE, Eduardo. *Rostos da língua*. Maputo, 1999.

XITENDE, G. C. *A voz das minhas entranhas*. Maputo, Ciedima, 2014a.

_____. *Ao encontro da vida ou da morte*. Maputo, Ciedima, 2014b.

XYX, Emmy. *Espelho*. Maputo, Fundac, 2011.

_____. *Contar ser gregos*. Maputo, Ed. Autor, 2012.

_____. *De sol acções a sol unções*. Maputo, Ed. Autor, 2013.

_____. *Escritas na mão do mar à Ria*. Maputo, Ed. Autor, 2015.

NOTAS

1 Este texto foi resultado da participação conjunta das autoras no Colóquio Internacional Mulheres Africanas em Trânsito: Homenagem a Alda Lara (Flul--Clepul), realizado em novembro de 2018, e apresenta dados e informações até essa data.

2 Secco, 2011.

3 Fonseca, 2004.

4 Mendonça & Saúte, 1989.

5 Saúte, 2004.

6 White, 1999.

7 Associação dos Escritores Moçambicanos, 2006.

8 Artur & João, 2008.

9 Mucavele, 2013.

10 Manjate, 2014.

11 D'África; Miambo & Amures, 2014.

12 Barga & Inácio, 2015.

13 Sabamba, 2018.

14 Mendonça & Saúte, 1989.

15 Saúte, 2004.

16 White, 1999.

17 Associação dos Escritores Moçambicanos, 2006.

18 Joshua, 2016.

19 Sousa, 2001, pp. 49-50.

20 *Idem*, p. 136.

21 *Idem*, p. 126.

22 *Idem*, p. 185.

23 Secco, 1999.

24 Ribeiro & Vecchi, 2011.

25 Sant'Anna, 1983, p. 119.

26 Leite, 1984.

27 Leite, 1992.

28 Leite, 2002, 2010.

29 Sultuane, 2001.

30 D'África, 2014.

[31] Xitende, 2014a, 2014b.
[32] Xitende, 2014b.
[33] *Idem*, pp. 64-65.
[34] Xyx, 2011.
[35] Xyx, 2012.
[36] Xyx, 2013.
[37] Xyx, 2015.
[38] *Idem*, p. 32.
[39] *Idem*, p. 17.
[40] *Idem*, p. 16.
[41] *Idem*, p. 44.
[42] Chiziane, 2017.
[43] *Idem*, p. 19.
[44] *Idem*, pp. 32-33.
[45] Rinkel, 1998.
[46] Rinkel, 2006.
[47] Rinkel, 2011.
[48] Rinkel, 1998, p. 14.
[49] Rinkel, 2006.
[50] Rinkel, 2011, p. 28.
[51] Sultuane, 2001.
[52] Sultuane, 2006.
[53] Sultuane, 2009.
[54] Sultuane, 2016.
[55] Sultuane, 2001, p. 47.
[56] *Idem*, p. 15.
[57] *Idem*, p. 28.
[58] Sultuane, 2006.
[59] *Idem*, p. 29.
[60] Sultuane, 2009, p. 11.
[61] Tomé, 2010.
[62] *Idem*, p. 11.
[63] *Idem*, p. 41.
[64] *Idem*, p. 48.
[65] Tomé, 2011.
[66] *Idem*.
[67] *Idem*, p. 10.
[68] *Idem*, p. 14.
[69] *Idem*, p. 42.
[70] Joshua, 2016.
[71] *Idem*.

11

DE PEDRAS E PERDAS: DICÇÕES ELEGÍACAS PRESENTES NA POESIA DE ARMANDO ARTUR

Carmen Lucia Tindó Secco

À Ana Luísa, "menina de lá", como Muery.

Há uma ruga na pedra sulcada pela minha lágrima.[1]

A poética de Armando Artur, operando com sonhos, fatos e sentimentos, tanto individual quanto coletivamente, sempre esteve intimamente ligada à sua história pessoal e à de Moçambique. Conforme o poeta, em um de seus versos: "a palavra e o tempo andam de mãos dadas", porque, segundo ele, "a verdadeira história de um país é a história de sua literatura. [...] Porque a poesia encerra realmente todas as emoções de uma época. Portanto, poesia e história se confundem e se fundem em uma única melodia".[2]

Em 2009, quando estive em Maputo, realizando pesquisas para o meu pós-doutorado acerca das relações entre afeto e poesia, tive a oportunidade de entrevistar o poeta, que, a respeito, externou a seguinte opinião:

> Julgo que toda a poesia é uma poética de afetos. Mas não de desafetos, porque aí já não era possível haver poesia. Toda a imaginação para tomar forma, para ser real, tem de estar afetada. Eu diria mesmo que o realismo da poesia está justamente nos afetos. Sentir a dor que é minha, sentir a dor de outrem, tudo isto é resultado dos afetos. É a vida afetando o ser. Resumiria isto assim: a poesia dói como uma flecha encravada nas costas alheias.[3]

Um dos fundadores da revista *Charrua*, Armando Artur, ao lado de Eduardo White e de outros poetas e escritores, optou por um lirismo intimista, cujo discurso, literariamente elaborado, funcionou como antídoto aos *slogans* poéticos dos tempos guerrilheiros. A revolução deixou, assim, de ser tema e passou a se manifestar no campo formal da construção dos próprios poemas, urdidos em linguagem de apuro e esmero estético. Esses foram, em linhas gerais, os principais vetores da revista *Charrua*, que, em seus oito números, publicados entre 1984 e 1986, apresentou perspectivas plurais, coincidentes, entretanto, quanto à opção por um intenso labor metafórico dos versos, quanto à recusa de uma poética engajada e quanto à afirmação de uma lírica voltada para os meandros subjetivos da alma humana. Sintetizando a proposta de *Charrua*, trazemos palavras do próprio Armando Artur, quando o entrevistamos em 2009:

> Éramos um grupo de jovens com uma bagagem relativamente avançada em termos de leituras. Cada um trazia as suas referências. Discutíamos bastante e trocávamos livros. Tínhamos um bar, ao qual, depois, demos o nome de SILABAR, ali, na AEMO. Líamos nossos textos uns aos outros. Portanto, já sabíamos diferenciar o que era literatura e o que não era. Estávamos cansados da literatura panfletária, da chamada literatura revolucionária. E era preciso romper com os paradigmas literários impostos pela Revolução. Este foi, digamos, o fundamento do movimento literário *Charrua*. Nesse sentido, fomos, de certo modo, ousados. E triunfamos. Recuperámos o lirismo, recuperámos o EU poético, recuperámos a liberdade de imaginação, e recuperámos, inclusivamente, as técnicas universais de expressão literária e, por conseguinte, a beleza da escrita.[4]

Adepto do viés das emoções, Armando Artur canta os sonhos, as asas, a mulher e os desejos, principalmente em *Espelho dos dias*, sua primeira obra publicada. Ana Mafalda Leite, no ensaio "O múltiplo rosto das imagens: Armando Artur, sonho e poesia", define esse livro como "lugar da desconstrução da imagem habitual", como "um lugar subjetivo".[5] Menciona uma poética dos olhos, mas "olhos que espiam para dentro, olhos usados para ver os sonhos", como diria Mia Couto.[6]

(quintessência do amor)

Encontrei o sentido
obscuro de todas as coisas
quando o luar foi apenas
a imitação de teus olhos.

(mas confesso: aprendi
a amar-te na imaginação!).[7]

Em seu segundo título, *O hábito das manhãs*, os poemas de Armando Artur aprofundam ainda mais as paisagens interiores desenhadas no livro anterior.[8] Os sujeitos líricos buscam a memória das origens e a cosmicidade dos elementos da natureza: o sol, as águas, a luz, a terra, a maresia. Em sua leitura acerca dessa obra, Ana Mafalda chama atenção para "a viagem onírica e amorosa"; ou seja: para o "amor inventado pela imaginação".[9]

(CONFISSÃO)

Hoje, inesperadamente,
aconteceu-me o amor:

amo algo oculto
no teu nome de alga

amo o sentido nocturno
dos teus sonhos de búzio

amo o azul longínquo
dos teus olhos de água.

(amo-te, assim, inteira
e aberta como a flor
da acácia de maio.)[10]

No terceiro livro de Armando Artur, *Estrangeiros de nós próprios*, embora o eu poético continue insistindo em captar o "hábito das manhãs" e o flutuar das nuvens, percebemos nele uma desterritorialização dos antigos sonhos, pois em alguns poemas reflete sobre a época da guerra civil, trazendo para os versos metáforas da morte, do medo e do sentimento de exílio dentro da própria terra moçambicana. Melancólico, diante do "azul absurdo deste dia", escreve versos ao poeta Rui Nogar, cuja poesia, marcadamente utópica, sonhara com um mundo diferente. Em exílio no seu próprio tempo e espaço, o eu lírico, em intertextualidade com Rui Knopfli, se encontra "de novo acocorado":

PELO DEVER

de resistir e caminhar
pelos destroços da nossa utopia,
eis-nos aqui de novo, acocorados,
aqui onde o tempo para
e as coisas mudam.[11]

Lucílio Manjate observa haver, na poesia arturiana, "três signos que definem o que Rui Knopfli classificaria como um obstinado labor: ser, tempo e essência".[12] Herdeiro desse persistente e rigoroso lapidar estético característico da poética knopfliana, Armando Artur define "o tempo como invólucro do ser em busca de sua essência".[13] Assim, a essência do ser se plasma na cadência do fluir vital, mas, ao mesmo tempo, se transforma pela corrosão implacável do tempo que provoca metamorfoses nos rostos do poeta e dos poemas. Em permanente trabalho estético, o sujeito lírico, na senda de Knopfli, como um "escriba acocorado", se dobra sobre "a pedra dura do tempo" e sobre a superfície movediça da própria linguagem. Sua oficina de escrita revisita memórias do antigamente e repensa contradições do presente. De acordo com Fátima Mendonça,

> [...] na poética arturiana, há um eu que oscila entre profunda interiorização de si e o debruçar-se sobre os outros, o que resulta em duas manifestações: a

> do lirismo amoroso e a de um lirismo *ars poetica*. Essa última componente devolve à literatura moçambicana a configuração de poesia-artefacto de que Rui Knopfli foi o grande representante.[14]

Fátima, em diversos ensaios, elogia a qualidade poética de Armando Artur, caracterizada pela dialética entre um constante inovar do momento em que o poeta se encontra inserido e uma nítida continuidade em relação ao passado literário, lembrando que sua poesia

> [...] não surgiu isolada e constituiu, com a promessa que já era, inegavelmente, *Amar sobre o Índico,* de Eduardo White (1984), uma amostra do potencial estético da geração pós-independência, que não se furtava a uma herança literária particularmente rica e variada, e que circulava, então, em torno da Associação de Escritores Moçambicanos e da revista *Charrua*.[15]

Francisco Noa, em relação ao livro *Os dias em riste*, quarto título de Armando Artur, ressalta a leveza, o silêncio, o intimismo, a simplicidade e, ao mesmo tempo, a profundidade, o mistério e o encanto da criação: "A poesia magoa / como uma flecha encravada na consciência".[16] É, portanto, algo que emociona e, também, penetra o âmago do ser e faz pensar.

Vários críticos da obra de Armando Artur – em especial, Ana Mafalda Leite[17] – apontam a linhagem poética do autor vinculada a Sophia de Mello Breyner, a Alberto de Lacerda, a Glória de Sant'Anna, poetas do silêncio, da respiração contida. Principalmente a partir de *Os dias em riste*, o viés metalinguístico se intensifica e a escrita poética de Armando Artur se debruça sobre ela mesma, refletindo acerca das palavras, dos versos, da poesia, da existência.

> AOS POETAS
>
> Levamos conosco a memória
> coletiva da terra e dos homens.
> Somos os que acendem archotes
> não para verem a Lua em pleno dia,

mas os contornos do mar e da leveza da espuma.
Sabemos de cor o rumor do sangue
e a chama da sede que queima de longe.
Somos os que conhecem por dentro
o murmúrio das horas e a respiração das pedras
em noites de estio.[18]

A metáfora da pedra, lousa da escrita, assume um tom metapoético e também filosófico. No poema "A pedra filosofal",[19] o título sugere esse pendor reflexivo acerca do tempo, da vida e da morte. O medo da pedra expressa a fragilidade humana frente à corrosão temporal: o temor da perda, o receio da morte. Contudo, paradoxalmente, a pedra também metaforiza resistência e eternidade. É memória tão antiga "como a fundura dos séculos".[20]

O pudor da pedra
está na paciência do sol
que a aquece no frio.

O medo da pedra
está no silêncio que ela traz por dentro,
para não desdizer a sentença dos deuses.

A memória da pedra
está no pó inicial que lhe deu origem,
quando o nada se amotinou
e conquistou o vazio.

A idade da pedra
está no liame das suas asas.
Polida ou lascada, ela é antiga.

Tão sereno, o olhar da pedra,
como a fundura dos séculos.
Tão maleável, o corpo da pedra,

como a mão do Homem e do lume.
Tão recente, o nome da pedra,
como a própria invenção da fala.

Rosto despido é a língua da pedra.
Em rochedo ou montanha, ela existe.
E venceu a morte.[21]

Nesse poema, há intertextualidade com poetas brasileiros: Carlos Drummond de Andrade,[22] autor do poema "No meio do caminho", e João Cabral de Melo Neto, de *Educação pela pedra*.[23] Na poesia de ambos, a pedra é metáfora polissêmica que tanto representa entraves e obstáculos a serem vencidos na vida, como simboliza rigor e resistência da própria escrita poética. A pedra, na obra de Armando Artur, além desses significados, possui um teor filosófico, conforme indica o próprio título do poema citado, cuja elocução assume, também, um viés existencial, na medida em que realiza profundas reflexões sobre a vida, o tempo e a morte.

O quinto título de Armando Artur, *A quinta essência do ser*, data de 2004. Nesse livro, há poemas profundos, de rara beleza estética, nos quais o sujeito poético, metalinguisticamente, se dobra sobre sua própria oficina literária, indagando-se, de modo crítico e reflexivo, acerca do "tempo limpo", do rosto e do lugar da poesia.

Tempo Consentido

Em busca dum tempo limpo,
E justo como o lugar da poesia,
Desci os morros do absurdo
E cruzei as falésias do destino.
Mas o tempo é uma miragem, tão crassa,
Quanto este instante em que me busco.[24]

Os poemas de *A quinta essência do ser*, em sua grande maioria, enveredam pelas sendas da metapoesia, conforme já apontaram vários críticos moçambicanos, entre os quais o autor do prefácio do livro, Lourenço do Rosário, que diz: "Armando Artur, esta tua obra é poesia/ ensaio, ensaio sobre a própria essência de se ser poesia. Tu questionas, indagas e busca as razões de várias frustrações: amorosas, poéticas e até ideológicas".[25]

Em *Coração da noite*, sexto livro de Armando Artur, publicado em 2007, a esperança se encontra apagada. Uma dicção elegíaca de danos e desencantos perpassada por diversos poemas, como, por exemplo, os seguintes versos: "No coração da noite perdurou! / Meu canto, meu desenlace! / E meu liame com nada".[26] Há uma dolorida consciência das perdas: sociais, políticas, existenciais, humanas: "(Porque o pretérito há muito que se esvai. / E o hoje é este futuro que já é tão pouco / Quanto muito este sonho em nossas mãos.)".[27] A pedra, nessa obra, está também presente e remete à metalinguagem efetuada pelo sujeito lírico em constante trabalho crítico e agudo com sua oficina poética:

(O signo da pedra)

Pelos contornos da chama
Sei que a tarde se avizinha.
Agora as palavras se reanimam.
Para ressumar minha dilecção
Pelo chão duro da poesia
Estamparei em cada verso
O signo da pedra.[28]

Em relação a esse livro, tanto Leite como Noa ressaltam a intertextualidade, lembrando haver "a nomeação de autores de referência, ora de forma explícita, ora por meio de citação de versos, títulos e palavras emblemáticos que atestam forte legado literário incorporado pelo poeta".[29] Há, por conseguinte, na obra de Armando Artur, a par de sua simplicidade, uma gama imensa de conhecimentos e saberes reveladores de suas muitas leituras e da profundidade das reflexões emanadas de sua poética. Segundo o poeta e jornalista moçambicano Elton Pila, em artigo publicado na revista *Literatas*,

O "eu" em Armando Artur é uma confluência de muitos "eus", que se tornam "nós", a tentar buscar o real, o essencial do ser humano, algumas vezes raiando o filosófico, questionando o lugar do homem na sua dimensão singular na órbita da nação humana.[30]

Felizes as águas, sétimo livro do autor, é também título de um poema publicado em *A quinta essência do ser*. Nas duas obras, o poeta continua a criar poemas concisos. Canta paisagens da natureza e de sua interioridade, como também as águas da escrita, cujo fluir metaforiza sua busca constante da quintessência do amor, do ser e da linguagem:

Apaga a sede que é minha,

agora que os teus olhos
me lembram a respiração da chuva
e o teu corpo
o odor da terra molhada.[31]

As falas do poeta, oitavo título de Armando Artur, destoa, entretanto, um pouco dos demais. Segundo o próprio autor, em entrevista a Lucílio Manjate, publicada em *O rosto e o tempo*, é "um livro realmente muito diferente da linha que habituei os meus leitores. É um livro sarcástico, com poemas relativamente longos. É um livro igualmente amargo, face aos temas abordados".[32] Exemplo desse tom melancólico é o longo poema "Lugares apagados", dos quais são transcritos, a seguir, apenas os últimos versos:

Abjuradas são as paragens
Já deixadas para trás.
Dissolvam-se, então,
Todos os caminhos de regresso
Aos pretéritos imperfeitos.
Pois aqui as dores já não cabem
Nos rostos amanhecidos.[33]

Em *A reinvenção do ser e a dor da pedra*, nono livro de Armando Artur, a metáfora da pedra filosofal é retomada em poemas que propõem diálogos entre a natureza e a filosofia. Os elementos fundamentais – ar, água, fogo e terra – tecem o nascimento da vida e da poesia. Pedras e perdas pontuam a criação do mundo, acompanhando a construção da trajetória do ser em constante devir. Em "poemas-prosa", o sujeito poético inicia seu percurso declarando:

> Não sei o que havia antes do nada. Só sei que tudo começou quando o nada se amotinou contra o seu próprio nada. [...] No entanto, por causa da urgência de ser, no seu interior, ateou-se fogo e plasma. E foi quando expeliu ar e lume, lava e vapor de água que se transformaram em planeta terra.[34]

Assim, filosoficamente, o eu lírico, indagando-se acerca da origem da Terra, segue seu caminho reflexivo até o nascer do Homem: "Das suas águas apareceu a vida, esse mistério que o mar teima em esconder no eterno movimento das suas ondas";[35] "Da vida surgiu a família *Hominídea* e, desta, adveio o *Homo sapiens*".[36] Interrogando-se sobre o mistério de existir, o eu lírico "experimenta a morte em cada escolha",[37] em cada "grito que provém da dor".[38] Viajante do mundo e de si, enfrenta a "distância abstracta entre a pedra e a morte".[39] Superando ausências e perdas, chega, enfim, ao enigma da poesia, "reinventando-se no papel em branco".[40] Diz ele:

> Aqui estou, na vastidão assustadora deste papel em branco. Com ele partirei para uma difícil e solitária viagem pelos carreiros sinuosos de símbolos e significações. Mesmo sem destinatário, sou portador, entre pontos e vírgulas, das saudades e incertezas, e dos afectos prometidos nas noites impossíveis.[41]

Do mesmo modo que, na "folha vazia nasce o poema, sai do casulo a criação que voa e – declara o poeta – saem de dentro de mim viagens interiores como o amor". Esse é outro grande tema da *poiesis* de Armando Artur que atravessa toda a sua obra. "O amor faz parte da poesia da vida. A poesia faz parte do amor pela vida. Amor e poesia engendram-se mutuamente e podem identificar-se um com o outro".[42]

Em vários poemas, o sujeito lírico confessa: "o amor é meu verbo predilecto / conjugado em momentos / de exaltação e júbilo / e também de dor / e desventura".[43] São várias as formas de amor: à terra, ao mar, à pátria, aos semelhantes, à poesia, este designado, por ele, "amor poético",[44] cuja leveza é capaz de "convocar [...] o voo das aves".[45] Também para Edgar Morin,

> [...] a poesia não é apenas um modo de expressão literária, mas um estado segundo do ser que advém da participação, do fervor, da admiração, da comunhão, da embriaguez, da exaltação e, obviamente, do amor, que contém em si todas as expressões desse estado segundo. O estado poético nos transporta, através da loucura e da sabedoria, e para além delas.[46]

Pensando na história e na geografia de Moçambique, nas guerras, nas mortes e nas sequelas dos compatriotas que sofreram violências, o eu poético, criticamente, pergunta pelo lugar do amor em seu país.[47] Sua lírica dá, então, voz ao questionamento social; entretanto, não abre mão dos sonhos, da esperança, e, ao final do livro, no último "poema-prosa", traz, iluminada, a imagem de uma pira a arder, grávida de estórias a serem reinventadas por sua viagem lírica, em constante movência amorosa, declarando: "Eis-me, pois, no interior desta nave das mil e uma noites, em busca da metáfora exacta das lendas e da fogueira acesa".[48]

O amor tem capacidade de reanimar a pedra e injetar poesia nas perdas. Perdas que são, em geral, matéria da elegia, composição poética associada ao pranto pela morte de um ente querido ou a um acontecimento doloroso. A elegia pode se referir a outras espécies de perdas, gerando saudade, nostalgia, pena, angústia, tristeza. Derivada do grego – especificamente, do termo *élegos*, que significa "canto triste, melancólico" –, pertence ao gênero lírico e caracteriza-se por intensa subjetividade e pela musicalidade dos versos.

Muery, elegia em si maior, como alude o próprio título, é um canto elegíaco dedicado a Milena e, também, a aqueles que perderam um ente saído de si e aos artistas plásticos de Moçambique. Nessa obra, décimo título de Armando Artur, poesia, pintura e música se entrelaçam. Na capa do livro e na antecena dos poemas, Muery vai sendo desenhada pelo pincel de Gemuce, pintor moçambicano conhecido por suas aquarelas. Pela técnica do *sfumato* – gradação de tonalidades esfumadas, matizadas –, Muery vai ganhando cor e forma, tanto nas telas iniciais como nos poemas. Sai das brumas quase apagadas da memória do sujeito poético e vai adquirindo corpo e nitidez, tecida por versos elegíacos, cuja "propriedade é a de embalar a tristeza pelo canto".[49]

Figuras 1 e 2: Aquarelas do artista plástico moçambicano Pompílio Hilário Gemuce feitas especialmente para ilustrar o livro *Muery*, de Armando Artur, publicado pela Editora Cavalo do Mar.[50] Fonte: Artur, 2019, pp. 8-9.

A menina Muery emerge dos fumos afetivos da memória do sujeito poético e, pela imaginação criadora deste, renasce pela arte, transformada em deusa, em poesia. Seu retrato vai sendo esboçado por uma escrita lírica perpassada por silêncios e símbolos, por uma *insustentável leveza* de ser e não ser. Muery traz no nome o luar de julho e o frescor da chuva, da água, do vento. O eu lírico, captando sua luz, vai pintando, com tons leves e palavras, sua existência que, entre humana e divina, paira na tela sempre incompleta da poesia.

Figura 3: Aquarela de Gemuce.[51] Fonte: Artur, 2019, p. 10.

Todavia, "a perfeição de uma obra está justamente no seu inacabamento";[52] assim reflete o poeta, em profunda metalinguagem acerca da eterna tensão entre criador, criação e obra criada. E continua: "Sim, Muery é nome de lua, na minha e nossa linhagem. Muery é sinónimo de mês, na linguagem humana, ou seja, no linguajar mais simples e poético, oriundo do Rio dos Bons Sinais, ao alto do Namuli".[53]

O monte Namuli, localizado na Zambézia, é a segunda montanha mais alta de Moçambique. Paisagem de verdes exuberantes, é nascente de vários rios, entre os quais o Quelimane, também chamado Rio dos Bons Sinais. Esse rio, cujo nome é título de um livro de Nelson Saúte – publicado, no Brasil, em 2007, pela editora Língua Geral, e, em 2012, em Portugal, pela editora Dom Quixote –, carrega, em seu imaginário mítico, a lembrança de cerimônias fúnebres, "de mortos que permanecem vivos como eternos sussurradores de luzes e lendas".[54] Segundo a tradição local dessa região moçambicana, "à entrada dos rituais de enterro, há uma bacia de água para que todos lavem as mãos".[55] Expurgam, de tal modo, o luto, para voltarem à vida.

Ao evocar esse rio em seus versos, Armando Artur lava as palavras para exumar o nojo, aplacar a perda, estimular os sonhos. O poeta sabe (como Eduardo White também sabia) que "toda existência advém do exercício pleno da vontade de ser ave".[56] Transforma, desse modo, sua "perpétua dor em dó maior" nessa "elegia em si maior", sintagma polissêmico que pode ser lido de duas maneiras: "si", pronome pessoal reflexivo, expressando mergulho interior para ultrapassar a dolorosa perda, e "si maior", a escala tonal mais larga, formada por cinco sustenidos, cujas musicalidade e amplitude se elevam, fazendo o canto voar.[57]

Muery, assim, emerge das "cinzas da memória",[58] transmigrada em deusa, ave e luar. Ultrapassa lápides e lutos, excede o próprio criador e o mistério da criação, ficando gravada para sempre nas leves – mas perenes – telas da arte e da poesia, porque, citando o próprio Armando Artur, "os deuses nunca morrem, [...] viajam assim mesmo. Simplesmente pegam fogo e ardem na sua eternidade".[59]

Não poderia encerrar este ensaio sem, antes, fazer referência à antologia *Armando Artur: o rosto e o tempo*, organizada por Lucílio Manjate e publicada, em Maputo, pela editora Alcance, cujo objetivo maior foi celebrar os 35 anos da carreira poética de Armando Artur, cuja poesia, densa, concisa, de grande qualidade estética, contribui(u), em seu longo percurso, de forma bastante significativa, para a consolidação do sistema literário moçambicano.[60]

Conforme o editor Rui Rocha ressalta, em nota introdutória, a antologia possui uma organização peculiar, pois Lucílio Manjate estruturou a edição em dois momentos enriquecedores: o primeiro com farta e rigorosa seleção de poemas dos livros (publicados entre 1986 e 2019) de Armando Artur, baseada em estudos analíticos de Francisco Noa, Ana Mafalda Leite e Ildenes Maria de Oliveira, as duas últimas estudiosas que prefaciaram a obra em questão; o segundo com depoimentos e entrevistas de escritores e poetas que conviveram com o homenageado e leram sua poesia.

Ana Mafalda Leite, em seu prefácio, exalta o apuro lírico de Armando Artur e ressalta que "*O rosto e o tempo* é uma forma de ler a poesia do poeta moçambicano, salientando a sua especial vertente da brevidade, aforístico-contemplativa, lírico-filosófica, elemental e atemporal".[61] E ainda acrescenta, assim, sua apreciação acerca da mencionada antologia:

> [...] os poemas que aqui se apresentam cruzam a dimensão confessional, elegíaca, amorosa, questionando também as fracturas do sujeito consigo mesmo, em processo de autorrepresentação com o tempo e com o mundo, nesse abraço que a poesia nem sempre consegue ajustar.[62]

Ildenes Maria de Oliveira chama atenção para inúmeras intertextualidades presentes na poesia de Armando Artur, que dão ao poeta uma dimensão cosmopolita: "Sophia de Mello Breyner Andresen, Camões, Shakespeare, Rui Knopfli, Manuel Bandeira e Verlaine, entre outros".[63]

Entre os poetas charrueiros com quem Armando Artur conviveu, Ungulani Ba Ka Khosa e Marcelo Panguana deram seus depoimentos, destacando aspectos enaltecedores da personalidade de Armando Artur, mas não só, pois realçam a qualidade da sua apurada oficina literária. Ungulani diz o seguinte:

> Poeta maiúsculo, bebedor das quintessências, com o coração embriagado pelas noites, e com o inadiável hábito de ver o sol irradiando nas manhãs do oriente das águas felizes do Índico, e tocar as plantas e flores, sentindo a cacimba humedecer-lhe as mãos.[64]

Para Marcelo Panguana, a poesia confere ao poeta de *O rosto e o tempo* "o privilégio de ser o intérprete desta intrincada sociedade cada vez mais necessitada de palavras que sensibilizem, mobilizem e subvertam as mentalidades".[65] Em riste, constantemente, o verbo poético de Armando Artur busca a "quintessência do amor" e a leveza criadora da imaginação, sem, entretanto, perder a consciência social e política e a dimensão existencial que nos faz humanos.

REFERÊNCIAS

ANDRADE, Carlos Drummond de. "No meio do caminho". *Alguma poesia*. São Paulo, Companhia das Letras, 2013.

ARMANDO, Artur. *Espelho dos dias*. Maputo, Associação dos Escritores Moçambicanos, 1986.

____. *O hábito das manhãs*. Maputo, Associação dos Escritores Moçambicanos, 1990.

____. *Estrangeiros para nós próprios*. Maputo, Associação dos Escritores Moçambicanos, 1996.

____. *Os dias em riste*. Maputo, Associação dos Escritores Moçambicanos, 2002.

____. *A quinta essência do ser*. Maputo, Imprensa Universitária da UEM, 2004.

____. *No coração da noite*. Maputo, Texto Editores, 2007.

____. *A reinvenção do ser e a dor da pedra*. Maputo, Cavalo do Mar, 2018.

____. *Muery: elegia em si maior*. Maputo, Cavalo do Mar, 2019.

COUTO, Mia. *Estórias abensonhadas*. Lisboa, Caminho, 1994.

GEMUCE, Pompílio Hilário. "Aguarelas". *In:* ARTUR, Armando. *Muery: elegia em si maior*. Maputo, Cavalo do Mar, 2019, pp. 8-10.

GONÇALVES, Guilherme de Sousa Bezerra. "Modalizações elegíacas na cena poética moçambicana". *Mulemba*, vol. 13, n. 2, ago.-dez. 2015, pp. 100-112.

____. *José Craveirinha e os relicários da palavra*. Faculdade de Letras, Universidade Federal do Rio de Janeiro, Rio de Janeiro, 2018 (Tese de Doutorado).

KADIR, Momed. *Impaciências & desencantos*. Maputo, Associação dos Escritores Moçambicanos, 1997.

KNOPFLI, Rui. *O escriba acocorado*. Lisboa, Livraria Morais, 1978.

LEITE, Ana Mafalda. *Oralidades & escritas pós-coloniais: estudos sobre literaturas africanas*. Rio de Janeiro, EdUERJ, 2012.

LOPES, Pedro Pereira. "Entrevista Armando Artur: 'A poesia magoa'". *Revista Literatas*, 30 nov. 2018. Disponível em <https://literatasmz.org/post-detail/172>. Acesso em 6/6/2021.

MANJATE, Lucílio (org.). *Armando Artur: o rosto e o tempo*. Maputo, Alcance, 2021.

MAULPOIX, Jean-Michel. *Du lyrisme*. Paris, Éditions Corti, 2000 (Collection En lisant en écrivant).

MELO NETO, João Cabral de. *Educação pela pedra*. Rio de Janeiro, Alfaguara, 1966.

MENDONÇA, Fátima. *Literatura moçambicana: as dobras da escrita*. Maputo, Ndjira, 2011.

MORIN, Edgar. *Amor, poesia, sabedoria*. Trad. Edgar de Assis Carvalho. 7. ed. Rio de Janeiro, Bertrand Brasil, 2005.

NOA, Francisco. *Literatura moçambicana: memória e conflito. Itinerário poético de Rui Knopfli*. Maputo, Universidade Eduardo Mondlane/Livraria Universitária, 1997.

_____. "Sobre Armando Artur". *Ma-schamba*. Maputo, 7/10/2007. Disponível em <http://ma-schamba.com/literatura-mocambique/1878/>. Acesso em 4/6/2021.

_____. *A letra, a sombra e a água: ensaios & dispersões*. Maputo, Texto Editores, 2008.

_____. *Perto do fragmento a totalidade: olhares sobre a literatura e o mundo*. São Paulo, Kapulana, 2015.

OLIVEIRA, Ildenes Maria de. "A poesia de Armando Artur". *In*: MANJATE, Lucílio (org.). *Armando Artur: o rosto e o tempo*. Maputo, Alcance, 2021, pp. 14-15.

ONDJAKI. *Materiais para confecção de um espanador de tristezas*. Lisboa, Caminho, 2009.

PILA, Elton. "Um olhar a obra de Armando Artur, o vencedor do Prémio José Craveirinha". *Revista Literatas*, 12/5/2021. Disponível em: https://literatasmz.org/post-detail/5507. Acesso em 3/6/2021.

SAÚTE, Nelson. *Rio dos bons sinais*. Alfragide, Dom Quixote, 2012.

SECCO, Carmen Lucia Tindó. *Afeto & poesia. Ensaios e entrevistas: Angola e Moçambique*. Rio de Janeiro, Oficina Raquel, 2014.

NOTAS

1 Ondjaki, 2009, p. 51.
2 Artur *apud* Secco, 2014, p. 111.
3 *Idem*, p. 110.
4 *Idem*, pp. 108-109.
5 Leite, 2012, p. 289.
6 Couto, 1994, p. 16.
7 Artur *apud* Manjate, 2021, p. 68.
8 Artur, 1990.
9 Leite, 2012, p. 290.

[10] Artur, 1990, p. 25.
[11] Artur, 1996, p. 53.
[12] Manjate, 2021, p. 53.
[13] *Idem, ibidem.*
[14] Mendonça, 2011, p. 180.
[15] Mendonça *apud* Kadir, 1997, p. I.
[16] Artur, 2002, p. 35.
[17] Leite, 2012, p. 292.
[18] Artur, 2002, p. 51.
[19] *Idem*, p. 34.
[20] *Idem, ibidem.*
[21] *Idem, ibidem.*
[22] Andrade, 2013.
[23] Melo Neto, 1966.
[24] Artur, 2004, p. 28.
[25] *Idem*, p. 6.
[26] Artur, 2007, p. 9.
[27] *Idem*, p. 62.
[28] *Idem*, p. 50.
[29] Noa, 2007.
[30] Pila, 2021.
[31] Artur, 2008 *apud* Manjate, 2021, p. 142.
[32] Manjate, 2021, p. 55.
[33] Artur, 2012 *apud* Manjate, 2021, p. 142.
[34] Artur, 2018, p. 13.
[35] *Idem*, p. 15.
[36] *Idem*, p. 16.
[37] *Idem*, p. 25.
[38] *Idem*, p. 24.
[39] *Idem*, p. 32.
[40] *Idem*, p. 18.
[41] *Idem*, p. 39.
[42] Morin, 2005, p. 9.
[43] Artur, 2018, p. 49.
[44] *Idem*, p. 52.
[45] *Idem*, p. 53.
[46] Morin, 2005, p. 9.
[47] Artur, 2018, p. 62.
[48] *Idem*, p. 72.
[49] Maulpoix, 2000, p. 189.
[50] Artur, 2019, pp. 8-9.
[51] *Idem*, p. 10.
[52] Artur, 2019, p. 47.
[53] *Idem*, p. 33.
[54] Saúte, 2012, contracapa.

[55] *Idem*.
[56] Artur, 2019, p. 37.
[57] *Idem*, p. 66.
[58] *Idem*, p. 67.
[59] *Idem*, p. 66.
[60] Manjate, 2021.
[61] Leite *apud* Manjate, 2021, p. 15.
[62] *Idem*, p. 17.
[63] Oliveira *apud* Manjate, 2021, p. 14.
[64] Ungulani *apud* Manjate, 2021, p. 21.
[65] Panguana *apud* Manjate, 2021, p. 24.

12
CRAVEIRINHA, A MESSE E OS OPERÁRIOS: CINCO TRABALHOS QUE NÃO SÃO DE HÉRCULES

Francisco Topa

É bem sabido que José Craveirinha se revelou sempre pouco cuidadoso com a recolha e publicação dos seus textos. No "Pórtico" da edição ampliada de *Maria*, justifica-se com a sua "congénita mandriice"[1] e lembra a advertência que Rui Knopfli lhe fizera em tempos: "Tu escreves, escreves e não publicas. Qualquer dia corres o risco de passar como plagiador dos teus plagiadores".[2] Depois da sua morte, o movimento editorial dos textos confirma essa observação: até ao momento, salvo o erro, foram publicados mais seis volumes, recolhendo dispersos e inéditos. Ao nível da poesia, saíram, em 2004, os volumes *Poemas da prisão* e *Poemas eróticos*; em 2012, *Tâmaras azedas de Beirute* e *Vila Borghesi e outros poemas de viagem*; e, em 2018, *Moçambique e outros poemas dispersos*. Veio também a lume, em 2009, um conjunto de artigos sobre *O folclore moçambicano e as suas tendências*.

Apesar desses bons sinais, há uma série de problemas que persistem e que prejudicam a leitura e a recepção do poeta maior de Moçambique. O mais imediato é o do acesso à obra: quase todos os volumes estão esgotados (muitos deles, há muito) e têm (ou tiveram) circulação limitada aos dois principais espaços por onde se tem repartido a edição da obra de Craveirinha: Portugal e Moçambique. Outras questões dizem respeito às opções gráficas, aos desacertos de alguns desses volumes e à falta de uma edição integral que os reúna. Uma boa forma de comemorar o centenário do autor seria resolver esse obstáculo (ou, pelo menos, começar), que não é o único.

Do meu ponto de vista, há pelo menos cinco tarefas que devem ser executadas paralelamente, de preferência por uma equipa de especialistas de boa vontade, dispostos a sacrificar algo do seu tempo para dar a ler e restituir o brilho à obra de um escritor e cidadão que, para além de grande figura da literatura moçambicana, é elemento importante para entendermos muitos aspetos do passado mais ou menos próximo e do futuro de Moçambique e Portugal. Ao contrário do que possa parecer, esses trabalhos não são de Hércules – não só pelo facto de serem cinco, e não doze, mas, sobretudo, por serem muito mais exequíveis e não requererem nenhum herói.

1. Sendo José Craveirinha conhecido, sobretudo, como poeta – embora outras facetas suas sejam também importantes, como irei sublinhar mais à frente e como, de resto, é conhecido –, a tarefa mais evidente e imediata é a recolha dos poemas dispersos por publicações periódicas e nunca publicados em livro (não falo nos textos verdadeiramente inéditos, na medida em que esses, a existir, estarão na posse da família e a ela caberá o seu tratamento). Ora, mesmo tendo feito um trabalho de levantamento pouco mais que preliminar, creio que não são poucos os poemas nessas circunstâncias. Limitar-me-ei a apontar cinco exemplos, todos provenientes de *O Brado Africano*.

O primeiro saiu a 2 de abril de 1955 e parece referir-se à obra que inaugura a moderna ficção moçambicana, *Godido e outros contos*, de João Dias, publicada postumamente, três anos antes, em 1952:

In memoriam

Godido
trazia Umbeluzis de esperança fermentando
na ânsia das horas das mãos dadas
mas era cedo ainda para os sonhos de Godido.
        Godido
        ficou à esquina da rua dos sonhos
        sentimentalmente
        envenenado de desespero.

Na infinita rua dos sonhos de Godido
veio o pesadelo
e levou-o.[3]

O segundo saiu a 31 de dezembro do mesmo ano de 1955 e, nele, o sujeito proclama a sua diferença face a Cristo:

Quase poesia

Jesus Cristo
sofreu prégando Paz e Amor
e perdoou

Mas homem que eu sou
não encontro Deus em mim

Deus é Deus
e Deus nunca enraivou.[4]

O terceiro veio a lume a 3 de março de 1956, voltando a ser publicado, quatro anos depois, numa antologia da Casa dos Estudantes do Império:

Paragem

Sobe um rumor de pedras em vaga
da carvoeira
e os homens lá.

        Sobe um rumor
        e na repartição
        a menina burguesa vampiriza a expressão
e julga que vive.

Da carvoeira...
sobe um rumor.[5]

O poema seguinte figura na edição de 31 de março de 1956 do mesmo jornal e vem dedicado ao futuro pintor António Bronze (Lourenço Marques, 1935 – Ferragudo, Algarve, 2003), que partira, no ano anterior, para a metrópole, onde frequentaria a Escola de Belas Artes do Porto, entre 1955 e 1962:

Partida

Para o António

Naquele dia
o sol parecia igual
exactamente igual ao sol dos outros dias.

A manhã amarela e verde
a doce manhã quente das folhas de cajueiros brilhando
também parecia igual às outras manhãs quentes
de homens e mulheres indo e vindo
cantando e carregando
apertando capulanas nas barrigas grávidas
caminhando na manhã quente da Munhuana.

Mas irmão António Bronze
o tantam dos batuques na sua alma de branco nosso irmão
sentiu o coração crescer de desespero
sentiu crescer de desespero o coração
e curvando a fronte pálida de quem vai para muito longe
deixou os seus olhos azuis de esperança
fundir em lágrimas quentes
como a manhã amarela e verde de cajueiros brilhando
o grito maravilhoso de ser branco e nosso irmão
ser branco e nosso irmão igual na terra da manhã quente.

Naquele dia
o sol parecia igual
exactamente igual ao sol dos outros dias...
Mas a manhã amarela e verde

a doce manhã quente dos cajueiros brilhando
de homens e mulheres indo e vindo
cantando e carregando
apertando capulanas nas barrigas grávidas
caminhando na manhã quente da Munhuana...

Ah, naquele dia...
Nosso irmão branco igual a nós
Nosso irmão branco António Bronze[6]
soluçou no imenso desespero de partir
e a paisagem amarela e verde dos caminhos de areia
transformou-se.[7]

O quinto e último poema vem incluído no número de 6 de julho de 1957 e talvez tenha constituído uma versão anterior de "Quando o José pensa na América", um texto datado de agosto de 1958 e bem mais longo (107 versos contra os 39 iniciais), vindo a público em *Moçambique e outros poemas dispersos*:

Quando eu penso na América...

Quando eu penso na América
não vejo os arranha-céus no bairro de Manhattan
não, não vejo os arranha-céus de Manhattan
quando penso na América.

Há um som de "spiritual"
uma velha voz de "spiritual" que chora no trompete de Armstrong
uma a uma canções geradas no tempo da escravidão
quando eu era apenas Sambo gemendo no porão.

Mesmo assim quando penso na América
esqueço
juro pelos espíritos dos meus antepassados Sambos, juro
a magia inconfundível do trompete de Armstrong
nas noites longínquas e familiares de Harlem.

Quando penso na América...
nem o calendário da branca Marylin Monroe vale quinhenta
(quem é Marylin Monroe, afinal?)
o que é ela ao pé de minha irmã Marian Anderson
ou de Paul Robeson, meu irmão também?
ou mesmo de negra Rosa, casiadora da Munhuana?

O que é Marylin Monroe senão um simples calendário?

Quando penso na América
vou dizer porque é que eu fico tão contente
e não vejo arranha-céus nem Marylines
nem fitas em série bobinadas em Hollywood.

Vou dizer por que eu não sinto Marylin
nem Manhattan
e sòmente sei que Deus é Deus para toda a raça
(minha raça negra, também)
quando penso que o maior embaixador da paz
vem em películas de celuloide
e move-se nos "écrans" de todo o mundo
transformado em rato Mickey
Quando penso na América
as fábricas de Cadilaques e Marylines
não valem sequer
as mãos maravilhosas de um branco chamado Walt Disney.

Agora
já todos sabem o que eu penso
quando penso na América.[8]

2. O segundo trabalho consiste no levantamento e recolha de versões saídas em jornal de poemas mais tarde recolhidos em livro. Embora, de um modo geral, tais variantes não sejam necessárias para a fixação do texto, elas fornecem elementos importantes para estudos de crítica genética, ajudando, assim, a caracterizar o trabalho criativo de Craveirinha. Limitar-

-me-ei a apresentar três exemplos de poemas curtos, dispondo as versões lado a lado, de forma a facilitar a compreensão das diferenças.

Comecemos com um poema saído em *O Brado Africano* de 30 de abril de 1955 e que integraria, depois, com título diferente e mais algumas alterações, *Karingana ua Karingana*:

Progresso	Suelto[9]
No laboratório o lobo dirige a radioactividade e concentra o cobalto.	No laboratório o lobo dirige a radioactividade[10] e concentra o cobalto.
E na **I**greja**...** pequenos esqueletos juntam **metacarpos** **e aprendem** catecismo.	Na igreja pequenos esqueletos juntam no catecismo os metacarpos e rezam.

Vejamos agora o caso do poema que em *Karingana ua Karingana* surge sob o título de "2.ª Ode ao Inverno" e que tivera uma versão anterior em *O brado africano* de 25 de junho de 1955:[11]

1.ª Ode ao Inverno	2.ª Ode ao Inverno
Fora... **A** cacimba enche a noite africana de trev**a** branc**a** e os faróis do "Buick" abrem caminho à forç**a**	Fora a cacimba enche a noite africana de trevas brancas e os faróis do Buick abrem caminho à força.
Dentro do "xigubo"[12] na hora dos cansaços dormentes **os** fogareiros **acesos de** carvão **libertam** os negros suavemente**...**	Nas noites de xigubo sem manta insofismáveis fogareiros a carvão com seus hálitos predestinados põem os negros em coro definitivo muito fora dos invernos suavemente.

O último exemplo diz respeito ao texto que em *Karingana* figura com o título de "3.ª ode ao Inverno"[13] e que, apesar de aí vir datado de 1955, tem uma versão que parece anterior, vinda a lume em *O Brado Africano* de 28 de julho do ano seguinte:[14]

2.ª **Ode** ao Inverno	3.ª Ode ao Inverno
Na terra dos trópicos palmeiras alongadas contra o fundo azul fosco e "Polana-beach" **para** os turistas de ocasião	Na terra dos trópicos palmeiras alongadas contra o fundo azul-fosco e "Polana-beach" com turistas de ocasião.
Na terra dos trópicos ("Coca-cola" bem gelada) e nas paredes transparentes das montras as "xiganda-bongolo" feiticeiramente **abrindo** as almas escondidas dos homens das sacas de fundas cobiças **chumbadas** em arrepios de frio	Na terra dos trópicos (Coca-cola bem gelada) e nas paredes transparentes das montras as "xiganda-bongolo" feiticeiramente cobrindo as almas escondidas dos homens no calor das sacas vestidas e fundas cobiças chumbando-os em arrepios de frio.
Na terra dos trópicos... ("Coca-cola" bem gelada) e cansaços áfricos contra as duras paredes de vidro **da cidade maquilhada e sem alma**.	Na terra dos trópicos (Coca-cola bem gelada) e cansaços áfricos contra as duras paredes de vidro citadinas com menos coca e mais cerveja.
	1955

3. Uma terceira tarefa consiste na inventariação dos muitos textos em prosa que Craveirinha publicou ao longo da vida em jornais e revistas. São escritos de diversa natureza que talvez possam ser globalmente designados como crónicas, embora assumam muitas vezes a forma de artigo de opinião ou de ensaio curto. Até ao momento, só uma pequena parte do conjunto foi publicada: em 1999, ainda em vida do autor, saiu *Contacto e outras crónicas*; uma década depois, como já foi referido, veio a lume *O folclore moçambicano e as suas tendências*; e, nova década volvida, Luciana Batista Vieira, na sua dissertação de mestrado, editou os textos publicados por Craveirinha em *A Tribuna* entre 1962 e 1964. Paralelamente, surgiram, também, estudos parcelares, a começar pelo de Nuno Domingos, que, na sua tese de doutoramento, se ocupou das crónicas do autor de *Cela 1* sobre futebol.[15] Também eu, num trabalho de 2020, me ocupei de uma interessante polémica que o poeta moçambicano travou na imprensa a propósito da expressão "galinha à cafreal", através da qual antecipou, em quase meio século, uma discussão que só há pouco chegou a Portugal.

Daquilo que pude ver nos jornais que consultei, talvez não se justifique a publicação (pelo menos em livro) de todos esses textos dispersos, embora seja inequívoco que a sua releitura é indispensável para a compreensão de aspetos da obra poética de Craveirinha e, sobretudo, da sua faceta de cidadão esclarecido e participante. Veja-se, por exemplo, a defesa que ele faz de *O Brado Africano* em "A imprensa e a sua força":

> *O Brado Africano* tem a seu cargo tarefa pesada e infelizmente incompreendida por grande parte dos que mais o deviam acarinhar e auxiliar. A missão do *Brado Africano* não é meramente comercial. Não é noticiosa. *O Brado Africano* é o porta-voz dos naturais de Moçambique, o seu representante. A ele (jornal) cumpre manter uma posição especial como órgão do pensamento do africano em particular, visto que é no seio das populações nativas que ele possui a expansão que nenhum outro periódico disfruta. Os assuntos que edita nas duas línguas (Português e Ronga) são, por assim dizer, a comunicação dos naturais, a sua voz expressa e difundida em letras de forma. Por isso *O Brado Africano* precisa viver, não vegetar.[16]

Ou o que escreve a propósito de uma notícia relativa a um espetáculo circense em que era exibida uma mulher com uma só perna:

> Todos os dias aquela mulher deve sentir a angústia de morrer lentamente sob os olhares dos que vão ao circo divertir-se e o seu coração deve sangrar, porque o seu coração não nasceu deformado como o seu corpo. Onde estão os sentimentos de humanidade, do ser humano que expõe e goza o infortúnio do semelhante? Onde está o sentimento de humanidade do Homem, que não tem pejo de ser empresário da desgraça? Ah! Humanidade miserável![17]

Alguns desses textos são também interessantes porque nos mostram aspetos menos conhecidos de uma primeira fase do pensamento político--social de Craveirinha. A título de exemplo, veja-se esta passagem de um artigo intitulado "Uma presença que é necessário olhar com simpatia: o europeu na área dos subúrbios":

> Ao observador menos atento, parecerá que o europeu residindo em áreas suburbanas, social e culturalmente desce, mas tal conclusão não só é extemporânea como inadmissível à luz da lógica. A contrapor a ela temos que o europeu cede a sua cultura mas não para descer, antes para que o africano ascenda até ele, mercê de convivência com manifestações superiores de civilização. Assim, não deve ser olhada suspicazmente a fixação do elemento europeu nas áreas da Munhuana, Chamanculo, Xipamanine, etc., visto ser essa a forma mais bela de o próprio povo colaborar na cruzada de valorização e catequização do africano. Posta a questão em aberto, julgamos poder colocar dentro dela a reprovável atitude de muitos africanos que ao conseguir certo desafogo económico fogem das áreas residenciais onde sempre viveram, *emigrando* para outras, pendurando-se em *flats*, sacrificando espaço vital para os filhos que se vêem comprimidos entre paredes, na idade em que ar, luz e espaço livre significam imenso para o seu desenvolvimento físico e mental.[18]

4. Um outro trabalho que importa levar a cabo tem a ver com o enquadramento jornalístico-histórico de alguns poemas de Craveirinha. Essa tarefa se justifica pelo fato de haver um conjunto de textos – não muito numeroso, mas significativo – cujo ponto de partida é um acontecimento noticiado, com maior ou menor destaque, pela imprensa. Confrontando-se os poemas com a cobertura jornalística dos acontecimentos em causa, verifica-se, com frequência, uma espécie de diálogo em contraponto, com o poeta a fornecer um olhar, por um lado, subjetivo e lírico do caso, e, por outro, usando-o para uma visão mais geral e abstrata, acima das circunstâncias. Outro aspeto observável nesse tipo de composições tem a ver com o recurso a um tom crítico, com clara incidência política, ainda que sem assumir uma deriva panfletária. A explicação para isso reside, talvez, na maior liberdade assegurada pela linguagem poética e metafórica e no fato de muitos dos textos não terem sido escritos com a intenção imediata da publicação, o que permitiria ao autor concebê-los sem as limitações impostas pela censura.

Para exemplificar essa linha de trabalho, considerarei, brevemente, o poema "Ode a uma carga perdida num barco incendiado chamado Save". Salvo alguma eventual publicação anterior em jornal, o texto veio a lume, pela primeira vez, em 1963, na edição de *Chigubo* feita pela Casa dos Estudantes do Império. Contudo, o confronto com edições posteriores, especialmente com a edição de 1999 de *Obra poética*,[19] publicada pela editora Caminho, mostra numerosas alterações, algumas delas bastante significativas. Há casos em que a mudança parece corresponder à correção de uma gralha (no v. 17, por exemplo: "e segurada estava a carga perdida" passa a "e segurada *só não estava* a carga perdida"), outros parecem indicar o apagamento de um ou mais traço(s) mais circunstancial(is) (o v. 57 da versão final ficou sendo "ao som dolente das ondas e da brisa dos palmares", em lugar de "[...] dos palmares *de Quelimane*") e ocorrências que estarão relacionadas com opções estilísticas e semânticas. Será o caso do v. 59, "e ao ritmo maravilhoso do tropel dos vivos no convés", em que o primeiro adjetivo muda para *desmaravilhoso*, ou do v. 91, "lúdica do extinto amor sem nexo", transformado, na versão final, em "lúdica *extinguindo-se num* amor sem *sexos*".

Mas a questão que agora importa considerar é a relação do poema com o enquadramento jornalístico do acontecimento que lhe serviu de base e que é diretamente convocado no título: a "carga perdida num barco incendiado chamado Save". Segundo se lê nos periódicos da época – tanto de Moçambique como da então metrópole –, a primeira parte do acidente ocorreu a 7 de julho de 1961, nas proximidades de Quelimane, com o encalhe da embarcação. A informação sai, dois dias depois, na edição matutina do *Notícias* de Lourenço Marques, com uma série de apontamentos, ainda pouco precisos, ao longo da última página, com continuação na p. 4. No dia seguinte, 10, o tema já figura na primeira página (onde se mantém até o dia 16), pois ocorrera, na manhã do dia anterior, a primeira de uma série de explosões que provocara elevado número de mortos e a destruição do navio. Um pouco à semelhança do que ainda hoje acontece em situações semelhantes, os jornais – particularmente, o *Notícias* – dão grande destaque ao acontecimento, publicam dados um tanto contraditórios, colhem depoimentos dos sobreviventes e dados fornecidos pelas autoridades, enaltecem a solidariedade de organizações e de particulares e, aos poucos, e de forma prudente, começam também a se questionar sobre as causas do encalhe e das explosões.

Figura 4: Embarcação. Fonte: *Notícias*, 11 jun. 1961, p. 1.

O que é possível perceber dessa cobertura jornalística? Que a embarcação vinha da Beira para Quelimane, com cerca de 550 pessoas a bordo; maioritariamente, trabalhadores que regressavam do contrato e soldados, os últimos repartidos entre praças de 1ª e "autóctones". Admite-se que tenha havido mais de duas centenas e meia de mortes e sugere-se que o navio levasse excesso de carga. Por outro lado, estranha-se que a embarcação transportasse materiais explosivos juntamente com tão grande número de passageiros, ao mesmo tempo que são referidas as condições climatéricas difíceis e a forte ondulação. Destaca-se, também, o heroísmo de alguns membros da tripulação e vão sendo divulgadas as listas de sobreviventes e de mortos, às vezes acompanhadas de fotos. Assume-se, ainda, que a maior parte dos muitos desaparecidos tenha perecido nas explosões.

Figura 5: Visita a um dos feridos no Hospital de Quelimane pelo Governador de Moçambique, Almirante Sarmento Rodrigues, acompanhado da sua esposa. Fonte: *Notícias,* 12 jul. 1961, p. 1.

Algumas peças merecem destaque. É o caso do texto "Sobrevoei o cadáver dum barco", do enviado especial do *Notícias*, Carlos Pimentel Costa, publicado na edição de 14 de julho. De forma emotiva, escreve o jornalista diante da visão aérea que se lhe oferece:

> As ondas, como que retratando o esgar medonho do mar vencedor, lançado que tinha sido por ele o primeiro ataque contra a vítima, atiravam-se contra os costados e lambiam lùbricamente o que restava do airoso navio. Era o cadáver de um barco vencido pela adversidade.[20]

E, um pouco à semelhança do que faz Craveirinha na sua ode, destaca a preciosidade da carga perdida, embora em registo diferente:

> Naqueles porões, que antes transportaram riquezas materiais e tesouros humanos, transformados agora em horripilantes aquários, onde os mortos repousam para todo o sempre, como farol de aviso futuro a toda a navegação, havia uma prevenção para recordar sempre a mais pavorosa tragédia vivida no mar moçambicano. Nesses bojos, transformados em túmulos, repousavam para a eternidade restos calcinados de soldados que seguiam no cumprimento do dever pela Pátria, corpos de gente de trabalho que regressava aos lares, terminados os seus contratos, homens do mar habituados a enfrentar as fúrias do monstro, sofrendo intempéries, arrostando com perigos de toda a espécie. Irmanados no abraço trágico, lá ficaram, surpreendidos pela morte, numa hora negra.[21]

Figura 6: Quase soldados / quase maridos / quase noivos e quase homens / e quase crianças na memória viva das caçadas aos gala-galas. Fonte: *Notícias*, 12 jul. 1961, p. 1.

> As outras quatro praças de 1ª que, a juntar às dezesseis de que ontem inserimos as fotografias, constituem as vinte que perderam a vida na tragédia do 'Save'. Da esquerda para a direita: Van Moli Dulovolhai, Mamede Ardy, Isaac Cassamo Ismael e Artur dos Santos Gonçalves (*Notícias*, 13 jul. 1961, p. 1).

Quanto à interrogação acerca das causas do acidente, é visível o cuidado de uma imprensa que, como sabemos, não gozava de liberdade. No caso do *Notícias*, o tema surge, sobretudo, numa peça publicada no dia 20 – quatro dias depois de ter deixado de fazer referência ao caso –, nas páginas interiores,[22] mas não assume o tom contundente de um outro jornal, *A voz de Moçambique*, que perguntava, no seu nº 29-30:

> Por que não foi arriada aquela baleeira que se vê ainda a bordo? Por que se salvaram 70% dos tripulantes e apenas 50% dos passageiros? Por que continuaram passageiros a bordo, depois de dali terem largado duas baleeiras pejadas de tripulantes e passageiros? Por que nem um só dos setecentos e tal coletes de salvação existentes a bordo foi empregue?[23]

Esse mesmo jornal, transcrevendo, alegadamente, passagens da carta de um leitor, volta ao tema a 30 de novembro, insurgindo-se contra "a irresponsabilidade, a irreflexão desta gente que encara o passageiro como mera mercadoria: estivam-se, empilham-se".[24]

O poema de Craveirinha segue, de certa forma, nessa linha, como se percebe de imediato pela utilização de termos como "carga" e "mercadoria" para denunciar a ganância de uma "Companhia" para quem "O barco era grande / era grande mas não chegava".[25] Fazendo depois uso de poderosas e inusitadas imagens – como "vestidos com a mesma inclemente / púrpura do cio das munições" –,[26] o texto faz da "carga [que] não tinha história" o seu centro, investindo de forte valor emotivo o advérbio *quase*, usado para identificar os passageiros vitimados: "quase soldados", "quase homens", "quase maridos", "quase noivos", "quase crianças".

5. O quinto trabalho que me parece necessário é o do levantamento e estudo das traduções e edições estrangeiras da poesia de José Craveirinha. Tanto quanto julgo saber, essa tarefa só está razoavelmente cumprida no caso do italiano, que foi, aliás, uma das primeiras línguas nas quais a obra do autor de *Maria* seria divulgada.

O passo inicial foi devido a Joyce Lussu (1912-1998), tradutora e, sobretudo, ativista política, com amplo trabalho nas lutas antifascistas e anticolonialistas, que editou o volume *Cantico a un dio di catrame,*[27] de 1966. Três anos depois, o grande filólogo e lusitanista Giuseppe Tavani (1924-2019) incluiria três poemas de Craveirinha[28] na antologia *Poesia africana di rivolta*, mas só um deles não constava da obra organizada por Joyce Lussu. Um quarto de século depois, sairia *Voglio essere tamburo*, que inclui 27 dos 28 poemas[29] do livro organizado por Lussu, juntamente com 12 outros,[30] certamente vertidos pela dramaturga, artista e tradutora Anna Fresu. O livro é valorizado pelos desenhos de Bertina Lopes, pintora moçambicana que estava há muito radicada na Itália.

Alguns dos trabalhos tradutórios para o italiano já foram estudados por especialistas: Manuel G. Simões[31] comentou as traduções de Lussu e de Tavani, ao passo que Claudia Capancioni[32] pronunciou-se sobre o trabalho da primeira. Falta, contudo, creio, abordar a efetiva circulação da obra assim traduzida.

De acordo com o levantamento muito preliminar e, certamente, com grandes falhas que pude fazer, o inglês é a outra língua para a qual mais poemas de Craveirinha têm sido vertidos. O primeiro registro é de 1964: trata-se de "Song of a negro boatman", incluído num volume da revista *The Classic Johannesburg Quarterly* dedicado a escritores moçambicanos. Oito anos depois, Margaret Dickinson contemplou seis poemas[33] do autor de *Xigubo* na antologia *When Bullets Begin to Flower: Poems of Resistance from Angola, Mozambique and Guiné*, publicada no Quênia. Pouco mais de duas décadas mais tarde, em 1993, Don Burness selecionou 13 poemas[34] do moçambicano e os publicou em *Echoes of the Sunbird: An Anthology of Contemporary African Poetry*, vinda a lume nos Estados Unidos da América. Já no nosso século, em 2006, Frederick G. Williams[35] escolheu dez textos[36] para o volume *Poets of Mozambique: A Bilingual Selection*, e, em 2011, Luis Rafael[37] incluiu 34[38] no seu *Stained Glass: Poetry from the Land of Mozambique*, publicado na Índia. No caso dessa língua estão em falta, segundo julgo saber, tanto os estudos sobre tradução como os que se referem à recepção da obra do autor.

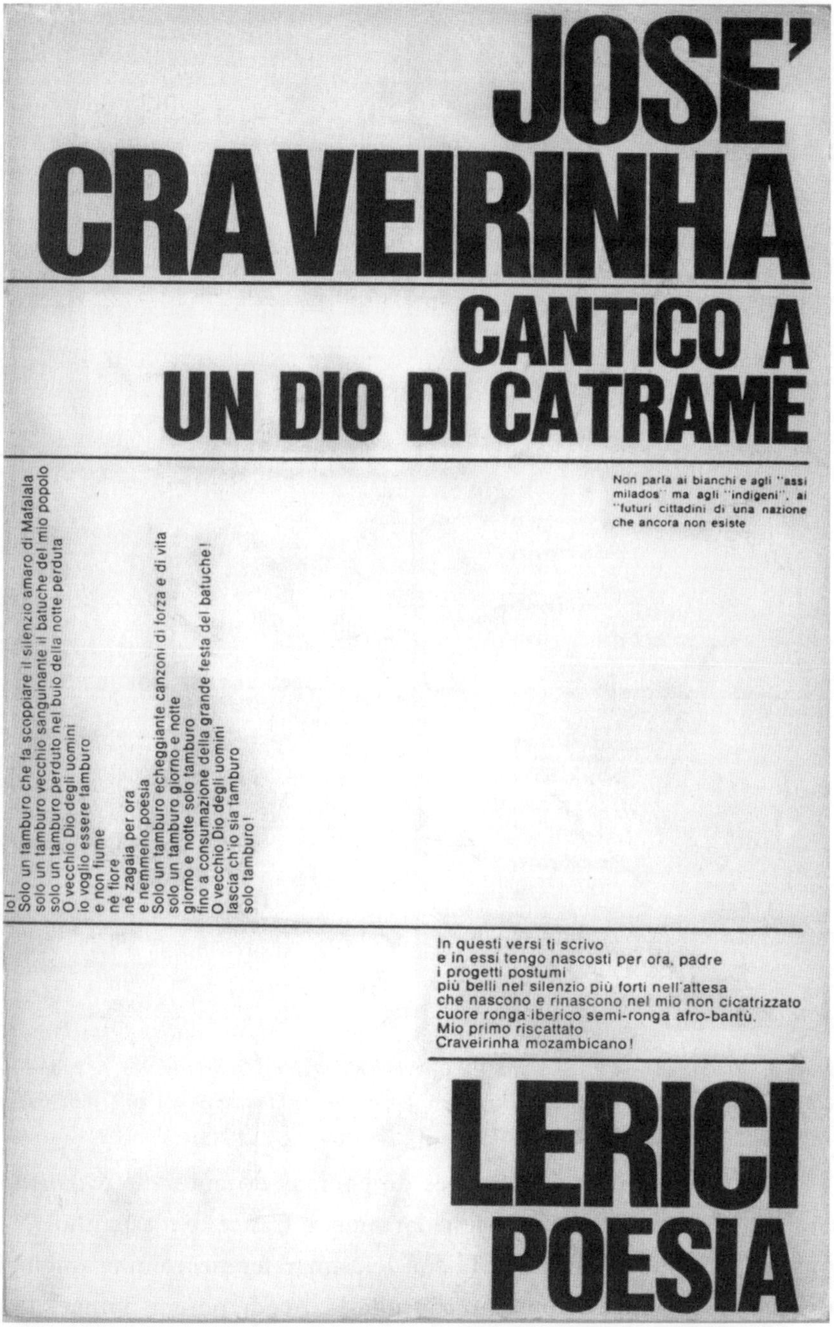

Figura 7: Edição de Joyce Lussu, de 1966. Fonte: Edição de Joyce Lussu, de 1966.

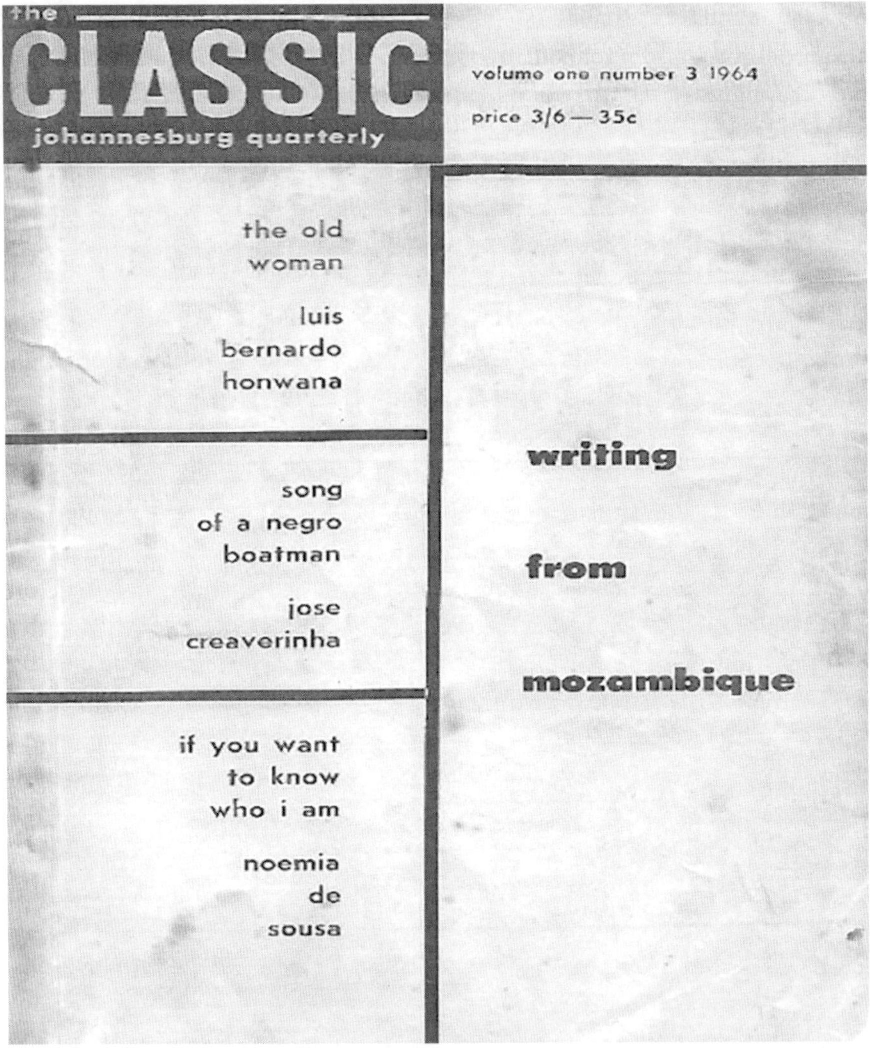

Figura 8: Capa da revista sul-africana *The Classic Johannesburg Quarterly*, v. 1, n. 3, de 1964.
Fonte: Capa da revista sul-africana *The Classic Johannesburg Quarterly*, v. 1, n. 3, de 1964.

Haverá, certamente, traduções de poemas do autor de *Karingana* para várias outras línguas, designadamente, o francês e o espanhol. Não consegui, porém, encontrá-las. Encontrei, sim, referência a uma antologia russa de 1984, mas não consegui consultá-la. Acedi, porém, a uma sueca, de 2002: publicada sob a responsabilidade de Örjan Sjögren, intitula-se

Dikter e comporta 70 poemas.[39] Li, também, notícia sobre uma antologia, em chinês, que seria lançada em Macau em maio de 2022; com seleção e prefácio de Lola Geraldes Xavier e tradução de Lu Jing e Wu Hui, foi publicada por Praia Grande Edições, em Macau, e inclui 83 composições.

Sem necessidade de matar Hidras de Lerna, limpar estábulos ou vencer amazonas, os operários que se dispuserem a entrar nessa messe não precisam nem da força nem da manha de Hércules: basta algum tempo, boa vontade, planificação e algum (certamente pouco) dinheiro. O centenário de Craveirinha mais que o justifica.

REFERÊNCIAS

AA.VV. *Poetas de Moçambique*. Prefácio de Alfredo Margarido. Lisboa, Casa dos Estudantes do Império, 1960.

____. "Writing from Mozambique". *The Classic Johannesburg Quarterly*, vol. 1, n. 3, 1964.

ANÓNIMO. "A catástrofe do 'Save'". *A Voz de Moçambique*, vol. 29-30, jul. 1961a, p. 1.

____. "Não caiu ainda o pano sobre a tragédia do 'Save". *A Voz de Moçambique*, 30 nov. 1961b, p. 2.

____. "Por que motivo se não proíbe a navegação costeira em determinadas condições?". *Notícias*, 20 jul. 1961c, pp. 11, 14.

BURNESS, Don. *Echoes of the Sunbird: An Anthology of Contemporary African Poetry*. Comp. Don Burness. Athens, Ohio University Center for International Studies, 1993.

CAPANCIONI, Claudia. "Joyce Lussu's 'Africa, Out of Portugal': translating José Craveirinha, Kaoberdiano Dambarà, Marcelino dos Santos, Agostinho Neto, and Alexander O'Neill in Italian". *Scientia Traductionis*, n. 11, 2012, pp. 245-258.

COSTA, Carlos Pimentel. "Sobrevoei o cadáver dum barco". *Notícias*, 14 jul. 1961, pp. 1, 4.

CRAVEIRINHA, José. "1ª Ode ao inverno". *O Brado Africano*, 25 jun. 1955a, p. 5.

____. "A imprensa e a sua força". *O Brado Africano*, 5 mar. 1955b, pp. 1, 5.

____. "In memoriam". *O Brado Africano*, 2 abr. 1955c, p. 5.

CRAVEIRINHA, José. "Quase poesia". *O Brado Africano*, 31 dez. 1955d, p. 5.

____. "Uma presença que é necessário olhar com simpatia: o europeu na área dos subúrbios". *O Brado Africano*, 19 fev. 1955e, pp. 1-2.

____. "2ª Ode ao inverno". *O Brado Africano*, 28 jul. 1956a, p. 6.

____. "Paragem". *O Brado Africano*, 3 mar. 1956b, p. 3.

____. "Partida". *O Brado Africano*, 31 mar. 1956c, p. 1.

____. "O drama de uma humanidade desumana". *O Brado Africano*, 11 maio 1957a, pp. 1-2.

____. "Quando eu penso na América…". *O Brado Africano*, 6 jul. 1957b, p. 5.

____. *Chigubo*. Lisboa, Casa dos Estudantes do Império, 1964.

____. *Cantico a un dio di catrame*. Testo a fronte, versione, introduzione e note a cura di Joyce Lussu. Milano, Lerici Editori, 1966.

____. *Избранное*. Москва, Молодая Гвардия, 1984.

____. *Voglio essere tamburo*. A cura di Anna Fresu e Joyce Lussu. Disegni di Bertina Lopes. Venezia, Centro Internazionale della Grafica di Venezia, 1991.

____. *Karingana ua Karingana*. Lisboa, Edições 70, 1992.

____. *Maria*. Lisboa, Editorial Caminho, 1998.

____. *Contacto e outras crónicas*. Maputo, Centro Cultural Português, 1999a.

____. *Obra poética*, vol. I. Lisboa, Editorial Caminho, 1999b.

____. *Dikter. I tolkning av Örjan Sjögren*. Stockolm, Ordfront, 2002.

____. *Poemas da prisão*. Lisboa, Texto Editora, 2004a.

____. *Poemas eróticos*. Org. Fátima Mendonça. Maputo, Moçambique Editora/ Texto Editores, 2004b.

____. *O folclore moçambicano e as suas tendências*. Maputo, Alcance, 2009.

____. *Tâmaras azedas de Beirute*. Apresentação por Gilberto Matusse. Maputo, José Craveirinha Editores, 2012a.

____. *Vila Borghesi e outros poemas de viagem*. Org. José Craveirinha Filho e Eurídice Craveirinha. [Maputo], José Craveirinha Editores, 2012b.

____. *Moçambique e outros poemas dispersos*. Org. José Craveirinha Filho. Maputo, Alcance, 2018.

DICKINSON, Margaret. *When Bullets Begin to Flower: Poems of Resistance from Angola, Mozambique and Guiné*. Selected and translated by Margaret Dickinson. Nairobi, East African Publishing House, 1972.

DOMINGOS, Nuno. *Futebol e colonialismo: corpo e cultura popular em Moçambique*. Lisboa, Imprensa de Ciências Sociais, 2012.

RAFAEL, Luis (ed.). *Stained Glass: Poetry from the Land of Mozambique*. Howrah, Roman Books, 2011.

SIMÕES, Manuel G. "As traduções italianas de José Craveirinha". *Outras margens: ensaios de literatura brasileira, angolana, moçambicana e caboverdiana*. Lisboa, Colibri, 2012, pp. 149-157.

TAVANI, Giuseppe. *Poesia africana di rivolta: Angola, Mozambico, Guinea, Capo Verde, São Tomé*. A cura di Giuseppe Tavani. Con una nota storico-letteraria di Mário de Andrade. Bari, Laterza, 1969.

TOPA, Francisco. "Galinha à cafreal: José Craveirinha meio século depois". *In*: FERREIRA, António Manuel *et al*. (org.). *Pelos mares da literatura em português*. Frankfurt, Peter Lang, 2020, pp. 161-172.

VIEIRA, Luciana Batista. *Outra face, a mesma luta: Edição e estudo das crónicas e outros textos publicados por José Craveirinha em A Tribuna (1962-1964)*. Faculdade de Letras, Universidade do Porto, Porto, 2019 (Dissertação de Mestrado).

WILLIAMS, Frederick G. *Poets of Mozambique: A Bilingual Selection/Poetas de Moçambique: uma selecção bilíngue*. Translations, Introduction and Notes by Frederick G. Williams. Provo/Maputo/Lisboa/New York, Brigham Young Universities Studies/Universidade Eduardo Mondlane/Instituto Camões/Luso-Brazilian Books, 2006.

NOTAS

1 Craveirinha, 1998, p. 7.
2 *Idem, ibidem*.
3 Craveirinha, 1955c.
4 Craveirinha, 1955d.
5 AA.VV., 1960.
6 No jornal, certamente por gralha, há um ponto-final.
7 Craveirinha, 1956c.
8 Craveirinha, 2018, pp. 62-71.
9 Em *Obra poética*, o título é "Suelito", o que parece constituir uma gralha. Craveirinha, 1999b, p. 77.
10 Na edição de *Karingana ua Karingana*, a palavra vem grafada sob a forma "radioctividade". Craveirinha, 1992, p. 25.
11 Craveirinha, 1992, p. 67.
12 No original, certamente por gralha, vem "xigugo".
13 Craveirinha, 1992, p. 68.
14 Craveirinha, 1956a.
15 Domingos, 2012.
16 Craveirinha, 1955b, p. 1.

17 Craveirinha, 1957a, p. 2.
18 Craveirinha, 1955e, p. 2.
19 Craveirinha, 1999b.
20 Costa, 1961, pp. 1 e 4.
21 *Idem*, p. 4.
22 Anónimo, 1961a.
23 *Idem*, p. 1.
24 Anónimo, 1961b, p. 2.
25 Craveirinha, 1999b, p. 25.
26 *Idem*, p. 27.
27 Inclui os seguintes 28 poemas: "A mio padre", "Vecchia canzone", "Elegia per nonna Fanisse", "Poesia del bambino di madre negra", "Sangue di mia madre", "Voglio essere tamburo", "Jambul", "Grido negro", "Cantico a un dio di catrame", "Canzone del negro della chiatta", "João Mussumbuluco", "Msaho dell'anniversario", "Mamana Saquina", "Mamanô", "Mulatta Margarida", "Aumento di prezzi", "Soltanto", "Poesia del futuro cittadino", "Imprecazione", "Inno alla mia terra", "Ode a un carico perduto in una nave incendiata che si chiamava 'Save'", "Noi", "A tutti quelli che pagano al dio inverno l'infallibile contributo annuo", "Pausa africana", "Storia bella che un giorno racconterò", "La bambina che un giorno venne", "Frustrazione" e "Ritorno".
28 "Soltanto", "Mamparra m'gaíza" e "Grido negro".
29 Ficou de fora "A mio padre".
30 "Lirismo dialettico", "Tema per una possibile poesia", "Guerra", "Miracolo", "Caduto dal cielo", "Canto del nostro amore senza frontiere", "Il mio prezzo", "Cella 1", "Cantico dell'uccello azzurro a Sharpeville", "Orso da circo", "N'goma (Tamburo)" e "Le parole".
31 Simões, 2012.
32 Capancioni, 2012.
33 "Mamparra M'gaiza", "Poem", "Mamana Saquina", "I Want to Be a Drum", "Mulatto Margarida" e "Manifesto".
34 "Black Protest", "Song of The Great Barge", "Manifesto", "I Want to Be a Drum", "Poem", "Mamana Saquina", "Mamparra M'gaiza", "A Man Never Cries", "Cell 1", "Metamorphosis", "Kerchiefs", "My Mourning" e "Elegy".
35 Williams, 2006.
36 "Poem of The Future Citizen", "I'm Illiterate", "To the Fine Gospel of The Billy Clubs", "Pity", "For a Clandestine Idyll", "Visitors Day", "Science", "I Prestidigitator Emeritus", "Man and Ant" e "Pray, Maria!".
37 Rafael, 2011.
38 "Hope", "The Pores of the Plague", "Fable", "Civilization", "Oh! Carmen de Diego", "When José Thinks of America", "Maria Sende", "Black Outcry", "Curse", "Poem of a Future Citizen", "Boat Song", "Canticle of the Blue Bird in Sharpeville", "Elegy to My Grandmother Fanisse", "Mama Saquina", "I Want To Be a Drum", "Martin Luther King", "Cell Number One", "Metamorphosis", "Wax-Shine", "Our City", "Excerpt from an Autograph Book for a Vietnamese Child", extracts from "The Tasty Tanjarines of Inhambane", "Land of Canaan", "Necklaces", "Why?",

"Communiqué from Cuíto Cuanavale", "Memento", "Hyenas and Gashes", "De Profundis", "De Profundis", "Burnt Down Village", "Gluttony", "Barber's Shop" e "They Went There".

39 Não sabendo sueco e admitindo que o mesmo aconteça com os eventuais leitores deste artigo, transcrevo os títulos em português: "Joe Louis nosso campeão", "Xigubo", "Grito negro", "Poema do futuro cidadão", "Hino à minha terra", "Imprecação", "Manifesto", "Mamanô!", "Elegia à minha avó Fanisse", "Afinal... a bala do homem mau", "Chamamento", "Karingana ua Karingana", "Fábula", "Aforismo", "Civilização", "Síntese", "Ninguém", "Galos", "Machimbombos", "Esperança", "Quadrilhas", "Felismina", "Os poros da peste", "Mãe", "Orla azul da noite com mambas", "Pão em fanfarras de ouro", "Primavera", "História do magaíza Madevo", "História de amor", "Maria Sende", "Cântico do pássaro azul em Sharpeville", "Papagaio", "Ode à Teresinha", "Violas de lata", "As veias sacras de Xipalapala", "Ao meu belo pai ex-emigrante", "Quero ser tambor", "Frio nos subúrbios", "Contra-senha", "Em quantas partes", "Hino às mães", "Reza, Maria", "SIA-VUMA", "Saborosas tangerinas d'Inhambane", "Gente a trouxe-mouxe", "Eles foram lá", "Forrobodó", "Gula", "Mina antipessoal", "Aldeia queimada", "Prótese bucal", "Moçambiquicida", "Maria. Salmo Inteiro", "Infelizmente jamais", "Gumes de névoa", "Lado de vida", "Elogios", "Estrelas", "Nostalgias", "No alfabeto da tua respiração", "Augúrios", "A vassoura", "Exíguas palavras", "A cadeira", "Eu e o café frio", "Espectro", "O Vavá partiu uma garrafa", "Maria de sempre", "Tempo" e "Sábados adiados".

13

MSAHO: UMA PROPOSTA DE MERGULHO NAS TRADIÇÕES MOÇAMBICANAS ENTRETECIDA A PARTIR DE UM PROJETO POLÍTICO-ESTÉTICO-LITERÁRIO[1]

Lílian Paula Serra e Deus

INTRODUÇÃO

A história de Moçambique evidencia como o processo de independência se deu tardiamente, o que explica certo silenciamento da cultura dos povos de língua bantu que habitavam a região e a reverberação impositiva dos valores levados pela colonização. Posteriormente, em meio a movimentos político-literários que pregavam o anticolonialismo e reivindicavam a afirmação de uma identidade moçambicana, pautada em ideais de moçambicanidade e na proposta de uma literatura efetivamente moçambicana, os modelos europeus foram se mesclando às vozes e aos sons africanos, a ritmos e marcas culturais bem característicos. Esse processo será intensificado pelo mergulho da cultura e da literatura nas tradições orais.

No caso de Moçambique, a memória cultural, mesmo intencionalmente solapada no período colonial, resistiu à perversa lógica colonial. Ressalte-se que Moçambique, como os demais países africanos marcados pela colonização portuguesa, tem o português como língua oficial. Apesar disso, coexistem, no país, pelo menos vinte línguas de origem africana. Algumas dessas línguas, mesmo não sendo oficiais, eram e em algumas regiões ainda são, muitas vezes, mais utilizadas que o português devido a uma série de fatores que remontam à história e à cultura moçambicana. Essas línguas, acima de tudo, identificam culturalmente um povo. Nelas estão marcadas tradições, rituais e recursos de criação e expressão que representam um determinado povo e lhe conferem identidade. A literatura, desde as primeiras décadas do século XX, procura trazer para o texto literário, escrito em português, as marcas culturais que perpassam a oralidade.

Autores como José Craveirinha e Noémia de Sousa publicam seus textos e se lançam na vida literária por meio de jornais como *O Brado Africano* (1918-1974) e *Itinerário* (1955). São autores que ratificam o ideal do anticolonialismo e, mediados pela literatura, se utilizam de estratégias para que o texto literário abarque essa luta. Portanto, são escritores que, cada um à sua maneira, e por meio de suas publicações, difundem um ideal de resgate cultural e identitário de Moçambique. Obviamente, esse ideal perpassa a palavra, a língua, e, se a língua utilizada é a implantada pela colonização, há que se transformá-la para que nela caibam todos os sons de uma África multicultural e com raízes orais tão fortes.

Como trazer, então, para o campo visual, para o espaço da escrita literária, esse universo cultural sonoro, em que a música, a dança, o ritmo se fazem presentes?

No caso de Moçambique, a legitimação dessa voz surge ainda no período colonial e se fortalecerá no projeto do movimento *Msaho*, que, embora de duração efêmera, teve importância significativa no processo de afirmação de uma identidade cultural sufocada, até então, pela colonização.

MSAHO

Msaho segue a tradição de outros importantes jornais de Moçambique, *O Brado Africano*, o *Itinerário,* e, apesar de ter tido apenas um número, marca a história literária do país por seu projeto inovador. *Msaho* já abarca, na força do seu título, a sua proposta: o nome significa o canto do povo chope, etnia moçambicana do sul. De acordo com as propostas do movimento, era preciso romper com a cultura do colonizador e mergulhar no universo cultural moçambicano. Como afirma Carmen Tindó Secco, a proposta de *Msaho*

> [...] estabeleceu um corte em relação aos cânones portugueses que regiam os paradigmas literários até então vigentes em Moçambique. Virgílio [de Lemos] foi um dos grandes defensores da criação de uma verdadeira *poiesis* moçambicana, antropofágica e descentrada em relação ao fazer literário imposto pela colonização. Propunha e praticava uma poesia rebelde, cujas imagens, o ritmo e o vocabulário revelavam os diversos saberes culturais presentes no múltiplo tecido social moçambicano.[2]

Nada mais justo que propor à revista um nome que indica a força da cultura dos povos chope, uma das várias etnias do país. Era preciso dizer quais eram os ritmos dessa terra, quais as suas cores, as suas vozes. Era preciso fazer com que o "país existisse", resgatar-lhe a memória. O movimento *Msaho* propunha, portanto, criar uma poesia genuinamente moçambicana, que se rebelasse contra os paradigmas do colonizador.

Como bem acentua Secco,[3] *Msaho* abarca a proposta de uma linguagem inovadora, procurando libertar a língua do jugo da razão colonial. Se a língua usada era a do colonizador, há que subvertê-la; há que africanizá-la, hibridizando-a com os falares da terra. A língua é então "recriada" para que nela "caiba" a cultura moçambicana, para que dela ressoem vozes para além da do colonizador. Virgílio de Lemos, um dos criadores do movimento, sublinha que:

> É preciso lembrar que 80% das pessoas têm o português como segunda língua, estando em primeiro a sua própria língua africana. Isto faz com que as pessoas, ao se apropriarem do português, façam este processo de remodelagem, recriação e reinvenção da língua de maneira que ela fique elástica e plástica para poder expressar o que está dentro da alma das pessoas.[4]

Surgindo, pois, em pleno domínio do colonizador, no ano de 1952, *Msaho* tem como fundadores Virgílio de Lemos, idealizador e editor da revista, Augusto dos Santos Abranches, Reinaldo Ferreira, Domingos de Azevedo, Antero Machado, diretor artístico, e Eugênio de Lemos, secretário. Além desses escritores, contribuem com textos publicados na revista José Craveirinha e Noémia de Sousa. O fato de a revista ter tido apenas um primeiro e único número deveu-se à censura exercida pela ditadura de Salazar (PIDE), que se estendia à África. Segundo alguns críticos, sua configuração era revolucionária, embora hoje pareça bastante utópica. Essa visão utópica pode ser vista já na nota de abertura da revista, que delineia uma proposta literária procurando valorizar "os elementos nativos", logo, de certa forma, uma literatura "puramente" moçambicana:

> Contra todas as previsões e contra toda a expectativa temos nesse momento a consciência de que a poética de "Msaho" não constitui uma corrente distinta diferenciada com raízes vincadamente moçambicanas, [...] mas o que nesta primeira folha revela ainda desencontro estético, formal ou expressivo numa segunda folha poderá tornar-se homogêneo e vir a definir uma força resultante do contacto com elementos nativos, que hoje ainda formam uma massa disforme dependente e incolor.[5]

Obviamente, a busca de uma literatura pautada em um ideal de pureza, nesse caso, a ideia de uma literatura genuinamente moçambicana, se faz realmente utópica, pois a própria concepção do fazer literário abarca os trânsitos, os diálogos. Considere-se que, mesmo que desses intertextos surja um novo texto, ele irá dialogar direta ou indiretamente com outros textos preexistentes. E não foi diferente com a poesia publicada em *Msaho:* o mergulho nas tradições passou também por um mergulho em movimentos como as vanguardas europeias, a Negritude, o Neorrealismo português e o Modernismo brasileiro. Era preciso olhar para fora para se enxergar Moçambique por dentro. As tendências externas foram reconstruídas, intertextualmente reformuladas numa espécie de releitura antropofágica do alheio, para que dele (re)surgisse uma voz identitária moçambicana.

Para que a feição revolucionária da revista possa ser melhor compreendida, faz-se necessário destacar seus integrantes, suas propostas, suas publicações e as particularidades de seus textos literários para demonstrar como cada um assumiu os pressupostos que definem *Msaho*.

A PROPOSTA DE JOSÉ CRAVEIRINHA[6] E AS MISTURAS QUE O CONFIGURAM

> Nasci a primeira vez em 28 de Maio de 1922. Isto num domingo. Chamaram-me Sontinho, diminutivo de Sonto. Isto por parte da minha mãe, claro. Por parte do meu pai, fiquei José. Aonde? Na Av. do Zihlahla, entre o Alto Maé e como quem vai para o Xipamanine. Bairros de quem? Bairros de pobres.
> Nasci a segunda vez quando me fizeram descobrir que era mulato...
> A seguir, fui nascendo à medida das circunstâncias impostas pelos outros.
> Quando o meu pai foi de vez, tive outro pai: seu irmão.
> E a partir de cada nascimento, eu tinha a felicidade de ver um problema a menos e um dilema a mais. Por isso, muito cedo, a terra natal em termos de Pátria e de opção. Quando a minha mãe foi de vez, outra mãe: Moçambique.
> A opção por causa do meu pai branco e da minha mãe preta.
> Nasci ainda outra vez no jornal O Brado Africano. No mesmo em que também nasceram Rui de Noronha e Noémia Delgado.
> Muito desporto marcou-me o corpo e o espírito. Esforço, competição, vitória e derrota, sacrifício até à exaustão. Temperado por tudo isso.
> Talvez por causa do meu pai, mais agnóstico do que ateu. Talvez por causa do meu pai, encontrando no Amor a sublimação de tudo. Mesmo da Pátria. Ou antes: principalmente da Pátria. Por parte de minha mãe, só resignação.
> Uma luta incessante comigo próprio. Autodidacta.
> Minha grande aventura: ser pai. Depois, eu casado. Mas casado quando quis. E como quis.
> Escrever poemas, o meu refúgio, o meu País também. Uma necessidade angustiosa e urgente de ser cidadão desse País, muitas vezes, altas horas a noite.[7]

Como o próprio poeta se apresenta por meio da nota autobiográfica acima, datada de 1977, ele nasceu ("pela primeira vez") em Lourenço Marques, atual Maputo, em 1922.

José Craveirinha desempenhou diversas atividades, tais como funcionário da Imprensa Nacional de Lourenço Marques, jornalista e futebolista, tendo colaborado em diversas publicações periódicas, como *O Brado Africano, Itinerário, Notícias, Mensagem, Notícias do Bloqueio* e *Caliban.*

Foi preso pela PIDE e mantido na prisão durante cinco anos. Posteriormente, após a independência de Moçambique (1975), tornou-se membro da FRELIMO e presidiu a Associação Africana.

Filho de uma africana com um português, Craveirinha foi morar com o pai, mas nunca cortou os vínculos com a mãe e com a terra natal. Esses vínculos ressoam em sua poesia através da apropriação e reinvenção da língua portuguesa pelo poeta. Craveirinha remodela o português de Camões e o hibridiza, possibilitando que ele se misture a sua língua da afetividade, o ronga, língua materna, da qual ele fez questão de nunca se separar.

Em seu poema *A fraternidade das palavras,* por exemplo, o poeta nos mostra estratégias utilizadas por ele para resgatar a pluralidade de línguas existentes em Moçambique e, dessa forma, fazer com que a língua portuguesa assuma uma feição também moçambicana. Ao misturar a língua portuguesa com as línguas nacionais, marcadamente a língua ronga, herdada da mãe, o poeta acentua o hibridismo com que descreve, poeticamente, a sua terra:

> O céu
> É uma *m'benga*
> Onde todos os braços das *mamanas*
> Repisam os bagos de estrelas.
> Amigos:
> As palavras mesmo estranhas
> Se têm música verdadeira
> só precisam de quem as toque
> ao mesmo ritmo para serem
> todas irmãs.
> E eis que num espasmo

De harmonia como todas as coisas
Palavras *rongas* e algarvias *ganguissam*
Neste *satanhoco* papel
E recombinam o poema.[8]

Já na primeira estrofe, ao dizer que "o céu é uma *m'benga*" (pote de barro utilizado para moer o milho) onde os braços das mulheres mais velhas, mais respeitadas (*mamanas*), repisam os bagos de estrelas, o poeta subverte a ordem natural das coisas: nesse caso, são os braços que repisam, e não os pés, como naturalmente se espera. Ao romper com essa ordem natural e dar aos braços funções que são dos pés, há implícita a intenção de ruptura e a de assumir, poeticamente, as tradições da terra e o trabalho das *mamanas*, cujos vasos sempre à cabeça são tomados como um símbolo a ser venerado.

O eu poético assume "palavras estranhas" que se irmanam às da língua portuguesa, o que corrobora os sentidos propostos pelo próprio título do poema: "A fraternidade das palavras". Mas, para que essa fraternidade se estabeleça, é preciso que as palavras tenham música verdadeira, de alguém que as toque e que o ritmo seja respeitado. Portanto, o poeta respeita a língua portuguesa, mas a retrabalha por meio de palavras rongas que se mesclam a algarvias, numa possível referência à origem do pai português, como já indicado no primeiro capítulo. As palavras em ronga, colocadas lado a lado com as palavras em português, constroem uma espécie de namoro, de conquista de espaço na cena literária, mesmo que esse espaço, metaforicamente, seja visto como um "*satanhoco* papel". A metáfora, que explora os vários sentidos da palavra "*satanhoco*" (sacana, esperto, feiticeiro), permite que o poeta assuma o resgate da oratura moçambicana; as palavras, imersas na afetividade provinda das línguas paterna e materna, são marcadas no papel em que o poema se mostra. E é dessa mistura entre as palavras, supostamente fraterna, mas que se sabe inicialmente tensa, que "recombinam o poema", que ressignificam uma língua que deixa de ser simplesmente a do colonizador para também ecoar vozes de uma África moçambicana, que se faz o poema. A língua portuguesa é subvertida no poema na medida em que as palavras rongas se unem às palavras em português e a língua do pai só faz sentido se for retrabalhada, se for africanizada.

O poeta vai muito além da junção entre o português e o ronga. Ele remodela o português para que esse idioma se aproxime da língua que o identifica, das sonoridades que a língua ronga, permeada pela oralidade, traz. Por meio de estratégias de construção textual, permite a presença da língua ronga no gênero poema, legitimado pelo português. Essa "fraternidade" possibilita que o poema chegue mais perto da carga de afetividade que a sua língua africana abarca. Para isso, como já afirmado, Craveirinha constrói um poema permeado por sons, ritmos e por uma sintaxe mais próxims da oralidade. As palavras se adequam à música e ao ritmo no poema.

No poema "Hino à minha terra", Craveirinha nos possibilita perceber tudo isso. O poeta celebra a sua terra, mas o faz através da reinvenção da língua portuguesa.

O poema é permeado por vocábulos em ronga, o que deixa explícito que, para falar do amor à sua terra de origem, valendo-se da língua portuguesa, é preciso que nela se insira também a língua oral que, na sua memória afetiva, identifica essa terra: "e todos os nomes que eu amo belos na língua ronga".

Craveirinha cria, então, possibilidades de celebrar a oralidade, cantando os nomes naturais dos espaços geográficos de sua terra, gritando-os nas línguas de seu país: "ronga, macua, suahili, changana, xistusua, bitonga". Exaltar os nomes de espaços geográficos importantes de sua terra, em ronga, por exemplo, é trazer para o seu texto os sons desses espaços.

> E grito Inhamússua, Mutamba, Massangulo!!!
> E torno a gritar Inhamússua, Mutamba, Massangulo!!!
> E outros nomes da minha terra
> Afluem doces e altivos na memória filial
> E na exacta pronúncia desnudo-lhes a beleza. [...]
> Oh, as belas terras do meu áfrico País
> E os belos rios e os belos lagos e os belos peixes
> E as belas aves dos céus do meu País

E todos os nomes que eu amo belos na língua ronga
Macua, suaíli, changana,
Xístsua e bitonga
Dos negros Camunguine, Zavala, Meponda, Chissibuca
Zongoene, Ribáuè e Mossuril.[9]

Aos sons das toponímias em ronga e em outras línguas do país se unem os sons dos nomes de alguns dos instrumentos musicais africanos, evocados e louvados também no poema (xipalapala, por exemplo). Louvar as danças e os ritmos do seu país e as várias línguas que o definem é ouvir-lhes o som, que talvez a língua portuguesa não se mostrasse capaz de afetivamente alcançar. Dizer das frutas de seu país (nhantsuma, mampsincha, mavúngua – frutas tropicais) na sua língua de origem é quase lhes sentir o gosto.

O poema é marcadamente oral, o eu poético vai percorrendo espaços, evocando-os através do grito aos seus nomes, celebrando tradições, ritmos, elementos da paisagem, instrumentos musicais africanos, que ganham mais força e vida através da linguagem por ele utilizada. Ao gritar os nomes dos lugares em línguas naturais moçambicanas, o poeta, simbolicamente, assume a força das tradições do país e resgata-as do esquecimento que os nomes dados pela colonização portuguesa provocou. Craveirinha recorre, portanto, aos sons de sua terra e à sonoridade dos nomes que lhe conferem identidade. O poeta mescla português e línguas orais africanas, ou melhor, africaniza o português para que assim possa efetivamente celebrar a sua terra.

José Craveirinha, à sua maneira, rompe com os padrões usuais da língua portuguesa. O poeta africaniza essa língua, permite que ela se encontre com o ronga. Ao celebrar as línguas paterna e materna, permite que em seu poema se imbriquem os sons, os ritmos, os batuques, os tambores, os feitiços, as tradições de uma África também híbrida.

Craveirinha marca a história literária de Moçambique e é considerado por muitos críticos um dos fundadores da literatura moçambicana, pois o poeta inaugura uma nova estética, uma nova forma de fazer poesia, em que o hibridismo, a moçambicanidade e a oralidade estão presentes. Retomando as palavras de Leite:

Craveirinha criou, por assim dizer, um "gênero", que ele próprio parodia ironicamente: "Cada vez mais me envaidece / a honra imerecida de pertencer / à maioria em que me / confinam. Patético cidadão chateado / recopio a rigor / o gênero Zé Craveirinha".[10]

VIRGÍLIO DE LEMOS

Fundador do *Msaho* e com ideias sempre inovadoras, Lemos ajuda a reacender a poesia moçambicana até então abafada por uma cultura europeia imposta pelo colonizador. Lemos, filho de portugueses pertencentes à burguesia, nasceu em 1929, na ilha de Ibo, na costa norte moçambicana. Lemos se situava, em Moçambique, entre dois mundos: o da burguesia, da qual seus pais faziam parte, e o dos empregados da casa, com quem aprendeu a falar algumas palavras de línguas africanas locais, já que estas não eram ensinadas nas escolas e eram faladas apenas pelos nativos.

A obra de Virgílio de Lemos, apesar de ser de suma importância para a história literária de Moçambique, não teve o reconhecimento que lhe cabia no passado. O autor sai de Moçambique em 1963 para se livrar da perseguição da PIDE, órgão de censura do regime ditatorial português, e acaba por ser considerado um apátrida. Ainda em Moçambique, Virgílio de Lemos chegou a responder a processo por crime contra a bandeira portuguesa, em virtude do poema em que, metaforicamente, aproxima o símbolo nacional português de uma vestimenta popular moçambicana: "kapulana vermelha e verde":

Ah! Tantos desconhecidos mortos
os que nasceram mais tarde
não hão-de-gritar humilhados
bayete-bayete-bayete
à kapulana vermelha e verde
se substituírem no tempo
kapulanas de várias cores.[11]

Por motivos políticos, Virgílio de Lemos, à luz de Fernando Pessoa, cria heterônimos para assinar suas obras. Cada um de seus heterônimos tem uma personalidade própria, uma forma própria de escrever e de ver o mundo. Mas, também nessa tradição, Lemos inova mais uma vez, criando um heterônimo feminino, Lee-Li Yang. Em entrevista, o poeta fala sobre a forma como enxerga esse fenômeno:

> No fundo a heteronímia reflecte o que mais tarde Lacan designou como "descentramento do sujeito". [...] De resto, a heteronímia é uma teia de fugas. [...] Teia de fugas para escapar à censura e, mais que isso, ultrapassar o provincianismo colonial, abrindo Moçambique ao mundo, trazendo-lhe os ecos das vanguardas europeias, do Movimento Pau-Brasil, da Negritude, entre outras correntes surgidas nas primeiras décadas do século XX.[12]

Os heterônimos até agora conhecidos são: Duarte Galvão, Bruno dos Reis, Lee-Li Yang, V. Klint (que escreveu poesia entre 1967 e 1973); V. Ernest (que redigiu um livro de análise política sobre a Guerra dos Sete Dias e a Palestina); V. Altdorfer. Duarte Galvão é seu heterônimo mais engajado com a situação político-social de Moçambique. É ele quem assina vários dos textos publicados no *Caderno Negra Azul*; dentre eles, o poema intitulado "O tempo de Msaho". Esse é um dos poemas em que Virgílio de Lemos, por meio do heterônimo Duarte Galvão, marca textualmente as propostas de *Msaho*. O próprio título do poema já abarca a ideia de um outro tempo, um tempo de *Msaho*, tempo de música, canto, mas não de qualquer música, e sim daquela que representa, que identifique a sua cultura:

> O tempo de Msaho
>
> Nada reacende tanto
> que o amor
> ausente
> olho de vertigem
> embaraçado,
> mundo que se busca
> visionário

o coração quem manda.
o último deus
é revolução erótica
vai e vem das imagens
nos espelhos
o corpo busca
o seu rosto o desejo
luz.[13]

Ao longo dos versos, o eu poético se expõe, valorizando as manifestações ditadas pelo coração, metaforicamente visto como "o último deus / e revolução erótica".[14] Vê *Msaho* como uma força que faz parte do ideal de liberdade, de viver intensamente os vários percursos dessa revolução. Essa "revolução erótica" permeia vários dos textos de Duarte Galvão. Dessa forma, o poeta subverte o modelo literário dado pelo colonizador para construir poemas com um "corpo erotizado". O corpo e a voz do poema se transformam em figurações do desejo e transitam pelo corpo da mulher, da ilha e da própria poesia. A forma pronominal "teus" indica a quem o poeta se dirige na última estrofe do poema: à própria poesia. Do próprio embate das palavras no corpo do poema é possível que surja enfim a liberdade:

A última revolução sou eu destino
Nómada que busca a ficção
De teus gritos corpo
Contra corpo
No desgarre da ideia
Liberdade.[15]

Duarte Galvão corporifica, em alguns poemas, o que Virgílio de Lemos chamou de Barroco estético: "O meu conceito de barroco estético, que tanto seduziu Borges, Carpentier e Leiris, seria a formulação mais exacta da antropofagia cultural onde eu incluía as transgressões e irreverências dos moçambicanos, brasileiros e cubanos".[16]

Rompendo com normas da tradição literária vigente, o poema quase não tem pontuação. Ao fugir das regras e normas do português da metrópole, revela sua rebeldia com relação às normas linguísticas impostas pelo colonizador, e dessa forma o poeta vai dando liberdade às palavras e ao seu fazer poético. De acordo com Secco, na poesia virgiliana,

> [...] a estrutura barroca nada tem a ver com a do barroco europeu religioso, impregnado da ideologia cristã advinda do Concílio de Trento. Desse barroco foram retirados apenas os elementos estéticos: o labirinto, a vertigem, os espelhamentos, os redemoinhos, o abismo, os duplos...[17]

Na entrevista anteriormente citada, Lemos comenta:

> O barroco estético e o erotismo acompanharam a minha poesia desde o início até hoje. Mesmo nos poemas abordando o social, há uma certa agressividade erótica. Apesar de ter vivido momentos trágicos, de ter presenciado ao que foi o terror e a ilusão, o erotismo e a ironia ajudaram-me a exorcizar ou a superar esse lado trágico de certos períodos.[18]

No poema "*Msaho dada*", Lemos utiliza-se de alguns das imagens mencionadas por Carmen Tindó para construir uma linguagem inovadora, labiríntica, dissonante, rebelde e antropofágica. O poeta, mais uma vez, subverte a língua do colonizador e dá à sua poesia a liberdade que é apregoada na proposta de *Msaho*. Lemos, atento às inovações trazidas pelas vanguardas europeias e pelo Modernismo brasileiro, utiliza-se de estratégias textuais em "*Msaho dada*" que dialogam com o Dadaísmo, mas também com os sentidos de antropofagia que estão na proposta do Modernismo brasileiro. Lemos olha para fora do seu país, para as vanguardas, para assim poder enxergar melhor o seu país. Pode-se dizer que o próprio nome do poema aponta para o fato de que as inovações propostas pelo Dadaísmo são assumidas, mas com os olhos voltados para a sua terra, significada pela palavra *Msaho*. "*Msaho dada*" ratifica, assim, o descompromisso do Dadaísmo com a racionalidade, valorizando o acaso, o acidental, para indicar o rompimento com a lógica da colonização, com o propósito de reinventar a língua e dar voz a "esse canto Msaho".

O poema não tem pontuação, não segue o que apregoam as normas do português padrão, valoriza as línguas africanas (quimoéne, makwa, swahili) e evoca nomes ligados às vanguardas europeias, como Tzara, Jean Arp, Kandinsky e Cendrars, de forma desordenada, ratificando a proposta da escrita dadá e o completo descompromisso com uma expressão mais lógica. Os nomes evocados no poema retomam a rebeldia do movimento europeu, evidenciada pela evocação que faz de participantes desse movimento. Ao evocar Tristan Tzara e Duchamp, ele traz para o poema os "ideais" do Manifesto Dadaísta desses importantes representantes. As palavras de Tzara fortalecem a proposta de *Msaho*:

> Eu redijo um manifesto e não quero nada, eu digo portanto certas coisas e sou por princípio contra manifestos. [...] Eu redijo este manifesto para mostrar que é possível fazer as ações opostas simultaneamente, numa única fresca respiração; sou contra a ação pela contínua contradição, pela afirmação também, eu não sou nem para nem contra e não explico por que odeio o bom-senso.[19]

Virgílio de Lemos reinventa esse manifesto antropofagicamente ao dizer:

> Tzara eroticus
> Mocambicanis
> Msaho.[20]

Vê-se, então, que a invenção dadá transforma-se em uma proposta de poesia inovadora moçambicana, pautada nas ideias de Tzara, transcendendo-as, pois o universo é o africano. O descompromisso é com as normas literárias lusitanas, com a língua portuguesa da metrópole. O mergulho em sua cultura se faz cantando a sua diversidade, com a leveza das tradições culturais das ilhas: "Aéreas de ilha em ilha / Mar / Descentralizado / DADA".[21]

Lemos evoca Marcel Duchamp, que cria a expressão *ready made* e o coloca lado a lado com Mallarmé, que revoluciona a poesia do século

XIX. Dialoga com "Un coup de dés", poema de versos livres, cujo título, "um lance de dados", indica rompimentos e defesa do acaso. Virgílio de Lemos, assim como Mallarmé, rompeu com a sintaxe tradicional, daí a importância da referência ao poeta francês em "*Msaho dada*".

No mesmo poema, Lemos cita também o casal Pancho e Dory Pancho. Pancho era um arquiteto, pintor e escultor português, responsável por construções bastante representativas em Moçambique, onde morava com Dory. Portanto, cada nome citado em "*Msaho dada*", posto de forma desordenada, aparentemente aleatória, corrobora com os ideais de ruptura, de liberdade, apregoados pelo movimento *Msaho*, pois são nomes que, a seu tempo, também carregavam ideais revolucionários.

No poema "Pensamento Msaho", o poeta repudia o peso do passado para exaltar um outro tempo, o tempo de Msaho, tempo de olhar para a África com um olhar africano, tempo de olhar para Moçambique, enxergar e enaltecer as tradições, a cultura e as raízes moçambicanas:

> O que tem importância
> é o que faço hoje
> e aqui, cinco horas
> da madrugada, no dia
> 17 de Outubro de 51
> no tempo e espaço
> da lua nova: msaho.[22]

Quando o poeta diz que "o que tem importância / é o que faço hoje", ele implicitamente nos diz que tudo aquilo que foi feito anteriormente pela literatura colonial não importa mais, porque algo de novo está sendo feito hoje e é de maior relevância. O movimento que defende inaugura um novo tempo e um novo espaço: o "da lua nova: msaho". Ao mesmo tempo, o hoje e o ontem contrapõem Msaho, expressão do presente que intenta um mergulho nas culturas do país, embora um passado (ainda presente) reverbere interdições à poesia e dialogue com a voz, com as sonoridades dos cantos.

Na segunda estrofe, o poeta ressalta a importância da sonoridade, o que retoma o próprio título do poema, que, como já dito, significa canto, na cultura chope do sul de Moçambique. O uso do pronome "teus", em "teus sons", refere-se ao próprio corpo do poema, que é erotizado e resgatado na interação com o poeta que busca uma ficção diferente das de "ontem". Considerada ímpar, a sua poesia quer resgatar as "memórias nómadas / famintas / sem casa própria". Pode-se entender "casa própria" como alusão à própria revista que nasce com o propósito de abrigar um ideal também ímpar de mergulho nas memórias e raízes moçambicanas.

A poesia de Lemos, como se vê, ratifica literariamente a proposta da revista *Msaho* (1952). Em entrevista, o próprio Virgílio de Lemos nos aponta os ideais e a importância da revista. Os fragmentos da entrevista que se seguem ressaltam trechos das respostas dadas pelo poeta a Michel Laban, em 1998:

> Msaho foi, juntamente com outras publicações, herdeira próxima do Manifesto Pau-Brasil (Oswald de Andrade), do Modernismo de São Paulo, do Dadaísmo e dos primeiros anos do Surrealismo, [...] Msaho acabou por ser uma folha de poesia, mas deviam ser vários números – depois se passaria à música, ao teatro. [...] É influência do Concretismo brasileiro em mim e do Dadaísmo. Em Moçambique conhecia-se pouco o Concretismo brasileiro. Devíamos brincar, saber se podia casar brincar com criar. [...] É preciso que se fale da utopia que nos animava naquela altura, em 1950: Msaho é representativa dessa utopia. [...] Em 1952, eu chamei a atenção dos pequenos sinais que anunciavam uma literatura "moçambicana", em Msaho, mas eram balbuciamentos. Havia indícios de um nascimento de uma literatura "crioula", já nos anos 50. Eles acentuaram-se agora nos anos 90. Desse barroco estético já há sinais no Mia Couto (*Terra Sonâmbula*), no Eduardo White e, talvez, na poesia dos anos 70 e 80 do José Craveirinha.[23]

Era preciso, como diz o poeta, acreditar na utopia, "nos pequenos sinais que anunciavam uma literatura 'moçambicana'", e um dos meios encontrados foi a revista *Msaho*, que almejava dar voz a uma África sufocada pela colonização. Por trás dos valores e das tradições de uma África impositivamente europeizada, havia uma outra até então "apagada" pela opressão colonial. Segundo Virgílio, nos tempos da ditadura salazarista, os ideais de pátria e de identidade, deslocados da nação portuguesa, lhes eram negados:

> Para nós não havia Pátria. Uma ditadura colonial não podia ser Pátria.
> Moçambique também não podia ser Pátria de ninguém.
> Não era nem Estado, nem país e muito menos ainda Nação.
> Aquilo que hoje ainda não é, nem será tão cedo.[24]

Msaho representava, portanto, além de uma forma de resistência ao colonialismo, um resgate da voz e da identidade de povos até então reprimidos pela agressividade do processo colonial. Nesse esforço, é possível pensar que os heterônimos e o próprio ortônimo Virgílio de Lemos, além de representarem as várias faces de um eu fragmentado, sinalizam também para as várias faces de um país, no caso, Moçambique, multicultural.

Virgílio de Lemos, por meio do heterônimo Bruno dos Reis, explica: "Eu sou homem, sou várias culturas." Assim, ao se fragmentar em vários a partir de seus heterônimos, Lemos nos possibilita perceber a multiplicidade cultural do seu país, Moçambique, e as várias faces de sua diversidade cultural. É o que afirma Melo:

> Consciente da dilacerada identidade de Moçambique, um país multifacetado, com heranças africanas, portuguesas, árabes e indianas, o sujeito lírico da poética virgiliana sente-se "um estrangeiro para si mesmo", subdividindo-se em vários *eus* para expressar o estilhaçamento da "imagem interior" e, ao mesmo tempo, buscar sua identidade múltipla através do corpo da poesia.[25]

Já Angius aponta a relação/diálogo entre os heterônimos virgilianos e outros poetas com quais Lemos convive, ainda que literariamente: "Em todos os heterônimos se adivinha a presença de mitos antigos, as alusões e os topos conhecidos na Literatura de todos os tempos, cada uma dessas faces revela-nos um poeta que conhece outros poetas e com eles convive".[26]

Seja como "estilhaçamento da "imagem interior" ou como remissão a outros poetas com quem convive, Virgílio de Lemos revoluciona até mesmo quando o assunto é heteronímia, pois, além de dar voz a Duarte Galvão,

Bruno dos Reis, V. Klint, V. Ernest, V. Altdorfer, o poeta nos coloca diante de Lee-Li Yang, seu heterônimo feminino, que, segundo o autor

> [...] escreveu os seus poemas como cartas de amor breves, mas de grande densidade. Os poemas eram dedicados a Duarte Galvão. Eram pequenos poemas ligados por um fio comum, fio de luz, força da paixão de Lee-Li Yang e do Dom Juanismo de seu companheiro; há neles sedução pela ironia, crueldade diante da ausência e uma infidelidade insuportável.[27]

Uma mulher, macaense, que escreveu seus poemas, definidos por Virgílio de Lemos, como cartas, entre 1951 e 1953. Ainda segundo Lemos:

> Lee-Li Yang metaforiza o corpo do desejo de uma escritura que se faz arma política de libertação feminina. Mulher viajada e com grande cultura, Lee--Li Yang não se batia contra os homens; procurava dialogar com eles mesmo quando denunciava o machismo. Não se restringia a qualquer feminismo de época. Entre sol e sombra, ardor e solidão, buscava a própria voz. O oriente a que recorria era metáfora do infinito, o outro lado da vida, espaço de liberdade do próprio inconsciente.[28]

A descrição que o autor faz de seu heterônimo feminino nos deixa claro que não se trata de uma mulher que repercute os paradigmas, preconceitos e dogmas da sua época. Lee-Li Yang sinaliza na direção contrária, tem ideias libertárias e assume uma voz que às outras mulheres da época era negada:

> Destruo as lendas de Polichinelo histórias
> de dráculas monstros vampirose
> reescrevo a bíblia do teu falus
> tuas réplicas meu Don Juan
> de língua contrafeita
> e murcha meu coração
> Selvagem.
> no desfolhar de meus vícios e caprichos
> intrépido gala-gala de cabeça azul
> minha luxúria desmedida meu sol

de repetição minha desabitada
alma serei tua amante
nunca tua escrava ingênua e
cega.[29]

A poeta rompe com os paradigmas, desconstrói os mitos, ocupa espaços diferentes daqueles preestabelecidos, e se permite o lugar de amante, e não o da "escrava ingênua e cega".

Virgílio de Lemos, por meio de cada um de seus heterônimos, salvo as diferenças e peculiaridades de personalidade condizentes a cada um deles, parece confluir sempre para um denominador comum: a ideia de liberdade. Libertação da repressão colonial, libertação da voz feminina que se esconde atrás do machismo da sociedade moçambicana, libertação das etnias negras de Moçambique na medida em que denunciou a opressão existente contra elas etc. E essa liberdade se dá primordialmente por meio da libertação da língua portuguesa, das suas palavras, que não se rendem a uma língua portuguesa metrificada pelo colonizador. E essa ideia se textualiza na obra de Lemos:

Voo da memória
Na subversão de si
Mesma.[30]

Secco sublinha que

O lirismo de Virgílio nunca seguiu uma única via. A produção do heterônimo Duarte Galvão representa uma dicção mais comprometida com o social, mas, mesmo as agrestes arbitrariedades, não esquece o labor estético ensinado por *Msaho* (1952), cuja proposta abriu a poética moçambicana a uma constante transformação linguística, tecida de metáforas eróticas que fizeram do corpo do poema o lugar do cio e do transe verbal. O poema desconstrói desse modo os paradigmas coloniais. [...] Identificada ao mar e à ilha, a língua portuguesa, na obra de Virgílio de Lemos, se converte em moçambicana e, simultaneamente, cosmopolita viagem, abrindo-se sem limites aos ventos da imaginação e do erotismo verbal.[31]

Em seu poema "Antropofagia delirante", Lemos explicita metalinguisticamente a relação que o poeta tem com a língua. É uma relação de intimidade, incestuosa: a língua devora o poeta em virtude do processo de tensão que se estabelece entre escritor e escrita, mas, ao mesmo tempo que esse processo de construção do texto poético é tenso, ele é também prazeroso, o que faz com que a ideia de incesto surja também da união sexual entre poeta e língua. É o poeta que dá à língua vida: "é no meu canto que vives", é o poeta que reinventa "as sombras da língua, as fugas" e a faz renascer "livre".

Ser ilha, sem limites
Vertigem, vibração

Mas qual o poeta que não tem,
incestuosa, uma relação com a língua
qual a língua que não devora
o poeta? [...]
[..] A língua é uma canção
que morre
se não lhe conheces o refrão
se não lhe dás a volta
e recomeças,
Livre.
A língua é uma canção
que assobias,
que devolves à memória,
sem artifícios, nua,
irreverente, outra
e tua.[32]

NOÉMIA DE SOUSA

Noémia de Sousa, nome pelo qual é literariamente conhecida Carolina Noémia Abranches de Sousa Soares, nasceu no Catembe, Moçambique, em 1926, e emigrou para Portugal em 1951. De lá, rumou em 1964 para Paris, onde permaneceu até 1975, altura em que decidiu regressar a Lisboa, cidade em que ficou até sua morte, ocorrida a 4 de dezembro de 2002.

Noémia de Sousa destacou-se particularmente na abordagem de temas de exaltação de valores africanos e moçambicanos e de denúncia da opressão colonial.

Em 1949, Noémia de Sousa publica no jornal *O Brado Africano* o poema "Poesia não venhas" e o assina com as iniciais N. S. Desde então tem o seu nome marcado como indicativo de uma nova atitude estética na poesia moçambicana, até então motivo de críticas em virtude da estagnação na qual se encontrava. Moçambique mostrava-se diferente de Cabo Verde, que, desde 1936, havia ingressado em um movimento literário de resgate identitário: o movimento Claridade.

O poema publicado no jornal *O Brado Africano* surpreende o ensaísta Augusto dos Santos Abranches, que chama a atenção do ambiente literário de Moçambique para o nome e principalmente para a poesia de Noémia de Sousa, posteriormente identificada como autora do poema.

> Poesia:
> Porque vieste hoje,
> precisamente hoje, que não te posso receber? [...]
> Hoje, eu só saberia cantar a minha própria dor...
> Ignoraria tudo o que tu, Poesia, me viesses segredar...
> E a minha dor, que é a minha dor egoísta e vazia,
> comparada aos sofrimentos seculares
> de irmãos aos milhares?[33]

Figurativamente, o eu poético pede à poesia para não o visitar em momento em que só poderia "cantar" as suas próprias dores. Se for para falar de si, das suas dores, melhor que a poesia não venha, porque "a minha dor egoísta" não pode silenciar os "sofrimentos seculares dos irmãos aos milhares".

A poesia que Sousa "canta" é aquela que não abre mão do coletivo, que não se entrega a individualismos egoístas. É aquela que está atenta aos sofrimentos dos seus irmãos. Noémia de Sousa faz do campo poético um campo de resistência e de manifestação de um sofrimento por séculos vivido por seu povo. Quando o eu poético conclui ser melhor que a poesia não venha, abdica, na verdade, de sua individualidade e de seu isolamento para estampar o possível compromisso da poesia com as condições existenciais dos africanos. Assim, Noémia de Sousa transpõe para o texto literário o sentimento de resistência ao colonialismo, procurando transfigurar-se no ideal coletivo.

Na obra de Noémia de Sousa, a ideia do eu fica muito pequena quando se pensa na força do coletivo "nós", que se transfigura em África. Em seus poemas, é a mulher/mãe/irmão que se transfigura em mãe África para sempre abarcar o coletivo, em detrimento do individual. Esse aspecto é visto pela moçambicana Fátima Mendonça:

> A poesia de Noémia de Souza é, deste ponto de vista, paradigmática, pois orienta-se para uma temática marcadamente nova (no contexto moçambicano) onde recorrentemente emerge África desdobrada em vários símbolos (Mãe, Energia, Redenção) do mesmo modo que os ecos longínquos e distantes do Harlem nela perpassam. [...] Essa inovação temática desenvolve-se para uma insistente representação do quotidiano suburbano: o contratado, o estivador, o mineiro, a prostituta, interligam-se emblematicamente num universo imagístico sustentado pela imprecação violenta de um Eu que, sucessivas mutações metonímicas, conduzem à integração no coletivo.[34]

Noémia de Sousa escreve todos os seus poemas entre 1948 e 1951, mas teve seu único livro de poesias, *Sangue negro*, publicado tardiamente, em 2001, editado pela Associação dos Escritores Moçambicanos (Aemo), com a seleção dos poemas feita por Fátima Mendonça. A obra de Noémia de Sousa vai ao encontro dos ideais apregoados na revista *Msaho*, o que evidencia o porquê da participação da poetisa na publicação. Sousa mergulha na ideia de moçambicanidade, o que converte a sua obra em um dos pilares que sustentam o surgimento de uma efetiva poesia de feição moçambicana.

No poema "Se me quiseres conhecer", por exemplo, é nítida a afirmação de uma estética que busca exaltar a cultura moçambicana, ainda sufocada pela imposição da cultura europeia. Já na primeira estrofe o eu poético funde-se com as tradições da sua terra, com a tradição dos escultores macondes. Por isso, para conhecê-la, é preciso enxergar a fundo ("estuda com os olhos de ver") a tradição dos macondes, um grupo ético bantu originário do nordeste de Moçambique e sudeste da Tanzânia. A estatuária maconde mais conhecida é feita em pau-preto, uma espécie de árvore característica dessas regiões, o mpingo ou jacarandá africano. Os macondes são também conhecidos em virtude da sua luta e resistência ao colonialismo.

No poema, o eu poético, ao dizer "África da cabeça aos pés", funde-se com as tradições e ritos macondes, e, como as estátuas negras de pau-preto, se faz África, marcada pela dor da escravatura, mas também pela força que se mostra "nos batuques frenéticos dos muchopes" e "na rebeldia dos machanganas". Ainda aqui se registra a ideia constante na obra de Sousa: a de um eu que só faz sentido se entrecortado por vários outros "eus". Na pele do subjugado ressoa o macua; no corpo do que sofre, mostra-se o rebelde e o que reconta as tradições. Assim, o eu sempre converge para um nós que se perfaz na voz de uma terra que tem história, memória, dores e esperanças, como se mostra nos versos deste poema, nos quais figuram várias imagens da terra africana: "torturada e magnífica / altiva e mística / África da cabeça aos pés":

> Se me quiseres conhecer,
> estuda com olhos de bem ver
> esse pedaço de pau preto
> que um desconhecido irmão maconde
> de mãos inspiradas
> talhou e trabalhou em terras distantes lá do norte. [...]
>
> África da cabeça aos pés,
> – Ah, essa sou eu![35]

AUGUSTO DOS SANTOS ABRANCHES

António Augusto dos Santos Abranches pertenceu à Geração Coimbra do grupo neorrealista português. Dirigiu, nessa cidade, uma livraria e fundou a editora Portugália/Coimbra, a qual se tornou, na década de 1930, um espaço de convivência de escritores, pois a editora era também uma livraria. Foi responsável pela divulgação literária e cultural em Moçambique, desde a década de 1940, quando vai para a África. É a ele que se deve a divulgação em Moçambique de autores portugueses, brasileiros, cabo-verdianos e angolanos. A partir de 1944, passa a orientar a revista *Itinerário* (1945-1955), na sua última fase, tendo também dirigido o semanário *Agora* (1948). Juntamente com Virgílio de Lemos, foi um dos idealizadores da revista *Msaho* (1952). Escreveu dois livros de poemas: *Poemas de hoje*, de 1942, e *Tufão*, de 1943, além de uma peça de teatro e uma infinidade de ensaios, publicados em jornais moçambicanos. Faleceu no Brasil em 1963.

Como se vê, Augusto dos Santos Abranches teve papel fundamental no empenho de fortalecer uma efetiva literatura moçambicana. Santos sempre questionou o porquê de Moçambique não seguir o exemplo de Cabo Verde e se fazer ouvir por meio de movimentos culturais como foi o movimento dos Claridosos, iniciado em 1936, com a publicação da revista *Claridade*. Na avaliação de Santos Abranches, até então não existia uma literatura efetivamente moçambicana e nem mesmo uma literatura colonial, entendida com relação a textos de real qualidade artística. Os textos citados a seguir deixam perceber a intenção do escritor e divulgador cultural de demonstrar a impropriedade da expressão "literatura colonial". Para ele, tanto a produção que expressa "as reações do branco perante o meio-ambiente do negro", quanto a que se mostra como impossibilidade de atender aos apelos de expressão de um pensamento coletivo indicam o caráter transitório desse tipo de literatura:

> Antes de mais nada, entenda-se que, por "literatura colonial", nos referimos à que pretende contar as reacções do branco perante o meio-ambiente do negro, isto é: a toda essa espécie de descrição mais ou menos ficcionista que nos

introduz perante as pessoas imaginariamente vindas de ambientes culturais desenvolvidos, civilizados, para meios-ambientes primitivos.[36]

Será porque a literatura colonial não existe? [...] De mais a mais se tomarmos a palavra literatura como sendo uma forma de arte, como a resultante dessa espécie de apelo à criação que enforme as nossas reflexões, conjugando-as ou enquadrando-as para o pensamento colectivo, a dúvida virará uma certeza. [...] Logo, que em literatura existe sempre criação, forma e independência, a menos que se pretenda vender por obra de arte o que não passa de uma criação mais ou menos perfeita. [...] Ora, se na criação literária existe essencialmente humanidade, na falada "literatura colonial" esse sentido de humanidade brilha pela ausência. [...] Que a chamada "literatura colonial", às sua tentativas de criação e independência, nada mais lhe resta que abrir as portas e sumir-se. Trabalho de transição, reflexo de época limitada em tempo e espaço, tem que forçosamente ser esquecida, mal aproveitada.[37]

Em outro momento, o mesmo escritor discute a inevitabilidade dessa literatura, salientando que "a 'literatura colonial' tinha uma estética peculiar e uma forma de percepção da realidade criada pelo sistema colonial".[38] As indagações do escritor sobre a literatura colonial explicam, de certa forma, ter ele se surpreendido positivamente com a poesia de Noémia de Sousa publicada no jornal *O Brado Africano*, em 1949. Desde então, ele passa a enxergar, em Moçambique, uma literatura de qualidade e, para além disso, uma literatura marcadamente moçambicana. Ficam claros, portanto, os motivos que levam esse escritor a se empenhar, em 1952, junto com Virgílio de Lemos e outros, na criação da revista *Msaho*, que, conforme já visto, apesar de ter tido apenas um número, marca a história literária de Moçambique. Abranches deixou Moçambique, em 1955, para se instalar em São Paulo, onde trabalhou, na Livraria Francisco Alves, como propagandista de livros. Embora importante na definição dos rumos a serem tomados pela literatura moçambicana, a partir de *Msaho*, a poesia desse poeta não tem a força da de Virgílio de Lemos, de Craveirinha ou de Noémia de Sousa. De sua obra poética, fica aqui registrado o poema "Variante de uma canção de amor", presente na antologia de poesia moçambicana de Nelson Saúte, *Nunca mais é sábado*:

1

Minha amiga, minha amada:
“quando eu era pequenininho”
minha vida começou
logo no berço a cantar…
E esse cantar te levou!

Não tinha a voz nem o gesto
De quem a sabe dizer.
E o meu sonho estava
“acabado de nascer”
como sempre te esperava…

Minha amiga, minha amada:
“inda mal abria os olhos”
– vê tu que louca ilusão!
inda não sentia ou andava,
me batia o coração.

Bater tão forte, tão tonto;
tão cheio de me doer
que o meu desejo querido
“já era para te ver”
no sonho que te sonhava.

2

Minha amiga, minha amada:
“Quando um dia eu for velhinho”
Cansado e desiludido;
Quando minha estrela e rumo
Estiver de mim perdido,

Pronto a descer à terra…
Oh, quando tudo perder
Como tronco destroçado
“acabado de morrer”
Já que nunca te encontrava…

Minha amiga, minha amada:
"olha bem para os meus olhos"
Gastos, baços e iludidos,
Ao te buscar a cantar
Por rumos desconhecidos.

Olha-me bem, bem no fundo
Dos olhos de te querer
Para que vejas e sintas
"que inda estão para te ver"
Numa esperança calada...

3

Truz, truz, truz! Bate agora à tua porta
Com minha voz e minha guitarra,
E a força de te encontrar –
– minha amada, minha amada!
Truz, truz, truz! Bato e fico esperando
Que ouças o meu chamar...
Bato e fico-me cantando
Já que só nasci para te cantar.[39]

REINALDO FERREIRA

Poeta natural de Barcelona, filho do famoso jornalista com o mesmo nome, que nos anos 1920 se celebrizou por assinar as suas peças com o pseudônimo Repórter X, Ferreira iniciou estudos secundários na Espanha, tendo-os concluído já em Moçambique, onde se fixou e onde morreu, aos 37 anos, em 1959. Colaborou em muitas publicações de Maputo, chamada Lourenço Marques até 1975; entre elas, a revista *Msaho*, da qual foi um dos editores. A edição póstuma do seu livro *Poemas*, de 1960, foi prefaciada e coligida por Eugênio Lisboa. Os poemas que se seguem permitem perceber traços da escrita desse poeta que se empenhou na proposta da revista *Msaho*:

O Ponto:
Mínimo Sou
Mas quando ao Nada empresto
A minha elementar realidade
O Nada é só o resto![40]

O Futuro
Aos domingos iremos ao jardim.
Entediados, em grupos familiares,
Aos pares,
Dando-nos ares
De pessoas invulgares,
Aos domingos iremos ao jardim.
Diremos, nos encontros casuais
Com outros clãs iguais,
Banalidades rituais,
Fundamentais
Fundamentais.
Autómatos afins,
Misto de serafins
Sociais
E de standardizados mandarins,
Teremos preconceitos e pruridos,
Produtos recebidos na herança
De certos caracteres adquiridos.
Falaremos do tempo,
Do que foi, do que já houve...
E sendo já então
Por tradição
E formação
Antiburgueses
– Solidamente antiburgueses –,
Inquietos falaremos
Da tormenta que passa
E seus desvarios.

Seremos aos domingos, no jardim,
Reaccionários.[41]

Os poemas deixam ver aspectos da poesia de Ferreira, que se tece com ironia, com traços simbolistas, marcas de um niilismo impregnado de crítica social.

CONSIDERAÇÕES FINAIS

Todos os escritores que fizeram parte de *Msaho*, seja por meio de suas publicações ou até mesmo da idealização da revista, têm, obviamente, cada um à sua maneira, um olhar sobre a literatura em Moçambique. A sociedade moçambicana, à época de criação de *Msaho*, vivia ainda os fortes resquícios de uma literatura em cujos textos repercutiam a voz, a cultura e os ideais da colonização. Foram publicações locais – como o jornal *O Brado Africano* (1918-1974), o *Itinerário* (1941-1955) e a revista *Msaho* (1952) – que contribuíram para a abertura de portas e a quebra de barreiras que impediam as manifestações dos que lutavam por uma literatura verdadeiramente moçambicana. O propósito de *Msaho*, castrado pouco depois de seu nascimento, era resgatar a identidade de um povo que viu sua cultura, seus valores, suas tradições e seus ideais serem postos à margem para que pudesse reverberar, ainda que impositivamente, os tons agressivos da colonização. Há, no projeto de *Msaho*, a afirmação de uma literatura moçambicana, um ideal de moçambicanidade, um empenho em resgatar a multiplicidade de expressões que se mostram em oralidades várias, em rituais, crenças e valores que identificam o país como a almejada pátria, muitas vezes sufocada pela cultura do colonizador. E no empenho desses poetas transgressores de levarem a Moçambique as vozes dissidentes das vanguardas literárias e artísticas europeias e do Modernismo brasileiro, a língua portuguesa é posta em diálogo com outras línguas europeias e, particularmente, com as línguas étnicas de Moçambique.

REFERÊNCIAS

ABRANCHES, Augusto dos Santos. "Sobre 'Literatura colonial'". *Seara Nova*. Lisboa, n. 1099-n. 1120, jan.-jun. 1949.

ANGIUS, Fernanda. "Entre os oceanos e o amor viaja o poeta" (posfácio). *In*: LEMOS, Virgílio de & SECCO, Carmen Lucia Tindó Ribeiro (org.). *Eroticus moçambicanus*. Rio de Janeiro, Nova Fronteira/Faculdade de Letras, UFRJ, 1999.

____. "A actual literatura em Moçambique – a propósito de uma literatura em construção". *Latitudes*, n. 7, dez. 1999-jan. 2000, pp. 19-22.

APA, Lívia; BARRETOS, Arlindo & DÁSKALOS, Maria Alexandre (org.). *Poesia africana de língua portuguesa: antologia*. Rio de Janeiro, Nova Aguilar, 2003.

AUGEL, Moema Parente. *A nova literatura da Guiné-Bissau*. Bissau, Instituto Nacional de Estudos e Pesquisas Educacionais Anísio Teixeira (INEP), 1998 (Coleção Kebur).

____. *O desafio do escombro: nação, identidades e pós-colonialismo na literatura da Guiné-Bissau*. Rio de Janeiro, Garamond, 2007.

COUTO, Mia. "A minha pátria é a minha língua portuguesa". *Pública*, 16/1/2000.

CRAVEIRINHA, José. *Xigubo*. 2. ed. Lisboa, Edições 70, 1980a.

____. *Cela 1*. Lisboa, Edições 70, 1980b.

____. *Karingana ua Karingana*. Lisboa, Edições 70, 1982.

____. *Babalaze das hienas*. Maputo, UEA, 1997.

____. *Maria*. Lisboa, Caminho, 1998.

FERREIRA, Manuel. *No reino do Calibán*, vol. I. Lisboa, Seara Nova, 1975.

____. *No reino do Calibán*, vol. II. Lisboa, Seara Nova, 1976.

____. *Literaturas africanas de expressão portuguesa*. Lisboa, Instituto de Cultura Portuguesa, 1977.

____. *50 poetas africanos*. Lisboa, Plátano, 1989.

____. *No reino do Calibán*, vol. III. Lisboa, Plátano, s/d.

FONSECA, Maria Nazareth Soares. *Literaturas africanas de língua portuguesa: percursos da memória e outros trânsitos*. Belo Horizonte, Veredas e Cenários, 2008.

HAMPÂTÉ-BÂ, Amadou. "A tradição viva". *In*: KI-ZERBO, Joseph (coord.). *História geral da África*, vol. I: Metodologia e pré-história da África. São Paulo/Paris: Ática/UNESCO, 1982.

____. "Prólogo". *Amkoullel, o menino fula*. São Paulo, Casa das Áfricas/Palas Atenas, 2003.

LABAN, Michel. *Moçambique: encontro com escritores*, vol. I: *Encontro com Aníbal Aleluia, José Craveirinha, Glória de Sant'Anna, Ascêncio de Freitas, Noémia de Sousa e Virgílio de Lemos*. Porto, Fundação Eng. António de Almeida, 1998.

LEITE, Ana Mafalda. *A poética de José Craveirinha*. Lisboa, Vega, 1991.

____. *Oralidade & escrita nas literaturas africanas*. Lisboa, Edições Colibri, 1998.

____. *Literaturas africanas e formulações pós-coloniais*. Maputo, União dos Escritores Moçambicanos, 2003.

____. "Lee-Li Yang, um heterônimo feminino de Virgílio de Lemos". *In*: MATA, Inocência (org.). *A mulher em África: vozes de uma margem sempre presente*. Lisboa, Colibri/Centro de Estudos Africanos/Faculdade de Letras da Universidade de Lisboa, 2006, pp. 381-390.

LEMOS, Virgílio de. "*Eroticus moçambicanus*: breve antologia da poesia escrita em Moçambique (1944/1963)". *In*: SECCO, Carmen L. T. R. (org.). *Antologia do mar na poesia africana de língua portuguesa do século XX: Moçambique, São Tomé e Príncipe e Guiné-Bissau*, vol. III. Rio de Janeiro: Nova Fronteira, 1999a.

____. "O nascimento do poeta e o canto antropofágico de Msaho". Eroticus moçambicanus: *Breve antologia da poesia escrita em Moçambique (1944-1963)*. Rio de Janeiro, Nova fronteira/Editora UFRJ, 1999b, pp. 23-33.

____. *Negra Azul: retratos antigos de Lourenço Marques de um poeta barroco, 1944-1963*. Maputo, Instituto Camões/Centro Cultural Português, 1999c.

____. *Jogos de prazer – Virgílio de Lemos & heterónimos: Bruno dos Reis, Duarte Galvão e Lee-Li Yang*, vol. I. Lisboa, Imprensa Nacional/Casa da Moeda, 2009.

LOPES, J. S. Miguel. *Cultura acústica e letramento em Moçambique: em busca de fundamentos antropológicos para uma educação intercultural*. Faculdade de Educação, Pontifícia Universidade Católica São Paulo, São Paulo, 2000 (Tese de Doutorado).

____. "Cultura acústica e cultura letrada: o sinuoso percurso da literatura em Moçambique. Metamorfoses". *Revista da Cátedra Jorge de Sena da Faculdade de Letras da UFRJ*, vol. 2, 2001, pp. 157-168.

MENDONÇA, Fátima. "A literatura moçambicana em questão". *Discursos: estudos de língua e cultura portuguesa*. Lisboa, Universidade Aberta, 1995.

____. "Moçambique, lugar para a poesia". *In*: SOUSA, Noémia de. *Sangue negro*. Maputo, Associação dos Escritores Moçambicanos, 2001.

MENDONÇA, Fátima & SAÚTE, Nelson. *Antologia da nova poesia moçambicana*. Maputo, Associação dos Escritores Moçambicanos, 1989.

MOREIRA, Terezinha Taborda. *O vão da voz: A metamorfose do narrador na ficção moçambicana*. Belo Horizonte, Horta Grande, 2005.

NOA, Francisco. "Literatura colonial em Moçambique: o paradigma submerso". *Via Atlântica*, vol. 2, n. 2, 1999, pp. 58-69.

ONG, Walter. *Oralidade e cultura escrita: A tecnologização da palavra*. Trad. Enid Abreu Dobránszky. Campinas, Papirus, 1998.

PADILHA, Laura Cavalcante. *Novos pactos outras ficções: ensaios sobre literaturas afroluso-brasileiras*. Lisboa, Novo Imbondeiro, 2002.

_____. *Entre voz e letra: o lugar da ancestralidade na ficção angolana do século XX*. Rio de Janeiro, Pallas/EUFF, 2007.

SAÚTE, Nelson. *Nunca mais é sábado – antologia de poesia moçambicana*. Maputo, Dom Quixote, 2004.

SECCO, Carmen Lucia Tindó Ribeiro. *Antologia do mar na poesia africana de língua portuguesa do século XX*, vol. I, II, III. Rio de Janeiro, UFRJ, 1999a.

_____. *Organização e apresentação da antologia poética Eroticus moçambicanus, do poeta moçambicano Virgílio de Lemos*. Rio de Janeiro, Nova Fronteira/ Faculdade Letras da UFRJ, 1999b.

_____. "O mar, a ilha, a língua: a vertigem da criação na poesia de Virgílio de Lemos". *Anais* do VI Congresso da Associação Internacional dos Lusitanistas. Rio de Janeiro, Universidade Federal do Rio de Janeiro, 1999.

_____. *A magia das letras africanas: ensaios sobre as literaturas de Angola e Moçambique e outros diálogos*. Rio de Janeiro, Quartet, 2008.

SOUSA, Noémia de. *Sangue negro*. Maputo, Associação dos Escritores Moçambicanos, 2001.

NOTAS

1 As discussões apresentadas neste artigo têm origem na dissertação *A língua é minha pátria: hibridação e expressão de identidades nas Literaturas Africanas de Língua Portuguesa*, defendida, na PUC Minas, em 2012. Disponível em <http://www.biblioteca.pucminas.br/teses/Letras_DeusLPS_1.pdf>. Acesso em 5/3/2024.

2 Secco, 2001.

3 *Idem*.

4 Lemos, 1999a, p. 428.

5 Mendonça, 2001, p. 165.

[6] O poeta José Craveirinha não publicou poemas na primeira edição da revista *Msaho*, mas participou da concepção desse movimento no cenário moçambicano.
[7] Mendonça & Saúte, 1989, pp. 8-10.
[8] Craveirinha, 1982, p. 151.
[9] Ferreira, 1989, pp. 333-336.
[10] Leite, 2003, p. 22.
[11] Lemos, 1999, p. 38.
[12] *Idem*, p. 143.
[13] Secco, 1999, p. 28.
[14] *Idem, ibidem.*
[15] *Idem, ibidem.*
[16] Lemos, 1999, p. 29.
[17] Secco, 1999, p. 55.
[18] Lemos, 1999, p. 422.
[19] Tzara, 2010.
[20] Secco, 1999, p. 31.
[21] *Idem, ibidem.*
[22] *Idem*, p. 26.
[23] Laban, 1998, p. 428.
[24] Lemos, 1999, p. 124.
[25] Melo, 2003, p. 26.
[26] Angius *apud* Lemos, 1999a, p. 136.
[27] *Idem*, p. 146.
[28] *Idem*, pp. 146-147.
[29] Secco, 1999b, p. 42.
[30] Secco, 2001.
[31] *Idem.*
[32] Secco, 1999b, pp. 32-33.
[33] Sousa, 2001, pp. 123-124.
[34] Mendonça, 2001, p. 170.
[35] Sousa, 2001, pp. 49-50.
[36] Abranches, 1947, p. 3 *apud* Noa, 1999, p. XX.
[37] Abranches, 1949, pp. 78-79.
[38] Abranches, 1947, p. 1 *apud* Noa, 1999.
[39] Saúte, 2004, p. 45.
[40] Brás, 1974, p. 125.
[41] *Idem*, p. 51.

14
REINALDO FERREIRA: AVESSO DO AVESSO

Luciana Brandão Leal

Não sonhas nem estás
ausente
a evocação é simples gesto
de ternura
humanamente livremente
tudo o que em teus
infernos
luz.[1]

"Faz-se, desfaz-se, faz-se uma incorpórea face,
resumo do existido".[2]

Reinaldo Edgar de Azevedo e Silva Ferreira (Reinaldo Ferreira) nasceu em Barcelona, em 20 de março de 1922, filho do conhecido jornalista "Repórter X", de quem herdou o nome, e mudou-se para Lourenço Marques (atual Maputo) entre 1939 e 1941. Há divergências nos registros biográficos sobre a sua chegada a Moçambique. O poeta moçambicano Virgílio de Lemos afirma que ele se mudou para Lourenço Marques, aos 17 anos, em 1939.[3] Nelson Saúte[4] e Eugénio Lisboa,[5] por sua vez, dizem que ele chegou àquela colônia portuguesa em 1941. Morreu muito jovem, aos 37 anos, em 30 de junho de 1959, vítima de câncer nos pulmões, em Lourenço Marques. O crítico Eugénio Lisboa lamenta que o último encontro entre eles tenha sido "breve e doloroso": "A vida dera-lhe o dom do seu talento, mas fizera-lhe pagar caro", e assim prossegue: "pareceu-me que este seu desengano, este seu cepticismo fundo vinha de longe".[6]

Seus primeiros poemas foram publicados em jornais e revistas de Moçambique, em suplementos literários, em *Agora*, *O Itinerário*, *A Tribuna*, *Notícias de Lourenço Marques*, *Notícias da Beira*, *Paralelo 20* e outros. Outros textos foram adaptados para o rádio e para peças teatrais, alguns dos seus poemas se tornaram canções orquestradas pelo maestro Artur Fonseca, e assinou canções como "Uma casa portuguesa", "Lavadeiras", "Abril em Portugal", "Khanimambo", "Piripiri" e "Magaíça", para as quais compôs as letras; outras foram musicadas a partir de alguns dos seus poemas. No rádio, conduziu o programa "Teatro em sua casa", do Rádio Clube de Moçambique.

Reinaldo Ferreira foi um dos colaboradores da revista *Msaho*, idealizada por Virgílio de Lemos, de quem fora amigo muito próximo. Somente após a sua morte, em 1959, graças ao empenho e à organização dos amigos, seu livro, *Poemas*,[7] foi editado pela Imprensa Nacional, em Moçambique, e, em 1962, em Lisboa. David Mourão-Ferreira, que apresentou os textos de Reinaldo Ferreira na Faculdade de Letras da Universidade de Lisboa, reitera o valor estético dessa obra, mesmo não tendo a crítica profissional o reconhecido ainda vivo.

Como leitor,[8] estabelecia percursos pela literatura ocidental demonstrando abertura e interesse não apenas pelas produções literárias de Moçambique, mas pela literatura universal. Fora leitor de Stephen Spender, W. H. Auden e T. S. Eliot, tendo-os apresentado a alguns companheiros e escritores moçambicanos. Lia, também, Dostoiévski, Tchekhov, Jaroslav Hasek, William Blake, André Gide, Rimbaud e Baudelaire; além de Fernando Pessoa, Sá-Carneiro, Camilo Pessanha, Cesário Verde, Camões, António Botto, Antero de Quental; entre os escritores brasileiros, elegeu Cecília Meireles, João Cabral de Melo Neto, Manuel Bandeira e outros. Virgílio de Lemos observa que ele, ao compartilhar suas experiências literárias com os colegas de "café e poesia", não pretendia ser orientador de leituras de seus companheiros; prevalecia uma ideia de compartilhamento: "ele passava-nos os autores que acabara de ler ou reler".[9]

Seus poemas não foram incluídos nem referenciados em duas importantes publicações que reúnem poesias moçambicanas do século

XX: *O discurso no percurso africano I*, organizada por Manuel Ferreira,[10] e *Antologia da nova poesia moçambicana*, organizada por Fátima Mendonça e Nelson Saúte,[11] publicada pela Associação dos Escritores Moçambicanos. O fato de não figurarem nessas duas obras demonstra o lugar incerto e, em termos, marginalizado ocupado por ele no cenário literário da Moçambique do século XX.

Em obras organizadas posteriormente, Reinaldo figura como escritor da literatura moçambicana, com poemas selecionados da sua antologia publicada em 1960. Está representado na obra *Poetas moçambicanos*, de Luís Polanah, editada pela Casa dos Estudantes do Império, de Lisboa. Alguns de seus poemas também foram incluídos no segundo volume – Moçambique – das *Antologias de poesia da Casa dos Estudantes do Império: 1951-1953*, editada em 1994, organizada por A. Freudenthal, B. Magalhães, H. Pedro e C. Veiga Pereira. Nessa obra, constam alusões aos textos: "Poema",[12] "Passemos tu e eu"[13] e "Magaíssa".[14] Na antologia de poesia moçambicana intitulada *Nunca mais é sábado*, organizada e editada por Nelson Saúte, foram incluídos os poemas "Receita para fazer um herói"[15] e "O futuro",[16] além de poemas sem títulos cujos primeiros versos são: "Tu, Baby, ao leres um dia",[17] "Duma outra infância, inventada",[18] "Regresso de parte alguma",[19] "Nasci poeta abstruso",[20] "Deus que me fez e fizera",[21] "Eu, Rosie, eu se falasse, eu dir-te-ia",[22] "A que morreu às portas de Madrid",[23] e "Mínimo sou".[24] Saúte privilegia, em sua organização, a face mais subjetiva e intimista de Reinaldo Ferreira, oferecendo aos leitores textos que focalizam a condição de um poeta maldito, difícil de se compreender, intrincado, obscuro.

Reinaldo Ferreira foi criticado, em vários momentos, por ser considerado um "estrangeiro", "escritor sem pátria", alheio aos dramas da colônia e da vida política em Moçambique. Suas temáticas mais intimistas e existencialistas faziam com que a crítica não o considerasse, de fato, "autor moçambicano". Alfredo Margarido, em posicionamento polêmico e contestado, afirma: "Chegando adulto a Moçambique só podia aderir 'de fora' aos valores do país. O seu regresso a Portugal parece ter posto fim ao equívoco que alimentava o mito".[25] Manuel de Souza e Silva, por sua vez, afirma que "não há lugar para ele na literatura moçambicana. Na literatura portuguesa, ele é o intruso, o espião, o que está sempre desconfortavelmente".[26]

Talvez por esse motivo, Reinaldo permaneceu (e ainda permanece) em posição desprivilegiada, marginalizada, no cenário literário moçambicano do século XX, tanto que ainda hoje não há estudos críticos que analisam, especificamente, a sua produção poética. Há registros biográficos sobre esse escritor em um texto de Virgílio de Lemos, publicado no livro *A dimensão do desejo*[27] e nos anexos da antologia *Jogos de prazer*,[28] que focalizam a sua biografia, sob o título "Reinaldo Ferreira: esboço de um quase retrato, os anos 50". Há, também, alguns textos dispersos em jornais e revistas que mencionam, brevemente, a sua obra, além de referências a seus poemas em textos panorâmicos sobre a produção literária de Moçambique, focalizando, sobretudo, suas contribuições para a revista *Msaho*.

Outros críticos registram percepção distinta, como Eugénio Lisboa, que, após analisar obras de Reinaldo Ferreira e José Craveirinha, pontua: "Reinaldo: falando de si, é de todos nós que fala. Cada um deles procura elevar o seu pequeno e limitado reino à categoria universal".[29] Lisboa explica, ainda, que os poemas de Ferreira "circulavam de mão em mão, aqui e acolá publicados em jornais ou revistas, republicados, modificados, retomados, com aquela admiração e veneração sempre vivas que só as coisas realmente belas costumam motivar".[30]

Américo Nunes escreve que esse poeta foi uma revelação no cenário literário moçambicano dos anos 1950, "pelo seu tom 'rimbaudiano'".[31] Esse crítico compara a lírica de Reinaldo Ferreira à de Virgílio de Lemos, nestes termos: "O movimento desencadeado pela poesia de Reinaldo Ferreira vai do interior para o exterior, na poesia de Virgílio de Lemos esse movimento é inverso".[32]

Nelson Saúte, em 21 de março de 2022, assina matéria do jornal *O País* em homenagem aos 100 anos do escritor Reinaldo Ferreira. Embora ele seja autor de alguns dos mais preciosos poemas da língua portuguesa, ele é, hoje, segundo Saúte, um poeta "rigorosamente esquecido". Saúte prossegue:

Fortuitamente citado, jamais celebrado pelos seus porvindouros, proscrito da glória que cobre tantos poetas efémeros, objecto de descaso quer em Moçambique ou mesmo em Portugal, os seus versos, quase todos aqui produzidos, permanecem no território do olvido.[33]

Embora tenha sido incluído na importante antologia *Nunca mais é sábado*, organizada em 2004, o poeta e crítico literário insiste: "Reinaldo Ferreira permanece, à distância de seis décadas, omisso, desconhecido, deslembrado, esquecido, não obstante sua obra de grande quilate".[34]

Se há, entre os críticos literários, contradições sobre a relevância da obra poética de Reinaldo Ferreira, entre os poetas moçambicanos ele é reverenciado, em diversos momentos, como importante representante da lírica moçambicana. A opinião de Virgílio de Lemos sobre Ferreira é compartilhada por seus contemporâneos e pelos que vieram posteriormente, porque "a moçambicanidade teria as características que a própria escrita, poética ou não, viesse a definir, a precisar, o que não impediria, de modo nenhum, que cada um de nós fosse singular e intimista".[35]

Em entrevista a Carmen Lucia Tindó Secco sobre uma "poética dos afetos" e, especificamente, sobre escritores que trabalham a "dimensão do sensível" em seus poemas, Virgílio de Lemos inclui Reinaldo Ferreira como um representante local dessa dicção: "Mas, a nosso lado, vivia, em Moçambique, um Reinaldo Ferreira. Eu lia seus poemas em guardanapos de papel e falava com ele".[36] Em outra análise sobre o gesto literário de Reinaldo Ferreira, Virgílio destaca sua forma de se posicionar contra as questões colonialistas, demonstrando que essas opções estéticas reforçavam a sua condição de "estrangeiro":

Reinaldo Ferreira situava-se fora da área política, considerava-se um "estrangeiro" (à maneira de Camus) dentro do contexto colonial. E se, no meu caso e de alguns outros, considerávamos mais as pessoas, que as suas inclinações ideológicas ou os seus oportunismos políticos, já a partir de 1950/1951 tínhamos feito a nossa opção, posicionámo-nos contra o colonialismo e contra o fascismo, mas valorizando o papel da cultura nessa luta, nesse processo de consciencialização dos que não podiam exprimir-se, entre a maioria africana. Éramos pela defesa da dignidade do Homem negro.[37]

Em seu segundo livro, *Reino submarino*, o poeta Rui Knopfli dedica a Reinaldo Ferreira uma elegia: "O que na vida repartiu seu poema / por alados guardanapos de papel, / o criador de sonhos logo perdidos / na berma dos caminhos, / o mago que pressentia o segredo / da beleza perene".[38]

Outro moçambicano, Sebastião Alba, escreve o soneto "Reinaldo Ferreira", publicado em duas de suas obras: *O ritmo do presságio*, de 1981, e *A noite dividida*, de 1996:

Antes de mim, já outros o fizeram.
Dominadores de mundos circunscritos,
só se submetem ao que consideram
ser do domínio fulvo dos seus mitos.

Se vivem, é para o desnudamento
da íntima direcção que em si arrua
os gelos vindos dum cabo do alento
duma promessa a uma verdade sua.

Antes de mim, já outros o fizeram.
Com o cinzeiro cheio, amanheceram
ante a escarpa do olhar dentro de si.

Na mesa do café, tardando à mesa,
à curva do seu fardo da beleza,
como à do meu destino, obedeci.[39]

Nesse soneto, o eu lírico de Sebastião Alba homenageia o legado de poesia mais subjetiva e intimista que recebera de seu antecessor: "antes de mim, já outros o fizeram". Esse poema não é apenas uma homenagem a Reinaldo Ferreira, individualmente, mas a gestos literários que privilegiam modos de "olhar dentro de si".

Em *A dimensão do desejo*, livro publicado, em 2009, pela Associação Moçambicana da Língua Portuguesa, Virgílio de Lemos apresenta a seção "Utopia até morrer ou Entre a esperança e o sentido", com poesias de evocação a Reinaldo Ferreira. Algumas foram escritas entre 1952 e 1964, em Moçambique: percursos por Lourenço Marques, Ilha de Ibo, Ilha de Moçambique, enquanto Virgílio por lá vivera. Como se sabe, em 1964 Virgílio deixa a colônia portuguesa para viver em Paris. Nessa mesma seção, há poemas datados de 1964 a 2005, escritos em diversas cidades europeias: Paris, Florença, Londres, Veneza, Lisboa e Barcelona, além de Alexandria. Nas últimas páginas, há diversas imagens de Reinaldo Ferreira, fotos, pinturas e um desenho de Diane Lidchi. No poema "Passeio em Barcelona", por exemplo, o eu lírico percorre a cidade, como um *flâneur*, errante, ao encontro da memória de seu poeta amigo:

> A errância é outro jeito
> de estar e ser.
> Exílio interior e transe
> Silêncio e solidão
> Maior.
> Mar que se perde de
> Amores
> Nas ruas de Barcelona![40]

Nesse empenho, saúda o local de nascimento de Ferreira, com estes versos metalinguísticos contundentes:

> E tu Reinaldo que nasceste
> neste outro xadrez
> de alquimias e
> tragédias
> mais uma vez te evocarei
> seremos tu e eu
> Lorca Machado e Durruti
> labirintos da noite
> e da ficção mais funda
> que o real
> voo azul
> e vento à solta
> vida e alegria
> no perseguido verso poético.

Nas palavras frágeis
o balão da poesia vibra
feito música a língua
na língua por vezes míngua
d'inspiração.[41]

É nessa migração que a língua se inventa, em um movimento erótico e vertiginoso, como é próprio do gesto poético de Virgílio de Lemos. O poema, em que a linguagem se performatiza em evocação e saudação à memória do poeta amigo, nos retoma as palavras de Leda Maria Martins, quando diz que a *performance* "engloba movimentos, sonoridades, vocalidades, coreografias, gestos, linguagem, figurinos, pigmentos",[42] num intuito de gravar o corpo/*corpus* "como *locus* e ambiente do saber e da memória".[43]

Nesse livro, *A dimensão do desejo*, Virgílio de Lemos inclui excertos críticos de Américo Nunes e Eugénio Lisboa sobre Reinaldo Ferreira, considerando percursos desse poeta pelos espaços da Lourenço Marques na década de 1950. Nos versos de Lemos, identificam-se as afirmações de Américo Nunes, para quem Reinaldo Ferreira é

> [...] poeta urbano, da ruptura trágica dos seres que vivem nas cidades, da dilaceração das subjetividades urbanas (de Barcelona onde nasceu, a Lourenço Marques onde viveu, passando por outras cidades, que visitou durante suas viagens), da dor e da angústia urbanas.[44]

Na mesma edição, encontra-se o ensaio "Reinaldo Ferreira: Esboço de um quase retrato. Os anos 50", no qual se faz um discurso quase biográfico (e, de certa forma, autobiográfico); Virgílio de Lemos elabora uma dicção bastante peculiar: as informações são apresentadas pelas lentes de um amigo muito íntimo, com a finalidade de "trazer certa luz ao homem e também à obra, ao seu rigor lírico e sobre o próprio meio cultural onde ele se fez homem e morreu".[45]

Nessa "quase" biografia, Virgílio cita o fato de Reinaldo Ferreira ser homossexual, orientação ousada para a época, considerando-se o contexto social da colônia portuguesa que, sem dúvida, naquele momento, era predominantemente intolerante e homofóbico: "Reinaldo era homossexual, mas a sua condição era 'aceite' por uma diminuta parte da elite burguesa da cidade, entre os intelectuais".[46] Além disso, Virgílio reforça a condição de "*gauche*" desse poeta: "Se não tivesse sido homossexual, Reinaldo Ferreira seria um ser extremamente solitário, uma quase 'alma penada', um quase 'poeta maldito'".[47]

Valendo-se de um verso de Reinaldo Ferreira, Luís Carlos Patraquim resgata e redefine gestos poéticos que inauguram dicções mais subjetivas no cenário moçambicano: "Sem emoção a poesia não é nada".[48] Quando retoma a fala de Reinaldo Ferreira, Patraquim está, inclusive, refletindo sobre o seu próprio gesto poético, permeado pelos "afetos", tema que motiva a entrevista em questão. Nesse empenho para compor uma "poética permeada pelos afetos",[49] Reinaldo Ferreira, na década de 1950, propõe novas formas no cenário da moderna poesia moçambicana, assumindo uma dicção bastante peculiar: uma poética da interioridade e do lirismo intimista.

Como mencionado, Reinaldo Ferreira participou da primeira edição da revista *Msaho*, para a qual escreveu dois poemas. A revista *Msaho*, idealizada por Virgílio de Lemos, cuja primeira (e única!) edição data de 1952, contou, também, com contribuições de Noémia de Sousa, Alberto de Lacerda, Duarte Galvão, Ruy Guerra, Augusto dos Santos Abranches, Reinaldo Ferreira, Cordeiro de Brito e Domingos Azevedo, intelectuais contrários à opressão e à discriminação dos negros. "*Msaho* começou com um número que foi ruptura, mas, ao mesmo tempo, 'um teste'. Queríamos saber como o governo de Moçambique e a censura, a Polícia Internacional e de Defesa do Estado – PIDE, iriam reagir".[50] Os pressupostos de *Msaho* eram distintos das convenções poéticas preponderantes naquele momento:

> *Msaho* pretendia uma visão aberta, liberta de preconceitos e militâncias estigmatizadas. A nossa militância era poética: fundia contenção e rigor, mas buscava também as pulsões e sensações da poesia, ou seja, um corpo a corpo silabar com a linguagem do desejo. [...] Portanto, *Msaho*, embora tenha tido um único número, foi precursora da modernidade na poesia moçambicana.

Foi ela quem apontou para a urgência da ruptura com as prácticas literárias existentes, até então, em Moçambique.[51]

Os poemas de Reinaldo Ferreira estão na sexta página da revista *Msaho*, cuja reprodução integral, facsimilar, está disponível em: *Virgílio de Lemos: poesia em trânsito*.[52] Nessa revista, constam dois textos dele, com ilustrações surrealistas de Antero Machado e João Ayres.

Os seus dois poemas que compõem *Msaho*, "canção noturna" e "herança", grafados assim, com letras iniciais minúsculas, aparecem em itálico – como no original –, o que evidencia, na concepção estética dessa revista, a encenação da subjetividade pela voz lírica. Os temas abordados são bastante diversos da poesia produzida em Moçambique na década de 1950 e trazem à publicação uma variedade de propostas, demonstrando a intenção de apresentar múltiplas possibilidades líricas que se pretendiam inaugurar no cenário da colônia.

Vejamos as propostas:

canção noturna

Café de cais,
onde se juntam
anónimos de iguais,
os ratos dos porões,
babel de todos os calões,
rio de fumo e de incontido cio,
sexuado rio,
que busca, único mar,
mulheres de pernoitar,
unge-te a nojo, não Anfitrite,
fina ficção marinha,
mas nauseambundo
e tutelar,
o vulto familiar
da Virgem Vico,
Nossa Senhora do Baixo Mundo.[53]

O primeiro texto que integra a edição de *Msaho*, "canção noturna", apresenta cena cotidiana em narrativa com tempo e espaço bem definidos. Com linguagem erotizada que menciona encontros sexuais nos cais moçambicanos, apresenta mulheres que se prostituem no cais, prática conhecida e problematizada em diversos momentos da literatura moçambicana, especialmente na poesia, como, por exemplo, no poema "Moças das docas",[54] de Noémia de Sousa; e em outros de Duarte Galvão, heterônimo de Virgílio de Lemos, como "Moça perdida"[55] e "Emily, the old prostitute".[56] O citado e transcrito poema de Reinaldo Ferreira traz referências múltiplas à mitologia grega, com Anfitrite; à obra de Vico, crítico da filosofia de Descartes; e aos pensadores iluminstas. Nos últimos versos, o vulto familiar da Virgem Vico é contraposto à Nossa Senhora do Baixo Mundo, compondo todo um cenário ideológico e poético que se perfaz no poema.

O segundo texto dessa publicação, intitulado "herança", articula a angústia na voz poética com sintagmas que reforçam a ideia de uma herança maldita: "anoiteceu", "emurcheceu", "apodreceu", "sucedeu", "encaneceu"; metáforas que reforçam a condição de um sujeito melancólico:

Herança

Desde quando alguma vez anoiteceu
à angústia de que a terra se cobriu
só pasmo nas esferas respondeu;
desde quando alguma flor emurcheceu
e a criança que válida se ria
de repente calada apodreceu;
desde quando a algum estio sucedeu
o outono e a árvore se despiu
e a primeira cabeça encaneceu;
desde quando alguma coisa que nasceu
sem que o pedisse, sem remédio se degrada
e acaba, sob a terra que a comeu,
dispersa entre os átomos dispersos,
se acumula a tristeza deste dia
e a razão destes versos.[57]

Esse mesmo poema – "herança" – compõe, em 1960, a antologia *Poemas*, aí intitulado "Desde quando alguma vez anoiteceu". Entretanto, há, nela, diversas alterações da versão publicada em *Msaho*. A alteração do título redireciona e reconfigura a leitura do texto. Na antologia, esse é o primeiro poema do capítulo intitulado "Um voo cego a nada", da seção "As poesias da tarde". Em ambas as versões desse poema, os versos iniciais são como um contrato que pode guiar a interpretação da obra de Reinaldo Ferreira. A melancolia é constantemente reiterada por palavras e expressões que reforçam perdas:

Desde quando alguma vez anoiteceu

Desde quando alguma vez anoiteceu
E à angústia de que a terra se cobriu
Só pasmo nas esferas respondeu;
Desde quando alguma flor emurcheceu
E a criança que válida se ria
De repente calada apodreceu;
Desde quando a algum estio sucedeu
Um outro outono e a árvore se despiu
E a primeira cabeça encaneceu;
Desde quando alguma coisa que nasceu
Sem que o pedisse, sem remédio se degrada
E acaba, sob a terra que a comeu,
Dispersa entre os átomos dispersos,
Se acumula a tristeza deste dia
E a razão destes versos.[58]

A indeterminação, sugerida pelo título – "Desde quando alguma vez anoiteceu" –, indica que o início da afecção melancólica não está datada; não se sabe, exatamente, quando a angústia encenada no poema se abateu sobre o sujeito poético. A metáfora da "noite" e o movimento do "anoitecer" muitas vezes referenciam a morte, o fim da esperança. É sintomático que o primeiro poema da seção de "poesias da tarde" enuncie o crepúsculo e o fim. Os sintagmas que registram as perdas são os mesmos verbos: "anoiteceu", "emurcheceu", "apodreceu", "sucedeu" e "encaneceu". Essas palavras desdobram-se em metáforas que confirmam a sensação de perda, abandono, finitude. As rimas com as últimas vogais dos vocábulos destacados, "eu", também remetem a um processo de interioridade: o sujeito lírico faz notar que a desesperança está fundamentada em sua própria subjetividade. Esse processo confirma o que escreve Walter Benjamin sobre a pulsão melancólica, em que afirma ser "responsável por aquela funda contemplação que leva a alma a desviar a atenção das coisas exteriores para o interior, fazendo-lhe subir cada vez mais alto e, finalmente, lhe concede o saber supremo e dons proféticos".[59] Uma "funda contemplação" está registrada no poema de Ferreira em estudo; sobretudo, quando, abordando o final do processo da dor e da escrita, diz: "se acumula a tristeza deste dia / e a razão destes versos".[60]

As diferenças da primeira para a segunda versão são, fundamentalmente, o título, a retirada do itálico, além de pequenas alterações ortográficas e supressão de vocábulos. Quando a melancolia é recebida pelo sujeito lírico como uma "herança", vê-se um indivíduo predisposto à melancolia, um sujeito "marcado pelo signo de saturno". Na segunda versão, a afecção melancólica resulta de um evento, um processo que está em curso "desde quando alguma vez anoiteceu". Biograficamente e textualmente, considera-se ser impossível solucionar esse impasse, ficando o enigma para nós, leitores.

A edição de *Poemas*, prefaciado por José Régio, é composta por quatro livros: *Um voo cego a nada*, *Poemas infernais*, *Poemas do natal e da paixão de Cristo* e *Dispersos*. Muitos dos poemas reunidos nesses livros sugerem os conflitos vividos pelo poeta e são marcados por angústia e reflexão insistentes sobre o Homem e sobre as formas de se estar no mundo: "esse farrapo que sou eu".[61] Há, em seus escritos da obra *Poemas*, um tom nostálgico e melancólico, que permeia poemas como "Uma casa portuguesa", transformado em fado na voz de Amália Rodrigues. Em outros textos, patenteia-se o sarcasmo, presente em "Receita para fazer um herói", ou o niilismo, que é o caso de "Mínimo sou".

Essa condição de homem melancólico, atormentado e solitário se revela em vários poemas de Reinaldo Ferreira, delineando, de certa forma, a dicção lírica da sua obra. A condição de "marginal desadaptado", como afirma Virgílio de Lemos, é elaborada, metaforicamente, pelo sujeito lírico ferreiriano, reiterando sentimentos de solidão e melancolia. Os versos transcritos a seguir, do seu poema "Linhas cruzadas", confirmam esses dados biográficos:

Ai de mim!
Que não pedi p'ra nascer
E sou forçado a viver![62]

Nesse fragmento, percebe-se a marca da subjetividade, com enunciação em primeira pessoa. Toda a reflexão está voltada para o sujeito lírico: "Ai de mim!". A contradição estampada em "pedir p'ra nascer"/"forçado a viver" encerra a carga semântica do poema e comprova a condição de "marginal desadaptado". O tom exclamativo permanece nesses versos, conferindo mais expressividade ao lamento em primeira pessoa.

Oh! taciturno
E esquivo
Motivo
Todo nocturno...
Polpas macias
De dedos leves
Cintados por ametistas,
São organistas
Dos meios ditongos
Longos
E breves...[63]

Aqui os vocábulos "taciturno" e "nocturno" qualificam e particularizam o sujeito lírico, que se enuncia, veladamente, em primeira pessoa, mas que se deixa entrever pela conjugação do verbo "esquivar", no segundo verso: "e esquivo". Há, aí, duas interpretações possíveis: (1) "esquivo" como adjetivo, qualificador de um sujeito, o que marcaria uma enunciação em terceira pessoa; e (2) a forma verbal em primeira pessoa, "eu me esquivo", leitura coerente com o projeto literário evidente na obra desse poeta moçambicano. Os versos trazem a sonoridade dos lamentos em "meios ditongos longos e breves". As imagens que se depreendem da onomatopeia sugerida conformam uma modulação textual que traz ao poema a sonoridade de um sujeito angustiado, cujas interjeições se fazem em ditongos longos e breves: "ai!", "ui!". O poema também é marcado por reticências, que intensificam tanto a angústia quanto a subjetividade.

Neste poema sem título fica evidente a pulsão melancólica do eu lírico:

> Não ponho esperança em mais nada.
> E se puser há de ser ambição tão desmedida
> Que não me caiba sequer
> No que me resta de vida.
> Ambição tão irreal,
> Tão paranoica, tamanha
> Como a grandeza de Espanha
> Com Granada e o Escurial.[64]

Em mais um exemplo de enunciação centrada na subjetividade, prevalece a marca da desesperança, a enunciação em primeira pessoa desconsidera a possibilidade de se ter esperança, já que ela é uma ambição desmedida, "ambição tão irreal" que chega a ser paranoica.

Os poemas de Reinaldo Ferreira fazem, muitas vezes, referências diretas e indiretas ao poeta português Fernando Pessoa, reafirmando a intenção de Ferreira de propor uma estética voltada ao diálogo com cânones da literatura ocidental. Nesse empenho, ele não só considera novas vias para a produção literária predominante na colônia portuguesa na década de 1950, como se irmana a vozes como as de Rui Knopfli e Virgílio de Lemos, que promovem diálogos e aberturas, no espaço moçambicano, inaugurando outros vieses literários e poéticos. Em poema dedicado a Fernando Pessoa, Reinaldo Ferreira propõe uma discussão metafísica sobre a existência e sobre o tempo. A dicção desse poeta moçambicano é sempre melancólica, uma voz atordoada pela passagem do tempo, a "ficção do presente". Vejamos, a propósito, o soneto transcrito a seguir:

A *Fernando Pessoa (Ele Mesmo)*

Cada verso é uma esfinge ter falado.
Mas quanto mais explícito ela o diz,
Mais tudo permanece inexplicado
E menos se apreende o que ele diz.

Erra um sussurro, tão etéreo e alado
Que nem mesmo silêncio o contradiz.
E ao ouvi-lo, ou ávido ou irado
Na busca dum segredo sem raiz,

É como se em pensar — um descampado —
Passasse fugitiva e intensamente
O tempo todo inteiro projectado

E a sombra ali marcasse, na corrente
Do nada para o nada, inda passado
E já futuro, a ficção do presente.[65]

Nesse soneto metalinguístico, a angústia da voz lírica se expressa em consonância com a fugacidade do tempo, inapreensível e fugidio. A repetição do fonema [s] intensifica o tom de sussurro, como nos versos: "Erra um sussurro, tão etéreo e alado / que nem mesmo silêncio o contradiz".[66] Em outros poemas, percebem-se alusões aos heterônimos pessoanos. No quarto livro da edição de *Poemas*, cujo título é "Um voo cego a nada", há vários "poemetos" de três quadras setissílabas, cuja cadência busca: "Volver às rimas suaves / Aos metros embaladores / Cantar o canto das aves, / A aurora, a brisa e as flores...".[67] Esses versos retomam, de certa forma, temas abordados pelo heterônimo pessoano Ricardo Reis, confirmando a influência desse poeta português sobre seus escritos: "Passemos, tu e eu, devagarinho...".[68]

Na poesia de Reinaldo Ferreira, ecoam traços da estética simbolista, demonstrando que ele estava atento às propostas estéticas de seus contemporâneos, da poesia como "a arte da sugestão, que os simbolistas tanto perseguiram”,[69] essencialmente musical. No soneto sem título transcrito a seguir, inserido no livro *Um voo cego a nada*, da edição de *Poemas*, as percepções do eu lírico sobre o tempo e o espaço trazem percepções de múltiplos sentidos, em apelos que reforçam a condição de um indivíduo angustiado, deslocado:

É pela tarde, quando a luz esmorece
E as ruas lembram singulares colmeias,
Que a alegria dos outros me entristece
E aguço o faro para as dores alheias.

Um que, impaciente, para o lar regresse,
As viaturas que se cruzam cheias
Dos que fazem da vida uma quermesse,
São para mim, faminto, odor de ceias.

Sentimento cruel de quem se afasta,
Por orgulho repele, e se desgasta
No esforço de fugir à multidão.

Mas castigo de quem, por imprudente,
Já não pode deter-se na vertente
Que vai da liberdade à solidão.[70]

Esse soneto apresenta estrutura de rimas ABAB/CCD/EED, em modelo estritamente parnasiano, com cinco rimas. Esse mesmo modelo é adotado por Vinícius de Moraes em “Soneto do amor maior”. Os pares de versos “esmorece/entristece” e “afasta/desgasta” sugerem os movimentos definidos pelas perdas, pela finitude, que culmina no fechamento do texto, “maior perda”, “que vai da liberdade à solidão”.

A metáfora da “tarde” é retomada em diversos poemas, como no citado e em outros, como, por exemplo, “A tarde morna”, “É pela tarde quando a luz esmorece”, “Oh! tarde de sábado britânica” e “Na tarde erramos”. Essa insistência em escrever sobre a tarde, turno melancólico e de transição para a noite (morte), é sintomática na voz de Reinaldo Ferreira.

O poema "O Futuro", por seu turno, nos remete aos versos de Carlos Drummond de Andrade em "Lembrança do mundo antigo", nos quais a justaposição dos títulos encerra uma contradição, tornando a proposta de Ferreira ainda mais sintomática e melancólica. Lembremos os versos de Drummond, nos quais se tem a descrição de uma cena corriqueira de um tempo (perdido) de paz, em que "havia jardins, havia manhãs":

> As crianças olhavam para o céu: não era proibido.
> A boca, o nariz, os olhos estavam abertos. Não havia perigo.
> Os perigos que Clara temia eram a gripe, o calor, os insetos.
> Clara tinha medo de perder o bonde das 11 horas,
> esperava cartas que custavam a chegar,
> nem sempre podia usar vestido novo. Mas passeava no jardim, pela manhã!!!
> Havia jardins, havia manhãs naquele tempo!!![71]

Os versos de Reinaldo Ferreira mantêm simplicidade na descrição de uma cena corriqueira que se repete "aos domingos", ainda que o tom crítico esteja presente para exacerbar a vulgaridade dessa cena. *In verbis*:

> Aos domingos iremos ao jardim.
> Entediados, em grupos familiares,
> Aos pares,
> Dando-nos ares
> De pessoas invulgares,
> Aos domingos iremos ao jardim.
> Diremos, nos encontros casuais
> Com outros clãs iguais,
> Banalidades rituais,
> Fundamentais.[72]

Há certa banalidade na vida, nos costumes, nos rituais; sobretudo, porque a tônica de Reinaldo Ferreira é melancólica e niilista. Já o poema transcrito a seguir se inicia com reticências, demonstrando reflexão insistente sobre o movimento das ondas, que pode ser tomado como figuração do próprio movimento da vida humana:

… Que culpa terão as ondas,
Dos movimentos que façam?
— São os ventos que as impelem
— E sulcos profundos traçam.
… Aos ventos quem lhes ordena
Que rasguem rugas no mar?
— São as nuvens inquietas
Que os não deixam sossegar.
… E as nuvens, almas de névoa,
Porque não param, coitadas?
— É que as asas das gaivotas
As trazem desafiadas.
… Mas as asas das gaivotas
O cansaço há-de detê-las!
— Juraram buscar descanso
Nas pupilas das estrelas.
E como as estrelas estão altas
E não tombam nem se alcançam,
As asas das pobrezinhas
Baldadamente se cansam…
Baldadamente se cansam,
Baldadamente palpitam!…
As nuvens, por fatalismo,
Logo com elas se agitam,
Os impulsos que elas dão
Arrastam as ventanias;
As vagas arfam nos mares
Em macabras fantasias…
… Assim as almas inquietas…
Prisioneiras de ansiedades,
Mal que se erguem da terra
Naufragam nas tempestades![73]

As imagens que configuram o tempo conformam e reafirmam a inexorabilidade do fim. Lida em sua totalidade, a obra de Reinaldo Ferreira indica que essa é uma marca subjetiva da percepção do tempo. Nesse poema, o cenário confirma e acentua o niilismo de Reinaldo Ferreira. Um desespero que, segundo Américo Nunes, "é existencial, enraizado num quotidiano social, inquieto e sem saída"[74] até porque "[...] as almas inquietas [...]" "Mal que se erguem da terra / Naufragam nas tempestades!".[75]

O "Poema para fazer um herói", selecionado para a antologia *Nunca mais é sábado*,[76] foi posteriormente musicado, em 1988, pela banda brasileira de rock Ira!. Nele, lemos:

> Receita para fazer um herói
> Tome-se um homem,
> Feito de nada, como nós,
> E em tamanho natural.
> Embeba-se-lhe a carne,
> Lentamente,
> Duma certeza aguda, irracional,
> Intensa como o ódio ou como a fome.
> Depois, perto do fim,
> Agite-se um pendão
> E toque-se um clarim.
> Serve-se morto.[77]

O herói, feito e refeito no discurso, é "feito de nada", tem "tamanho natural"; ou seja: nada tem de fenomenal. Marcado por sentimentos completamente humanos, como o "ódio" e a "fome", não escapa ao destino inevitável: a morte. O "Poema para fazer um herói" traz um arremedo de receita falida, que começa e acaba em nada. Não há uma receita, porque não há heróis. O niilismo que permeia o discurso de Ferreira parte de movimentos subjetivos, de uma voz que se analisa e se enuncia fadada ao fracasso e à melancolia, mas que, também, alcança outros homens, de forma mais impessoalizada, igualando-os da forma mais irrelevante. Os vocábulos que remetem ao "nada" evidenciam um niilismo que se reafirma em diversos momentos. Esse niilismo, – cuja origem, do latim, é "*nihil*" e significa "nada" – é evidente em contextos diversos da poesia de Ferreira. De poemas reflexivos sobre o homem, a existência e a finitude, foram extraídos estes versos gravados na lápide de Reinaldo Ferreira:

Mínimo sou.
Mas quando ao Nada empresto
A minha elementar realidade,
O Nada é só o resto.[78]

Virgílio de Lemos, em novo empenho de evocação a Reinaldo Ferreira, escreve, em 30 de junho de 1959, dois poemas por ocasião da sua morte. O primeiro é "Ode a Reinaldo Ferreira":

Enquanto meu coração apaixonado bate
e de impossíveis se cobre
a minha alma,
o sentido da ausência em mim
liberta o desejo
e se liberta.
[...]
Bocage e Antero reescrevem
a ortografia.
O mistério da linguagem
transcende
a morte e o amor, deus e
a poesia.

(Lourenço Marques, 30 de junho de 1959 – dia de sua morte).[79]

O segundo, por sua vez, celebra a grandeza da poesia desse poeta, referindo-se ao sentimento de perda que enlutou a todos que o admiravam:

PELA TUA POESIA TODOS DE LUTO

Deslizam meus dedos pela pedra negra
e polida do teu túmulo,
sóbrio espelho do nada,
esteta.
Próximos, é certo
separa-nos, este outro mar,

o voo cego
a morte.

(30/06/1959 – Morte de Reinaldo Ferreira)[80]

Retomamos, então, os versos de Drummond, do poema "(In) Memória", citados na epígrafe deste capítulo:

De cacos, de buracos
de hiatos e de vácuos
de elipses, psius
faz-se, desfaz-se, faz-se
uma incorpórea face,
resumo do existido.[81]

Organizamos, nesta exposição, registros de evocações feitas a Reinaldo Ferreira por poetas moçambicanos, algumas notas bio(biblio)gráficas e opiniões críticas que contribuíram para que ele se tornasse poeta pouco lido e difundido da literatura moçambicana, buscando esboçar um percurso crítico sobre (a)feições poéticas desse escritor, empenhado em construir a sua própria "face", "do avesso do avesso", em dicção intimista e melancólica.

REFERÊNCIAS

ALBA, Sebastião. *O ritmo do presságio*. Maputo, INLD, 1981.

____. *A noite dividida*. Lisboa, Assírio & Alvim, 1996.

ANDRADE, Carlos Drummond de. *Obra completa*. Rio de Janeiro, Aguilar, 2001.

____. "Lembrança do mundo antigo". *Sentimento do mundo*. São Paulo, Companhia das Letras, 2012.

BENJAMIN, Walter. *Escritos sobre mito e linguagem*. Org., apr. e notas de Jeanne Marie Gagnebin. Trad. Ernani Chaves e Susana Lages. São Paulo, Editora 34, 2011.

FERREIRA, Manuel. *O discurso no percurso africano I*. Lisboa, Plátano, 1989.

FERREIRA, Reinaldo. *Poemas*. Lourenço Marques, Imprensa Nacional, 1960.

FREUDENTHAL, A. *et al*. *Antologias de poesia da Casa dos Estudantes do Império, 1951-1963*, vol. I: *Angola, S. Tomé e Príncipe*. Lisboa, Edição ACEI, 1994. Disponível em <https://www.literaturabrasileira.ufsc.br/documentos/?action=download&id=140151>. Acesso em 12/3/2023.

GUIMARÃES, Fernando. *Simbolismo, modernismo e vanguardas*. Lisboa, Imprensa Nacional/Casa da Moeda, 2004.

KNOPFLI, Rui. *Reino submarino*. [*S. l.*], Publicações Tribuna, 1962.

LEAL, Luciana Brandão. *Virgílio de Lemos: poesia em trânsito*. Departamento de Letras, Pontifícia Universidade Católica de Minas Gerais, Belo Horizonte, 2018 (Tese de Doutorado). Disponível em <http://www.biblioteca.pucminas.br/teses/Letras_LealLBr_1.pdf>. Acesso em 1/12/2022.

_____. *Descolonizar a palavra: poesia moçambicana do século XX*. 2023. No prelo.

LEMOS, Virgílio de. *Jogos de prazer. Virgílio de Lemos & heterónimos: Bruno Reis, Duarte Galvão e Lee-Li Yang por Virgílio de Lemos*. Org. e prefácio de Ana Mafalda Leite. Lisboa, Imprensa Nacional/Casa da Moeda, 2009a.

_____. *Utopia até morrer: a dimensão do desejo*. Maputo, Amolp, 2009b.

LEMOS, Virgílio de; AZEVEDO, Domingos de & FERREIRA, Reinaldo. *Msaho – folha de poesia em fascículos*. Lourenço Marques, Empresa Moderna, 1952.

LISBOA, Eugénio. *In*: LEMOS, Virgílio de. *Utopia até morrer: a dimensão do desejo*. Maputo, Amolp, 2009.

MARTINS, Leda Maria. *Performances do tempo espiralar*. Rio de Janeiro, Cobogó, 2022.

MENDONÇA, Fátima & SAÚTE, Nelson. *Antologia da nova poesia moçambicana*. Maputo, Associação dos Escritores Moçambicanos, 1989.

NUNES, Américo. *In*: LEMOS, Virgílio de. *Utopia até morrer: a dimensão do desejo*. Maputo, Amolp, 2009.

SAÚTE, Nelson (org.). *Nunca mais é sábado: antologia de poesia moçambicana*. Lisboa, Publicações Dom Quixote, 2004.

_____. "Reinaldo Ferreira, 100 anos". *O País*, 2021. Disponível em <https://opais.co.mz/reinaldo-ferreira-100-anos/>. Acesso em 1/12/2022.

SECCO, Carmen Lucia Tindó. *Afeto & poesia. Ensaios e entrevistas: Angola e Moçambique*. Rio de Janeiro, Oficina Raquel, 2014.

SOUSA, Noémia de. *Sangue negro*. Maputo, Aemo, 2001.

NOTAS

[1] Lemos, 2009b.
[2] Andrade, 2001.
[3] Lemos, 2009.
[4] Saúte, 2004.
[5] Lisboa, 2009.
[6] *Idem*, p. 18.
[7] Ferreira, 1960.
[8] *Vide* informações biográficas em Lemos, 2009, p. 620.
[9] *Idem, ibidem.*
[10] Ferreira, 1989.
[11] Mendonça & Saúte, 1989.
[12] Freudenthal *et al.*, 1994, p. 97.
[13] *Idem*, p. 98.
[14] *Idem*, p. 99.
[15] Saúte, 2004, p. 119.
[16] *Idem*, pp. 120-121.
[17] *Idem*, p. 121.
[18] *Idem*, pp. 121-122.
[19] *Idem*, p. 122.
[20] *Idem*, p. 123.
[21] *Idem*, pp. 123-124.
[22] *Idem*, pp. 124-125.
[23] *Idem*, p. 125.
[24] *Idem*, p. 126.
[25] Margarido, 1980, p. 48.
[26] Silva, 1996, p. 107.
[27] Lemos, 2009b.
[28] Lemos, 2009a.
[29] Lisboa, 1973, p. 236.
[30] Lisboa *apud* Saúte, 2021, p. 1.
[31] Nunes, 2009, p. XII.
[32] *Idem, ibidem.*
[33] Saúte, 2021, p. 1.
[34] *Idem, ibidem.*
[35] Lemos, 2009, p. 625.
[36] Lemos *apud* Secco, 2014, p. 163.
[37] Lemos, 2009, p. VII.
[38] Knopfli, 1962.
[39] Alba, 1996, p. 32.
[40] Lemos, 2009, p. 35.
[41] *Idem, ibidem.*
[42] Martins, 2022, p. 79.
[43] *Idem, ibidem.*

44 Nunes, 2009, p. 7.
45 Lemos, 2009, p. 23.
46 *Idem*, p. 24.
47 *Idem, ibidem.*
48 Patraquim *apud* Secco, 2014, p. 128.
49 Secco, 2014.
50 Lemos, 1999, p. 152.
51 *Idem*, p. 153.
52 Leal, 2018.
53 Ferreira *apud* Lemos, 1952, p. 6.
54 Sousa, 2001, pp. 92-94.
55 Galvão *apud* Lemos, 2009, p. 275.
56 *Idem*, pp. 276-277.
57 Ferreira *apud* Lemos, 1952, p. 6.
58 Ferreira, 1960, p. 8.
59 Benjamin, 2011, p. 155.
60 Ferreira, 1960, p. 8.
61 *Idem*, p. 111.
62 *Idem*, p. 80.
63 *Idem*, p. 183.
64 *Idem*, p. 18.
65 *Idem*, p. 56.
66 *Idem, ibidem.*
67 *Idem*, p. 55.
68 *Idem*, p. 181.
69 Guimarães, 2004, pp. 18-19.
70 Ferreira, 1960, p. 11.
71 Andrade, 2012, p. 30.
72 Ferreira, 1960, p. 91.
73 Ferreira, 1960, p. 192.
74 Nunes, 2009, p. XV.
75 Ferreira, 1960, p. 182.
76 Saúte, 2004.
77 Ferreira, 1960, pp. 23-24.
78 *Idem*, p. 93.
79 Lemos, 2009, p. 476.
80 *Idem*, p. 8.
81 Andrade, 2001.

15
CRAVEIRINHA: A PROFÉTICA ORALIDADE ANCESTRAL

Natalino da Silva Oliveira

INTRODUÇÃO

"Karingana ua Karingana / Este jeito de contar as coisas à maneira simples das profecias". Assim o poeta José Craveirinha inicia seu livro *Karinagana ua Karingana.*[1] Porém, quando o eu poético faz tal afirmação, ele já sabe que a simplicidade formal das narrativas tradicionais esconde a complexidade epistemológica presente em suas interpretações. Ao iniciar seu segundo livro dessa forma, Craveirinha se une à constelação dos profetas ancestrais, daqueles que *cantam* dentro de uma lógica temporal circular. É desse modo que ele se alia ao cânone universal, sem abandonar as raízes primordiais da ancestralidade de sua terra.

Pelos motivos elencados anteriormente, e por outros, Craveirinha se torna uma estrela incontornável na constelação cartográfica da literatura moçambicana. A importância desse poeta e de sua obra literária está expressa até mesmo na constituição e, mesmo, na reformulação, do que seria a própria moçambicanidade.

De acordo com Secco,[2] os escritores do projeto de moçambicanidade "[...] buscavam um arcabouço escritural mimetizado ao dos colonizadores e muitos deles acabavam por celebrar padrões civilizatórios europeus". Contudo, a mimetização abordada por Secco em sua conceitualização não se encaixa de forma muito adequada quando se pensa em Craveirinha. A poética desse autor, embora mimetize, em alguns momentos, os valores estéticos civilizatórios europeus, faz isso para os rasurar, para "manchar", blasfemar e praguejar, em constante performar-se calibanístico.

A expressão moçambicana apresentada na obra de Craveirinha advém da herança ancestral em conflito infindável estabelecido entre valores civilizatórios do continente africano (matriarcal) e a força colonizadora, feminicida, exploratória, da matriz eurocêntrica (patriarcal). É nesse ponto que se configura o *romance* familiar, a narrativa que se forma no interior do poeta e que se materializa, metaforicamente, em uma luta entre mãe e pai. Os elementos da cultura africana surgem, a partir da mãe, por meio de um bailar, do ritmo e da sonoridade carregada de características de sua terra: "Xipalala está chamar / oh, sangue de minha Mãe / Xigubo vai começar / xigubo vai rebentar / e xipalala está chamar sangue de minha Mãe".[3] As palavras se transformam em sons que inauguram novas formas, embaralhando signos e significados, imagem textual/visual e imagem acústica:

> E grito Inhamússua, Mutamba, Massangulo!!!
> E torno a gritar Inhamússua, Mutamba, Massangulo!!!
> E outros nomes da minha terra
> afluem doces e altivos na memória filial
> e na exacta pronúncia desnudo-lhes a beleza.
> Chulamáti! Manhoca! Chinhambanine!
> Morrumbala, Namaponda e Namarroi
> e o vento a agitar sensualmente as folhas dos canhoeiros
> eu grito Angoche, Marrupa, Michafutene e Zóbuè
> e apanho as sementes do cutlho e a raiz da txumbula
> e mergulho as mãos na terra fresca de Zitundo.[4]

É em sua herança matriarcal que ele busca os elementos mais profundos de seu versar. É daí que surge, em Craveirinha, o gingar das palavras, a construção de uma estratégia calibanística que se estrutura em recursos estilísticos como: oralidade, sonoridade rítmica do tambor e uma expressão vocabular advinda da língua ronga. O poeta se apropria da língua colonizadora para oxidar e abalar as próprias bases da colonização.

Além desse retorno à África ancestral na temática escolhida pelo escritor, há o testemunho de uma voz que expõe a selvagem violência da "humanização europeia"; a pungente crítica que se materializa, por exemplo, na imagem do "carvão", forçado a alimentar a indústria colonial, mas que, ao mesmo tempo, se prepara para aniquilá-la, como se expõe no poema "Grito negro", publicado na obra *Xigubo*.[5]

Desse modo, não há como discutir a poética de Craveirinha sem se considerarem as intenções de seu projeto literário. Há, nele, uma espécie de simbiose idiossincrática que impossibilita que criação e criador sejam analisados separadamente. A análise de uma feição sem a outra certamente empobreceria as considerações sobre a sua poesia. Portanto, será necessário caminhar por atravessamentos entre vida e obra. É por isso que, neste capítulo, o percurso passará, necessariamente, por Moçambique, por Craveirinha e por sua estética literária, de forma a enfatizar o imbricamento entre os pontos elencados.

O TEMPO E A PALAVRA

A poética de Craveirinha é marcada e atravessada pelo contexto histórico de Moçambique, por suas contingências. Torna-se, então, incontornável a abordagem de fatos que impulsionaram seu fazer literário e sua própria existência como poeta e revolucionário. É impossível dizer qualquer coisa sobre seus versos sem mencionar sua atuação como combatente da Frente de Libertação de Moçambique (FRELIMO) ou sua atuação na Associação Africana de Lourenço Marques, nos anos 1950. Posteriormente, tornou-se membro de uma célula da FRELIMO, tendo sido preso pela Polícia Internacional de Defesa do Estado (PIDE) e permanecido encarcerado entre 1965 e 1969. Essa é mais uma das faces desse escritor e nada melhor do que ouvir sua própria voz, em magnífica peça poética:

> Nasci a primeira vez em 28 de Maio de 1922. Isto num domingo. Chamaram-me Sontinho, diminutivo de Sonto [que significa "domingo" em ronga, língua da capital]. Pela parte de minha mãe, claro. Por parte do meu pai fiquei José. Aonde? Na Av. do Zichacha entre o Alto Maé e como quem vai para o Xipamanine.[6] Bairros de quem? Bairros de pobres. / Nasci a segunda

> vez quando me fizeram descobrir que era mulato... / A seguir fui nascendo à medida das circunstâncias impostas pelos outros. / Quando meu pai foi de vez, tive outro pai: o seu irmão. / E a partir de cada nascimento eu tinha a felicidade de ver um problema a menos e um dilema a mais. Por isso, muito cedo, a terra natal em termos de Pátria e de opção. Quando a minha mãe foi de vez, outra mãe: Moçambique. / A opção por causa do meu pai branco e da minha mãe negra. / Nasci ainda mais uma vez no jornal *O Brado Africano*. No mesmo em que também nasceram Rui de Noronha e Noémia de Sousa.[7]

Nesse texto, encontramos referências aos seus três nascimentos. O nascimento real, aludido nas primeiras frases do texto. O nascimento identitário como "mulato", daquilo que não se controla e da visão dos *outros* e a escolha de Moçambique como mãe. E, por outro lado, o nascimento como poeta, juntamente com Rui de Noronha e Noémia de Sousa, e o existir como luta interna incessante. Um dos pontos mais marcantes do texto citado se encontra no momento em que esse escritor expressa sua "necessidade angustiosa e urgente de ser cidadão" de Moçambique.[8] Essa realidade cruel acaba representando o que também ocorre com outros negros em situação diaspórica e em contextos marcados profundamente pelo trauma colonial: o constante sentimento de desterritorialização, de não ser cidadão de seu próprio país. A partir desses seus três nascimentos, é possível perceber a "dificuldade de escolher qual é o rosto mais verossímil do poeta".[9]

Pode-se dizer que a literatura de Craveirinha se esforça pelo resgate de um tempo anterior às construções discursivas vazias, impostas pelo colonialismo. Portanto, o que se manifesta em seus poemas muitas vezes é o *performer* de uma voz que recupera traços culturais ancestrais. O resgate da voz é, também, a busca da força que vibra em seu corpo e que se manifesta, de forma equânime e uníssona, com seus gestos e ações. A pungência do *performer*, do escritor-*performer*, torna inseparáveis palavra e ato – a *palavra-ato* de africana matriz civilizatória.

KARINGANA UA KARINGANA

O poema "Karingana ua Karingana" apresenta o mote da voz profética que se faz presente na literatura de Craveirinha, anunciada nos seus primeiros versos: "Este jeito / de contar as nossas coisas / à maneira simples das profecias / – Karingana ua Karingana! – / é que faz o poeta sentir-se / gente".[10] O poeta ressalta, nesses versos, a capacidade que a poesia tem para materializar sonhos: "E nem / de outra forma se inventa / o que é propriedade dos poetas / nem em plena vida se transforma / a visão do que parece impossível / em sonho do que vai ser, / Karingana!".[11] Além disso, a forma de escrita à maneira simples expressa a sua escolha literária, fundada na assunção de elementos da oralidade e na ancestralidade, que rasuram a letra e se incorporam ao verbo. Nos versos de Craveirinha, portanto, não há uma escrita oralizada, há uma oralidade escrita, uma armadilha configurada por estratégia de guerrilha, de se apropriar das armas do colonizador para implodir uma de suas estruturas mais preciosas: a própria língua. É nesse ponto que o exercício calibanístico da poética do escritor se expressa:

> Nosso símbolo não é Ariel, como pensou Rodó, nosso símbolo é Caliban. Isto é algo que vemos com particular nitidez, como mestiços que habitamos as mesmas ilhas que Caliban: Próspero invadiu as ilhas, matou aos nossos ancestrais, escravizou Caliban e o ensinou seu idioma para entender-se com ele: Que outra coisa poderia fazer Caliban que não fosse se utilizar desse mesmo idioma para praguejar, para desejar que caísse sobre ele a "vermelha praga"? Desconheço outra metáfora que melhor demonstre nossa situação cultural, nossa realidade.[12]

Há o torcer da língua, o avesso da língua como estrutura colonizadora e opressora. Há o uso de recursos estilísticos que acabam por transmutá-la em armadilha contra o próprio opressor, em composições de eco e de resgate da oralidade. Isso se observa, por exemplo, na repetição de vocábulos, expressões e refrãos, para demonstrar a intensidade da musicalidade e o resgate de ancestrais técnicas de memorização, como nestes versos: "[...]

passou varando a noite algodoada de cacimba / a alma de órfã de mãe viva / Espezinhada! / Espezinhada! / Espezinhada!".[13] Há, portanto, elementos de uma volta à ancestralidade africana, como mecanismo formal de produção também, tal como afirma Fonseca:[14]

> A volta simbólica à África, preconizada pela *Négritude*, valoriza a musicalidade presente na vida do africano, a flora, a fauna e os costumes ancestrais. Esse retorno às origens africanas incentiva o orgulho de ser negro, e acolhe as tradições étnicas africanas, absorvendo-as em novos arranjos.

Ademais, se faz presente, em muitos de seus poemas, o uso de construções onomatopaicas em que a letra se materializa mais como som do que como escrita, como nestes versos: "Mamana Saquina / ficou prenha de comboio na recordação / embrulhada na cantiga do aço contra o aço / no ritmo João Tavasse-foi-nas-minas [...] João Tavasse-foi-nas-minas / João Tavasse-foi-nas-minas / João Tavasse-foi-nas-minas".[15] Porém, o recurso rítmico produzido pela onomatopeia, com sua beleza estética, não sobrepuja o teor crítico do poema; só intensifica o tom de denúncia da servidão perigosa e forçada nas minas. O verbo, em Craveirinha, por alquimia, deseja ser matéria. Uma força poética que almeja ser também tambor está presente nestes versos: "[...] os olhos dos homens e brilha ainda / mais o fio azul do aço das catanas. / Dum-dum! / Tantã!".[16] Essa estratégia evidencia que a transformação não é mero recurso estilístico, mas integra a pragmática necessidade de lidar com as ameaças, com os perigos que se anunciam: "Ao tantã do tambor / o leopardo traiçoeiro fugiu".[17]

Assim, em Craveirinha, não é a escrita que mimetiza a fala em fazer artificial e meramente estilístico; sua poesia está fundada na ancestralidade, que se metamorfoseia em letra escrita. Não é um submeter-se ao império da escrita; é um gingar com palavras, uma mandinga linguística, um rito litúrgico da tradição, um esforço em que a potência da fala ressurge em imagem letrada. Vê-se concretizada a necessidade de retorno à África, não um retorno a qualquer contexto, mas um retorno à ancestralidade, tal como se constata na já mencionada afirmação de Fonseca.[18]

Aspectos apontados nessa citação podem ser observados em vários momentos da poética de Craveirinha e se mostram, de forma metonímica, no poema "Grito negro". Esse poema, ao valer-se de elementos que anunciam a valorização da musicalidade e força do tambor, ressalta *o orgulho de ser negro*, ao mesmo tempo que evoca tradições culturais e uma mística ancestralidade, que se transforma em resistência. A força do tambor, de um eu-tambor, alude ao processo de transformação do africano "em mina", em "força motriz", como dizem os versos do poema, mas também ativa a insubmissão:

> Eu sou carvão!
> E tu arrancas-me brutalmente do chão
> e fazes-me tua mina, patrão.
> Eu sou carvão!
> E tu acendes-me, patrão,
> para te servir eternamente como força motriz
> mas eternamente não, patrão.[19]

Assim, é possível verificar que, nesse poema, expõem-se, ao mesmo tempo, o conflituoso, o antagônico e a incomensurável revolta. O sujeito poético se faz carvão e, aparentemente, deixa-se queimar pelo "patrão", aceitando "servir eternamente como força motriz" da máquina colonizadora. Porém, como se verifica, esse poema nega a condição de perenidade da situação de servidão, rebate as ordens do patrão, ao dizer: "mas eternamente não, patrão".

Criativas sutilezas se apresentam na construção desse poema. No nível da aparência, o africano é considerado propriedade do "patrão", do colonizador. O homem-carvão, que diz "Tenho que arder / Queimar tudo com o fogo da minha combustão", aparentemente declara obediência às ordens recebidas. No entanto, as palavras "combustão", "carvão" e "patrão" também expressam a tensão entre duas situações, a colonial e a anticolonial, e reiteram a pressão que implodirá todo o sistema opressor. Pode-se dizer que há nos versos desse poema – e no fazer poético desse escritor – a manifestação de uma ginga tanto no âmbito estrutural quanto no campo semiótico. Ao afirmar ser carvão, o sujeito poético expõe as reviravoltas que se escondem nessa afirmação. É como se o eu poético afirmasse: "Sim, serei massacrado pelo trabalho forçado, aceito as preconceituosas comparações da minha cor com a cor do carvão; a queima, a combustão expressam a minha revolta". Essa transformação está anunciada, no poema "Grito negro", pela dissimulação do fogo, que se mascara em brasa e que "cozinha" a força da revolução.

CONSIDERAÇÕES FINAIS

A máquina colonial opera de forma muito eficiente e o grande passo para subjugar povos se dá pelo constante processo de desumanização. Transformar alguém em *outro*, que é designado pela marca do não (não ser), é fundamental para que a violência seja "aceita" e até mesmo incentivada por instâncias como Estado, Igreja, Lei.

O processo de *outremização* pode ser bem compreendido como uma das mais importantes estratégias coloniais, tal como afirma Morrison: "a necessidade de transformar o escravizado numa espécie estrangeira parece ser uma tentativa desesperada de confirmar a si mesmo como normal".[20] A objetificação não se dá de forma brusca; há todo um arcabouço sociocultural que funda, estruturalmente, as raízes da *outremização*: "uma vez que ninguém pode sem crime espoliar seu semelhante, escravizá-lo ou matá-lo, eles dão por assente que o colonizado não é o semelhante do homem".[21] Portanto, o *não ser* também pode ser mencionado como o ninguém, o que nada vale, como é possível observar nestes versos:

> Andaimes
> até ao décimo andar
> do moderno edifício de betão armado.
> O ritmo florestal dos ferros erguidos
> arquitetonicamente no ar
> e um transeunte curioso
> que pergunta:

- Já caiu alguém dos andaimes?
O pausado ronronar
dos motores a óleos pesados
e a tranquila resposta do
senhor empreiteiro:
- Ninguém. Só dois pretos.[22]

Além do reconhecimento do *outro* como um *não ser* por parte dos que se julgam "ser", é preciso, também, inserir no íntimo dos colonizados o sentimento de inferioridade e negatividade, a certeza do *não sou*, que ocorre na colonização do inconsciente, como, lucidamente, aponta Frantz Fanon, quando reflete sobre a violência colonial:

> [...] A violência colonial não tem somente o objetivo de garantir o respeito desses homens subjugados; procura desumanizá-Ios. Nada deve ser poupado para liquidar as suas tradições, para substituir a língua deles pela nossa, para destruir a sua cultura sem lhes dar a nossa; é preciso embrutecê-los pela fadiga.[23]

A verve calibanística do poeta não se restringe à denúncia de processos de subalternização ocorridos em Moçambique. Sua voz avança contra iniquidades e violências ocorridas em outros espaços. Isso é o que é possível observar no poema "Cântico ao pássaro azul em Shaperville",[24] quando Craveirinha se compadece do sofrimento passado por trabalhadores sul-africanos:

E com as sementes rongas
as flores silvestres das montanhas zulos
e a dose de polen das metralhadores no ar de Sharpeville
um xitotonguana azul canta num braço de imbondeiro
e levanta no feitiço destes céus
a volúpia terrível do nosso vôo.

Craveirinha utiliza sua poesia para contrariar a lógica colonial e demonstrar que as estratégias de embrutecimento, com viés desumanizador, falharam. Ele se apropria das estratégias colonizadoras para também criar um processo de *outremização*, estabelecendo a oposição entre *nós* (africanos) e *eles* (europeus). É a estratégia de uso *dessacralizante* e desobediente da língua portuguesa que justifica o uso que esta pesquisa faz do termo calibanístico (em referência a Caliban). O colonizador utiliza a estratégia do etnocídio para aniquilar as existências africanas, tentando arrancar as raízes dos povos:

> Jucunda boca
> deslabiada a ferozes
> júbilos de lâmina
> afiada.
> Alva dentadura
> antônima do riso
> às escâncaras desde a cilada.
> Exotismo de povo flagelado
> esse atroz formato
> da fala.[25]

No poema intitulado perfeitamente como "A boca", o escritor denuncia, de forma explícita, a violência impetrada pelo europeu no processo de dizimação, de aniquilação, de mutilação e de aprisionamento de corpo; e, em sua face mais vil, na subalternização cultural e no epistemicídio. A "escancarada cilada" apresentada nesse poema revela o processo que gera a armadilha que captura os povos colonizados sob a estratégia da *assimilação*. Em outros momentos, como no poema "África", também é possível observar a face calibanística do poeta:

> Em meus lábios grossos fermenta
> a farinha do sarcasmo que coloniza minha Mãe África
> e meus ouvidos não levam ao coração seco
> misturada com o sal dos pensamentos
> a sintaxe anglo-latina de novas palavras.[26]

Contudo, Craveirinha não se prende à lógica aprisionadora do conceito de colônia que surge de variadas formas (pós-colonial, descolonial, decolonial). Ele vai além e demonstra que a humanidade negra manteve sua cultura, sua matriz civilizatória, seus ritos, suas línguas e sua cosmogonia, à custa de muitas lutas, de muitas revoltas e de constante resistência.

O poeta utiliza, assim, importantes valores civilizatórios das sociedades negro-africanas. A palavra, por exemplo, que se origina da energia desencadeada pela força vital e que é sustentada pelo processo de respiração. O ato de respirar se apresenta, em sua escrita, nas pausas, no ritmo, na musicalidade. Sua escrita, portanto, está prenhe de vida e se distancia, veementemente, da artificialidade do texto que se imprime no papel, formando uma imagem tridimensional: imagem textual, imagem acústica e respiração (fôlego vital e musicalidade). Ademais, há, também, o respeito e o resgate de valores da ancestralidade. O sankofa ancestral se apresenta na lírica de Craveirinha.

O poeta-tambor, que conclama seu povo a guerrear contra o regime opressor, é também aquele que convoca para a festa do batuque. Então, que chegue o dia em que o poeta possa ser:

> Só tambor ecoando a canção da força e da vida
> Só tambor noite e dia
> dia e noite só tambor
> até a consumação da grande festa do batuque![27]

REFERÊNCIAS

CRAVEIRINHA, José. "Grito negro". *Xigubo*. Maputo, INLD, 1980a, pp. 13-14.

_____. "Hino à minha terra". *Xigubo*. Maputo, INLD, 1980b, pp. 21-23.

_____. "Mamanô". *Xigubo*. Maputo, INLD, 1980c, p. 43.

_____. "Cântico ao pássaro azul em Shaperville". *Karingana ua Karingana*. Lisboa, Edições 70, 1982a, pp. 78-79.

_____. "Karingana ua Karingana". *Karingana ua Karingana*. Lisboa, Edições 70, 1982b, p. 13.

CRAVEIRINHA, José. "Mamana Saquina". *Karingana ua Karingana*. Lisboa, Edições 70, 1982c, p. 90.

____. "Sangue da minha mãe". *Karingana ua Karingana*. Lisboa, Edições 70, 1982d, p. 93.

____. "Xigubo". *Karingana ua Karingana*. Lisboa, Edições 70, 1982e, p. 9-10.

____. "Quero ser tambor". *Karingana ua Karingana*. Lisboa, Edições 70, 1982f, p. 123.

____. "Depoimento autobiográfico, janeiro de 1977". *In*: MENDONÇA, Fátima & SAÚTE, Nelson (org.). *Antologia da nova poesia moçambicana*. Maputo, Aemo, 1989, pp. 8-10.

____. "A boca". *In*: LEITE, Ana Mafalda (org.). *Poetas de Moçambique: José Craveirinha (antologia poética)*. Belo Horizonte, Ed. UFMG, 2010a, p. 35.

____. "África". *In*: LEITE, Ana Mafalda (org.). *Poetas de Moçambique: José Craveirinha (antologia poética)*. Belo Horizonte, Ed. UFMG, 2010b, p. 16.

____. "Ninguém". *In*: LEITE, Ana Mafalda (org.). *Poetas de Moçambique: José Craveirinha (antologia poética)*. Belo Horizonte, UFMG, 2010c, p. 35.

FANON, Frantz. *Les damnés de la terre*. Préface de Jean-Paul Sartre. Paris, Éditions la Découverte, 1961.

____. *Os condenados da terra*. Trad. Enilce Albergaria Rocha e Lucy Magalhães. Juiz de Fora, Ed. UFJF, 2005.

FONSECA, Maria Nazareth Soares. "Bordas, margens e fronteiras: sobre a relação literatura e história". *Scripta*, vol. 1, n. 1, jul.-dez. 1997, pp. 91-102.

MACIEL, Emílio. "Bibliografia de José Craveirinha". *In*: CRAVEIRINHA, José. *Antologia poética*. Org. Ana Malfalta Leite. Belo Horizonte, Editora UFMG, 2010, pp. 189-198.

MORRISON, Toni. *A origem dos outros: seis ensaios sobre racismo e literatura*. Trad. Fernanda Abreu. Prefácio Ta-Nehisi Coates. São Paulo, Companhia das Letras, 2019.

RETAMAR, Roberto Fernández. *Todo Caliban*. Buenos Aires, Clacso, 2004.

SARTRE, Jean-Paul. "Prefácio". *In*: FANON, Frantz. *Os condenados da terra*. Trad. Enilce Albergaria Rocha e Lucy Magalhães. Juiz de Fora, Ed. UFJF, 2005, pp. 23-48.

SECCO, Carmen Lucia Tindó. *Antologia do mar na poesia africana de língua portuguesa*. Rio de Janeiro, Faculdade de Letras da UFRJ, 1999.

NOTAS

1 Craveirinha, 1982b.
2 Secco, 1999, p. 15.
3 Craveirinha, 1982d, p. 93.
4 Craveirinha, 1980b, pp. 21-23.
5 Craveirinha, 1980a.
6 Referências ao espaço geográfico e à importância de ter nascido em bairro pobre, de predominância da língua ronga.
7 Craveirinha, 1989, pp. 8-10.
8 *Idem, ibidem.*
9 Maciel, 2010, p. 189.
10 Craveirinha, 1982b, p. 13.
11 *Idem, ibidem.*
12 Retamar, 2004, pp. 34-35, tradução nossa.
13 Craveirinha, 1980c, p. 43.
14 Fonseca, 1997, p. 394.
15 Craveirinha, 1982c, p. 90.
16 Craveirinha, 1982d, pp. 9-10.
17 *Idem, ibidem.*
18 Fonseca, 1997, p. 394.
19 Craveirinha, 1980a, pp. 13-14.
20 Morrison, 2019, p. 54.
21 Sartre *apud* Fanon, 1961, p. 9.
22 Craveirinha, 2010a, p. 35.
23 Sartre, 2005, p. 9.
24 Craveirinha, 1982a, pp. 78-79.
25 Craveirinha, 2010a, p. 35.
26 Craveirinha, 2010b, p. 16.
27 Craveirinha, 1982f, p. 123.

16

RODA DAS ENCARNAÇÕES: O CORPO DA CRIAÇÃO

Raquel Beatriz Junqueira Guimarães
Elzira Divina Perpétua

Da mulher emana a força mágica da criação.[1]

POESIA, SUBSTANTIVO FEMININO

A literatura moçambicana oferece aos leitores escritoras já reconhecidas, como Noémia de Sousa, Lília Momplé, Lina Magaia, Clotilde Silva e Paulina Chiziane, para alguns consideradas autoras cujas obras reunidas formam uma espécie de cânone literário daquele país. Feita com ousadia, rebeldia e engajamento, a literatura de Moçambique vem se pautando por temas muito sensíveis à condição feminina, à identidade nacional, à tradição oral e à emancipação política. Nesse contexto literário surge, em 2001, o primeiro livro de Sónia Sultuane, conhecida por sua múltipla atuação artística.

Ao comentar a presença de Sónia Sultuane no sistema literário moçambicano, Sávio Roberto Fonseca de Freitas afirma:[2]

> Em Moçambique, o processo de colonização desestabilizou a sociedade moçambicana a partir do momento que modificou todo o sistema tradicional. As escritoras que compõem o cânone moçambicano questionam a tradição e a modernidade por meio da literatura e sempre discutem sobre os valores sociais que se misturam com a cultura do colonizador, colocando em crise a noção de identidade. No entanto, escritoras da contemporaneidade caminham em sentido contrário ao discurso da moçambicanidade, como é caso de Sónia Sultuane.[3]

Para Freitas, a chamada "diplomacia subjetiva da linguagem" de Sultuane propõe "uma poesia sem combate" que ameniza "o discurso anticolonial" muito presente em autoras moçambicanas. Considera, ainda, que Sultuane "transgride, em sua literatura, justamente porque não agride". Segundo ele:

> Não vamos encontrar na poesia de Sultuane um discurso de combate, de reivindicação identitária, um debate sobre poligamia, uma delimitação geográfica definida, um posicionamento religioso cristalizado, mas sim uma defesa da liberdade estética e ideológica que estrategicamente se utiliza de uma amenidade em relação à condição política de Moçambique a fim de tornar a literatura um espaço para discutir sobre a humanidade.[4]

Acompanhando parcialmente a posição do crítico, este artigo tem o objetivo de deslindar em parte o processo de criação poética de Sultuane, olhando para o lugar de atrito,[5] instaurador de uma identidade poética e estética presente em *Roda das encarnações*.[6] Embora tematicamente não seja evidente, como aponta Freitas, um "discurso de combate", defendemos e procuraremos demonstrar que a poética da escritora se pauta pelo atrito, fundamento da humanidade que transparece na figura de poeta que emerge de sua obra. Esse movimento criativo que evidencia o atrito se apresenta tanto na articulação entre as artes que pratica quanto por suas escolhas poéticas.

Entrar no universo artístico da obra de Sónia Sultuane é transitar por um percurso de diversas artes, como a escultura, a fotografia e as artes plásticas em geral. A autora já publicou seis livros de poemas: *Sonhos, Imaginar o poetizado, No colo da lua, A lua de N'weti, Celeste, a boneca com olhos cor de esperança* e *Roda das encarnações*, o primeiro publicado no Brasil.

A poesia, sabe-se, pode alcançar seu veio de variadas e infinitas maneiras. No caso de Sónia Sultuane, a palavra poética adquire nuances inesperadas. Em *Roda das encarnações* é notável como sua versatilidade conduz a caminhos vários, alternando-se, porém, sob rotas seguras e organizadas.

Francisco Noa, no posfácio[7] à edição brasileira de *Roda das encarnações*, afirma que

> [a obra de Sultuane] se inscreve numa singular trajetória de uma escalada em que o acento na sensação se afirma como inapagável imagem de marca. Marca

que adquire agora novos contornos, já insinuados em expressão apoteótica (ou superação?) da volúpia sensorial que define o estilo criativo desta voz que se insinua nesta e noutras margens do Índico.[8]

Também para nós, a volúpia sensorial apontada pelo ensaísta é a marca da poesia de Sultuane em *Roda das encarnações*. Porém, através de outros veios oferecidos por seus versos, observamos que essa marca se traduz, também, na reflexão profunda sobre os caminhos do fazer poético – razão pela qual vamos percorrer os poemas para analisar a natureza metalinguística dessa obra. Ao fazer o percurso e procurar deslindar o pensamento que atravessa a *poiesis* de Sultuane, descobre-se que tanto é uma roda encarnada nos olhos, na boca, nas mãos, nos dedos, no corpo físico, quanto é também liberdade, no desejo e no cosmos, como se pode ler no poema que dá título ao livro, sugestivamente dedicado ao filho.

Roda das encarnações
Ao meu filho

Sou os olhos do Universo,
a boca molhada dos oceanos,
as mãos da terra,
sou os dedos das florestas
o amor que brota do nada,
sou a liberdade de mãos abertas, agarrando a vida por inteiro
estou em milhares de desejos, em milhares de sentimentos
sou o cosmos
vivendo na harmonia na roda das encarnações.[9]

Uma das marcas decisivas da poética de Sultuane já transparece no primeiro poema do livro. Nele nos deparamos com a volúpia do texto e a sólida formação do binômio poesia-vida evidenciado pela liberdade do sujeito.[10] A liberdade aproxima sujeito e cosmos por meio dos sentidos (visão, paladar, tato) e do corpo metonimicamente apresentado pelos olhos, boca, mãos, dedos. Assim, no poema antevê-se o corpo todo em harmonia com o cosmos, ou ainda além, o corpo é o cosmos.

Deve-se salientar adequadamente as mãos, seus movimentos insinuados,[11] principalmente o das mãos abertas que "agarram" a vida. Vê-se, por meio dos versos, a imagem quase que concreta do que está simbolicamente sugerido com o uso dos verbos *abrir* e *agarrar*: parece ser "abrir" para "agarrar". É essa possibilidade semântica que nos remeteu à exposição virtual fotográfica da autora, de 2020, publicada em seu *site* no *link* das exposições virtuais.[12] Um belo e atraente trabalho do fotógrafo Jorge Dias, com edição fotográfica de Ricardo Coelho e curadoria da autora. A aproximação entre a imagem das mãos na fotografia e a presente no poema salienta o valor das mãos na obra de Sultuane, como se pode verificar na Figura 9.

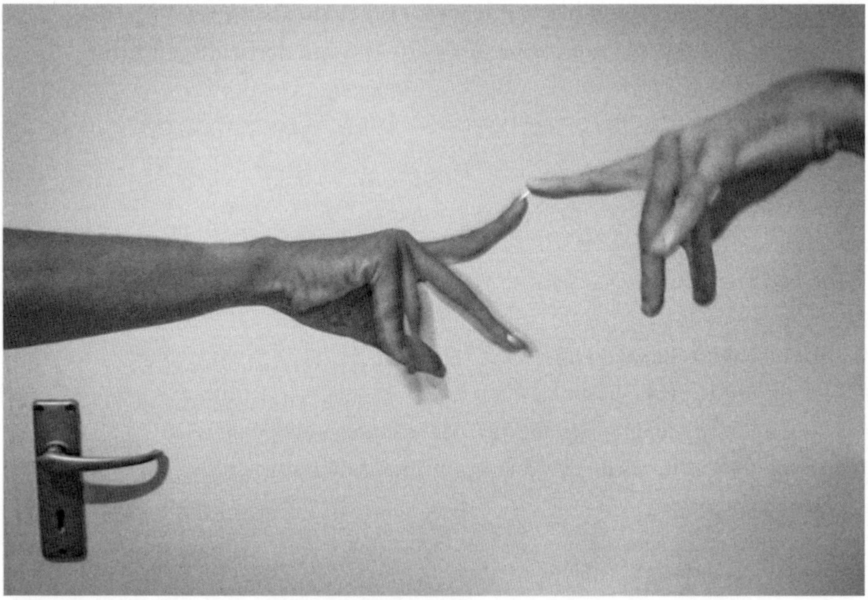

Figura 9: Foto de Jorge Dias.[13] Fonte: https://soniasultuane.com/exposicoes-virtuais/.

Numa clara alusão ao trabalho de Michelangelo presente no teto da Capela Sistina, a imagem fotográfica nos envia ao encontro entre Deus e o Homem na cena bíblica da Criação, ao mesmo tempo que nos remete ao gesto da criação poética como arte da manufatura. Além disso, pode-se supor, porque feitos em tempos diferentes, que o trabalho fotográfico parte de um roteiro que é o poema. Daí, elementos presentes no poema compõem o conjunto da exposição virtual da artista. No poema, como nas fotos, evidencia-se a importância das mãos no corpo humano, como nos lembra Fábio Dias em texto intitulado "Das mãos à alma":

> [...] As mãos são parte importante do corpo humano. Os cegos leem com as mãos e os mudos têm as mãos como sua voz. O homem se integra no mundo que o rodeia também pelas funções desempenhadas pelas mãos. Delas melhor se pode desenvolver o trabalho, a sensibilidade e trato dos objectos, a mobilidade no mundo que vivemos e o exercício do tato, são funções que podem desempenhar e que proporcionam a oportunidade de crescimento.[14]

A junção do poema com as fotos nos encaminha para um elemento fundamental: a percepção de que o corpo todo está presente nas mãos, assim como todas as marcas da vida estão metonimizadas nas linhas da mão. Isso é o que se pode ver, ainda, em outra foto da mesma exposição virtual, na fotografia das mãos abertas (Figura 10).

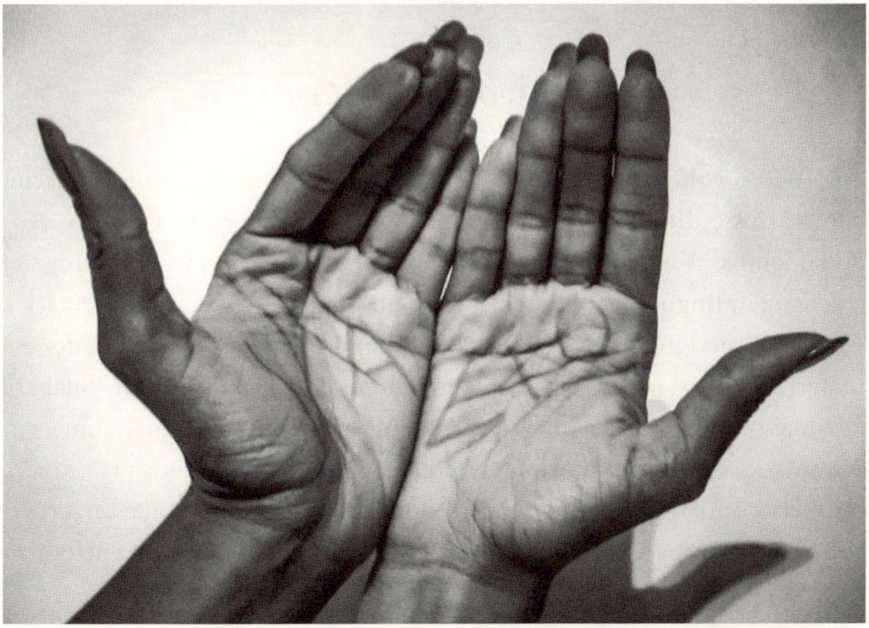

Figura 10: Foto de Fábio Dias.[15] Fonte: https://soniasultuane.com/exposicoes-virtuais/.

A expressão dessas mãos fotografadas é imagem forte para os versos do poema.[16] Por meio dela, pode-se ver o corpo-cosmos, ao qual o poema também se refere. Nessa foto, pode-se antever ainda noções de acolhimento e liberdade, também perceptíveis nos versos do poema que abre a *Roda das encarnações*.

Com a força das palavras do poema, que aproxima a voz poética do universo, dos oceanos, da terra, das florestas e a expressiva imagem das mãos-mulher – ninho e asa, a um só tempo –, emerge a figura da mulher que escreve em *Roda das encarnações*. A mulher que, insistentemente, escreve e pensa sobre a escrita (em palavras e imagens) supera as interdições, os silenciamentos e a marginalização no interior dos sistemas literários aos quais pertence. É a mulher que põe a palavra em liberdade e a deixa sair aos gritos, rasgando todas as interdições. É a poesia harmônica e sem sussurros, mas também sem pudor, que rasga o mundo em atrito que tanto aniquila o que impede o livre exercício poético quanto atravessa o percurso delicado e minucioso da criação. É assim que Sultuane faz poesia: como corpo, como substantivo feminino.

A COMPOSIÇÃO POÉTICA

Todo o volume de *Roda das encarnações* é uma peça única; porém, com vários e diferentes movimentos que tratam da escrita em diversos andamentos. A escrita, o ato de escrever e a própria criação poética são traços metalinguísticos disseminados ao longo dos versos, de temática variada. Em alguns, porém, o jogo da metalinguagem é explicitado, e a matéria de poesia é a própria palavra, como em "Vocabulário", "Sílabas" e "Palavras"; em outros, há elementos do sistema da língua, como em "Gramática", ou de sua morfologia, como em "Restos de verbos". Há, ainda, inúmeros outros que põem em cena aquele que escreve ou que reescreve, como em "Pontuação", em que o sujeito poético explicita a sua entrega ao interlocutor.

> Só tu conheces o texto onde me reescrevo.
> só tu sabes onde colocar as vírgulas e os pontos finais,
> onde estão as exclamações e as interrogações,
> só tu sabes ler nas entrelinhas, nos espaços abreviados em mim,
> só tu sabes como corrigir toda a pontuação.[17]

Assim, o sujeito poético se escreve, se inscreve e se reescreve, num exercício em que os olhos e a mão se comunicam com o leitor, aqui considerado o que lê nos espaços das entrelinhas, lê para além do que é/foi/está abreviado.

O circuito da escrita é composto, portanto, também pela leitura. É escrita com destino e com destinatário. O diálogo com o tu lírico, aqui considerado o destinatário que se traveste de leitor, se repete em várias outras encarnações de Sultuane, como em "Gramática" (Por ti sou / todos os verbos autênticos que conheço), em "Sílabas" (Vem escrever nas linhas do meu pensamento / todos os poemas perdidos) e em "Teu sorriso". Este, particularmente, parece ser a figuração (ou encenação) do ato de escrever. Aquele que escreve se encontra com a palavra em um momento de afeto e carinho:

> Quero ouvir o teu riso,
> Escutar as tuas confissões
> Quero ler as palavras que vais rabiscando,
> Quero rebolar de contente, ver os teus pés descalços,
> Quero sentar-me sossegada, esperando por ti,
> Para que deites em mim, o teu sossego.[18]

A palavra é prenhe de sentidos e sentimentos, tal como a poeta. E o encontro entre elas (escritora e palavra) é amoroso, tranquilo,[19] e ao mesmo tempo frenético, alegre, despojado e despretensioso.[20]

O leitor suposto no processo de composição está, ainda, nos versos de "Em forma de gente", dedicado a Florbela Espanca.

> Em forma de gente que sente
> perguntaram-me se ainda escrevo poesia
> se ainda sinto a brisa das palavras
> os longos vazios decadentes
> se ainda sinto as noites gélidas
> e as tempestades nos lençóes brancos
> onde se deita a solidão e a escrupulosa consciência
> perguntaram-me se ainda me rio ao sabor do vento
> das tardes quentes e húmidas
> se ainda olho feliz o pôr-do-sol
> e esboço prosas cheias de palavras e finais contentes.
> Sim,
> ainda escrevo poesia
> e sou poesia que sente
> e que tem nos lábios agarradas todas
> as sílabas e as vírgulas numa fé permanente.[21]

No poema, o leitor e o escritor parecem ser um só.[22] Em suas rotas, certamente sempre há a significativa e instigante presença do corpo, seja para dizer da sensorialidade, do pensamento ou do sentimento.

Com relação às afinidades, explicitadas nos versos, entre o eu poético e Florbela Espanca, temos ainda a lembrar que, dez anos antes do lançamento desse livro em Moçambique, o escritor Fernando Couto, em 2006, na apresentação pública do livro *Imaginar o poetizado* (de Ana Mafalda Leite) feita em Maputo, aponta para o que aproxima as poetas moçambicana e portuguesa:

> A cálida sensualidade que exala esta poesia faz lembrar Florbela Espanca, uma Florbela mais moderna, já de um outro clima, cultural e espiritual, uma Florbela africana capaz de conseguir aquilo que o grande poeta francês Alain considerava objectivo, ou seja, o verdadeiro poema é um fruto da natureza.[23]

É notável que Couto verifica algo que tanto é da ordem da escrita quanto da leitura: a sensualidade. Estendendo a observação a poemas de *Roda das encarnações*, vemos exemplo significativo do mesmo viés em "Que dá voz ao meu coração", poema de natureza metalinguística dedicado a pensar sobre a palavra, o amor e a linguagem, em que o sujeito poético reflete sobre o seu "corpo apaixonado".

> Que dá voz ao meu coração
>
> Pensar na palavra amor é dar voz ao coração
> numa linguagem profunda que ressoa em todo meu
> corpo apaixonado, é muito pouco.
> Porque a palavra amor soa como o toque de uma harpa indiana,
> O suave e articulado gemido de uma flauta andina e ou tudo
> o que é magnífico, belo e único que comove a minha alma e
> me altera, me modifica e me torna estranha dentro do meu
> corpo apaixonado, forçando a procurar-me através de ti,
> numa viagem sem roteiro, nem objetivo,
> apenas com a certeza de que tenho medo da palavra
> que dá voz ao meu coração.[24]

Nos três primeiros versos, pode-se destacar a relação pensamento, palavra, sentimento, corpo. Numa leitura que não leve em conta a profundidade do texto, o leitor pode concluir que o poema é sobre o amor e o sentimento amoroso; porém, visto sob outros ângulos, parece não ser isso, ou só isso. Se é fato que o sujeito poético pensa sobre o amor, antes pensa na palavra "amor", o que é diferente do sentimento amor. No ofício do poeta, pensar na palavra é ato rotineiro, e Sultuane aproxima, na cena poética, esse ato rotineiro do sentimento, aqui, no caso, o amor, em que o sujeito poético pensa sobre a criação e o corpo. O corpo parece não ser suficiente para o ato de rotina, tanto de amar quanto de criar. Antes de falarmos sobre o corpo, podemos dizer que o ato de criar é, para o sujeito poético, representado pelos sentidos físicos e não físicos. Sentidos como a audição e o tato estão presentes no ato de criar, e isso se faz visível pelo modo como a palavra amor é descrita: como um som provocado por um toque de um instrumento;[25] e ainda mais, o ato de criar é repleto de delicadeza e sensualidade, tal como o amor. Outro elemento significativo é a relação amor/corpo apaixonado. O modo como a expressão "corpo apaixonado" é apresentada no poema, por duas vezes, dá destaque tanto ao corpo quanto ao sentimento do ser envolvido amorosamente pelo que vive e faz. A ocorrência de "corpo apaixonado", em ambas as vezes, no início de um verso mantém relação de continuidade semântica e sintática com o verso anterior.[26] Além disso, esse recurso do *enjambement*, como modo de elaboração do verso, cria um ritmo de prosa no poema, que tanto é alcançado pelo uso do verso livre quanto pelas pausas criadas (ou não) nos finais dos versos.

Corroborando nossas reflexões, trazemos as palavras de Ana Mafalda Leite, que, em 2006, já discute os efeitos da presença do corpo na obra de Sultuane no prefácio à obra *Imaginar o poetizado:*

> O corpo está cravado em cada um dos poemas pelo seu sentir e, de cada um deles se evola ou solta um aroma, uma forma de tacto, de paladar, de som, de imagem. Os cinco sentidos são insuficientes para a captação integral do sentir amoroso, corporeamente inebriado. Feminina, por excelência, esta forma de implicação da escrita como corpo erotiza a letra/som, que se inscreve entre pele e pena e entre voz e verbo; há um arrebatamento e uma fisicidade da palavra que a torna concreta, sensível, palavra poética nascida dos sentidos, que renasce em amorosa vulnerabilidade, exibindo um corpo, que fala, diz, contradiz, esplende, vibra, linguagens não codificadas, na sua surpresa de acontecimento, de dádiva e de entrega. O amor que nos poemas de Sónia se faz revelação não é um amor da alma, mas do corpo, um verbo feito carne, encarnação.[27]

A partir desses poemas metalinguísticos, pode-se supor que a composição poética de Sultuane é feita das relações e aproximações do corpo da poeta em seus diferentes sentidos (audição, olfato, tato; especialmente o último) com o corpo da língua e suas estruturas morfológicas, semânticas e sintáticas. Dessas relações emerge um corpo apaixonado que escreve, reescreve, sente e se materializa tanto como corpo de poeta quanto como corpo da palavra e corpo do poema.

O ENCONTRO COM AS PALAVRAS

Uma das discussões poéticas travadas pelos escritores é o significado do encontro com as palavras, no processo criativo. O momento revelador para o artista parece ser o momento desse encontro. A poeta Ana Martins Marques, em diálogo explícito com Carlos Drummond de Andrade, fala sobre a luta dos que escrevem, como se lê no poema, transcrito a seguir, publicado em *Vida submarina*:

> O lutador
>
> Atingidas em combate
> as palavras oferecem
> sua outra face.
>
> São poucas,
> eu muitos.
>
> Da luta vã
> resta a manhã.[28]

Vemos que o eu poético reconhece a falta de palavras para dar conta da multiplicidade de faces desse eu[29] e também reconhece que o encontro do poeta com a palavra é um combate, uma luta. "O lutador" de Ana Martins Marques perfaz um contraponto ao poema de mesmo título escrito por Drummond, cujos versos iniciais transcrevemos a seguir:

> Lutar com palavras
> é a luta mais vã.
> Entanto lutamos
> mal rompe a manhã.
> São muitas, eu pouco.
> Algumas, tão fortes
> como o javali.[30]

Se tomarmos o diálogo entre a escritora e o escritor mineiros nesses dois poemas que encenam vemos que Ana Martins contesta Drummond, ou dele discorda, se verificarmos os primeiros versos dos dois. Ana Martins replica o escritor em dois sentidos: um, ao retomar a discussão, outro, ao contestar o que diz o poema de Drummond, como se pode ver na oposição entre "São poucas, / eu muitos. / Da luta vã / resta a manhã", em Ana Martins, e "Entanto lutamos / mal rompe a manhã. / São muitas, eu pouco", em Drummond.[31]

Há, no entanto, uma ideia geral que parece ser a mesma: a de que a escrita é uma luta, ou um combate. Chama a atenção, no entanto, o que dizem sobre o eu poeta e as palavras. Para Ana Marques, as palavras "São poucas, eu muitos"; o poeta em Drummond já afirma que as palavras "São muitas, eu pouco". Nessa formulação, o eu poeta tem percepção diferente da relação poeta-palavra. Para um, as palavras são insuficientes para dizer de sua multiplicidade; para outro, o eu é pouco diante da profusão de palavras. Esses dois exemplos registram que a preocupação da relação do poeta com a palavra é fundamento da elaboração poética. Pode-se dizer que essa é, também, a preocupação de Sónia Sultuane.

No caso da escritora moçambicana, entretanto, parece que não há, por parte do eu poeta, uma luta propriamente, ou um combate que testa os limites do eu. Ao contrário, a relação é um encontro de harmonia e lascívia, como lemos em "Palavras", de Sultuane, onde aparecem tanto a palavra-lânguida (liberdade) quanto a agressiva palavra-corte (rasgar), e, ainda, a inesquecível palavra-oração: namaste.

> As palavras são a exterioridade que reveste a minha alma
> quando já não guardam mais o fogo que nelas se esconde,
> são a cor da alegria na minha alma enamorada pela vida,
> mas também o sopro da tristeza que vive em mim escondida,
> numa aula invisível aos olhos comuns,
> eco intemporal, imortal,
> pedaços de mim viajando pelo universo,
> de mãos juntas, nesse gesto profundo de respeito,
> de cumprimento,

e de humildade perante o outro,
mesmo que a dor me atormente,
nunca esquecerei a palavra oração,
namaste.[32]

Ao pensarmos nas palavras e em suas variedades, percebemos uma espécie de lucidez poética: a percepção da palavra como exterioridade e multiplicidade. Surpreendentemente, não se criam, com essa lucidez, opostos fixos e convencionais (como corpo e alma), mas algo como palavra *versus* alma, em que o que é exterior (palavra sem o fogo) e o que é interior estão em duradouro atrito, formado por confluências vocálicas e conceituais inusuais, tais como cor da alegria e sopro da tristeza; aura invisível e eco intemporal; pedaços viajando e mãos juntas.

Essa forma calma de atrito, sem desespero, funda a harmonia da roda das encarnações, cantada no primeiro poema, e que está presente em todo o livro. Percebemos construção semelhante em "Restos de verbos":

A minha alma quer cantar poemas aluados,
Quer rasgar versos prateados,
Quer jogar no mar as rimas perdidas na noite de lua cheia,
Restos de verbos deitam-se quietos no colo da lua.[33]

Consideramos como forma calma de atrito a fricção estabelecida entre os elementos de composição do verso, com especial destaque para a relação entre a cadência dos versos construída pela alternância entre os mais longos[34] quebrados pelo verso mais curto;[35] junto do efeito conseguido pela alternância rítmica do versos, notamos o atrito entre a natureza semântica dos verbos presentes no poema: cantar, rasgar, jogar, deitar; como dos objetos, adjuntos e advérbios que compõem os versos: aluados, prateados, mar, quietos. O que se tem nos quatro versos que compõem "Restos de verbos" – verbo entendido como palavra, não só como categoria morfológica da língua – é um regular esquema de atritos: longo↔curto; rasgar↔jogar; jogar↔deitar. Esse esquema de atritos se contrapõe a um ambiente aparentemente sereno, sugerido nas expressões aluado, prateado, lua cheia e quieto.

"Restos de verbos" pode representar, metonimicamente, o trabalho metalinguístico de *Roda das encarnações*, uma vez que nele confluem os encontros inusitados dos elementos fundamentais na poética de Sultuane, como o corpo, a sensualidade, a sensorialidade. Assim, com essa leitura, observamos que a presença persistente de um léxico suave não abstém o poema nem o processo de criação daquilo que é próprio de suas naturezas: o atrito.

REFERÊNCIAS

ANDRADE, Carlos Drummond de. *Obra completa*. 2. ed. Rio de Janeiro, Aguilar, 1967.

CHIZIANE, Paulina. "Eu, mulher... por uma nova visão do mundo". *Revista do Núcleo de Estudos de Literatura Portuguesa e Africana da UFF*, vol. 5, n. 10, abr. 2013, pp. 199-205.

COUTO, Fernando. "Apresentação pública do livro *Imaginar o poetizado*", 2006. Disponível em <https://soniasultuane.com/imaginaropoetizado/>. Acesso em 22/2/2023.

DIAS, Fábio. *Das mãos à alma*, 2020. Disponível em <https://soniasultuane.com/exposicoes-virtuais/>. Acesso em 22/2/2023.

FREITAS, Sávio. "Sónia Sultuane: o poder do feminino na poesia moçambicana contemporânea". *Anais* do II Colóquio Internacional Literatura e Gênero. Teresina, 2014. Disponível em <https://soniasultuane.com/estudos-pelo-dr-savio-roberto-fonseca-de-freitas/>. Acesso em 3/2/2023.

GUIMARÃES, Raquel B. J. "Poesia de Minas: sempre contemporânea". *In*: BRANDÃO, Jacyntho Lins (org.). *Literatura mineira: trezentos anos*. Belo Horizonte, BDMG Cultural, 2019, pp. 2012-2023.

LEITE, Ana Mafalda. "*A voz feminina do poema*". Prefácio de *Imaginar o poetizado, 2006*. Disponível em <https://soniasultuane.com/imaginaropoetizado/>. Acesso em 22/2/2023.

LOPES, Silvina Rodrigues. *Literatura, defesa do atrito*. Lisboa, Vendaval, 2003.

MARQUES, Ana Martins. *A vida submarina*. Belo Horizonte, Scriptum, 2009.

NOA, Francisco. "Posfácio". *In*: SULTUANE, Sónia. *Roda das encarnações*. São Paulo, Kapulana, 2017, pp. 83-86 (Série Vozes da África).

SULTUANE, Sónia. *Roda das encarnações*. São Paulo, Kapulana, 2017 (Série Vozes da África).

NOTAS

[1] Chiziane, 2013, p. 199.

[2] No artigo, Freitas toma como base para reflexão alguns elementos do pensamento de Antonio Candido, motivo pelo qual usamos, aqui, a ideia de sistema literário, também referência no pensamento do autor de *Formação da literatura brasileira*.

[3] Freitas, 2014, p. 4.

[4] *Idem*.

[5] Usamos, aqui, a noção de atrito tal como defendida por Silvina Rodrigues Lopes em *Literatura, defesa do atrito*. Lopes, 2003.

[6] Sultuane, 2017.

[7] O mesmo texto foi o prefácio da primeira edição moçambicana de *Roda das encarnações*, publicado em 2016 pela Fundação Fernando Leite Couto.

[8] Noa, 2017, p. 83.

[9] Sultuane, 2017, p. 13.

[10] *Idem*, verso 6.

[11] *Idem*, versos 3, 4, 5, 6.

[12] Para ver o conjunto da exposição virtual aqui referida, pode-se acessar <https://soniasultuane.com/exposicoes-virtuais/>. Acesso em 2/4/2024.

[13] Disponível em <https://soniasultuane.com/exposicoes-virtuais/>. Acesso em 2/4/2024.

[14] Dias, 2020, p. 15.

[15] Disponível em <https://soniasultuane.com/exposicoes-virtuais/>. Acesso em 2/4/2024.

[16] Sultuane, 2017, p. 13, versos 3, 6.

[17] Sultuane, 2017, p. 15.

[18] *Idem*, p. 25.

[19] *Idem, ibidem*, versos 5, 6.

[20] *Idem, ibidem*, verso 4.

[21] *Idem*, p. 24.

[22] *Idem, ibidem*, versos 13, 14.

[23] Couto, 2006.

[24] Sultuane, 2017, p. 70.

[25] *Idem, ibidem*, versos 5, 6.

[26] *Idem, ibidem*, versos 2, 3, 7, 8.

[27] Leite, 2006.

[28] Marques, 2019, p. 119.

[29] *Idem, ibidem*, versos 4, 5.

[30] Andrade, 1967, p. 84.

[31] Esta reflexão está mais desenvolvida em artigo de Raquel Guimarães intitulado "Poesia de Minas: sempre contemporânea". Guimarães, 2019.

[32] Sultuane, 2017, p. 19.

[33] *Idem*, p. 18.

[34] *Idem, ibidem*, versos 1, 3, 4.

[35] *Idem, ibidem*, verso 2.

17
DO FEMINISMO AFRO-MOÇAMBICANO EM UMA NOVA POESIA DE COMBATE: O CANTO DO FUTURO DE DEUSA D'ÁFRICA[1]

Sávio Roberto Fonseca de Freitas

PRIMEIRAS COLOCAÇÕES

A literatura moçambicana de autoria feminina não mais se concentra em uma produção isolada e acanhada como nos tempos das lutas de libertação e da guerra civil, quando as mulheres eram muito mais invisíveis e violadas das mais diversas formas pelos colonizadores e pelo machismo moçambicano. O machismo não acabou e ainda é um problema para as mulheres, mas agora elas reconhecem um território de resistência chamado Literatura de Autoria Feminina. Vozes como a de Noémia de Sousa, Clotilde Silva, Glória de Sant'Anna, Lina Magaia, Lília Momplé ecoam e ressignifam a produção de mulheres como Rinkel, Sónia Sultuane, Tânia Tomé, Lica Sebastião, Fátima Langa, Mel Matsinhe, Deusa d'África, Énia Lipanga, entre outras, o que comprova a fertilidade literária de um país ainda tão carente em relação à socialização humanitária do conhecimento.

O nosso estudo se concentra na produção literária da jovem escritora moçambicana Deusa d'África, uma voz feminista que ao ritmo do xitende[2] faz ecoar uma poesia reivindicadora de um lugar de fala por muito tempo negado às mulheres que não são territorializadas no lado sul moçambicano. Uma voz que vem se somar à roda da literatura feita por mulheres em um país cujo machismo é incompatível com a dimensão poética da agenda social de escritoras que fazem da literatura e da arte um movimento de compreensão coletiva e humanitária. Movida pelas águas do Índico,

Deusa se insere na quarta onda do feminismo, a qual é categorizada por Heloísa Buarque de Hollanda[3] como um movimento ativista que sai das universidades e invade as ruas e as redes sociais, propagando discussões que se voltam para o surgimento de novos feminismos: os feminismos da diferença, os feminismos na poesia, nas artes, na música, no teatro, no cinema, nas escolas, nas faculdades e em vários territórios dominados pelas mulheres. A quarta onda feminista vem repensar os lugares de fala e analisar o nós da coletividade: o nós feminista é sempre e somente uma construção fantasística, que tem seus propósitos, mas que nega a complexidade e a indeterminação internas do termo, e só se constitui por meio da exclusão de parte da clientela, que simultaneamente busca representar.[4]

Se pensarmos essa construção fantasística sinalizada por Judith Butler,[5] vamos perceber que a agenda feminista da contemporaneidade não mais tolera a colonização de raça, classe e gênero; o feminino e o masculino não mais são absorvidos pela ideia eurocentrada de homem e mulher, muito pelo contrário, os essencialismos foram substituídos por posicionamentos sociais no feminino e no masculino. A discussão de raça e classe não é mais biológica, e sim social. A voz das mulheres vem se aliar a um coletivo de pensamentos transformados em discursos metamórficos que consolidam grupos até então invisíveis ao universalismo humanitário tão necessário aos tempos modernos. Grupos de mulheres categorizados como ninguém hoje são visíveis a olho nu:

> Há pessoas que dizem que o importante é a causa, ou uma possível "voz de ninguém", como se não fôssemos corporificados, marcados e deslegitimados. […] Mas, comumente, só fala na voz de ninguém quem sempre teve voz e nunca precisou reivindicar sua humanidade.[6]

Para completar as colocações de Djamila Ribeiro, podemos afirmar que a voz das mulheres privilegiadas do feminismo da terceira onda deu espaço para o grito das mulheres invisíveis, uma vez que os temas discutidos por mulheres africanas, negras, indígenas, trans, lésbicas, entre outras, extrapolam o discurso bem-comportado e eurocentrado de agendas feministas anteriores. O feminismo da quarta onda vem problematizar temas como: consciência, direito ao trabalho, sexualidades, privilégios de classe, racismos, força, respeito, maternidade política e espiritualidade.

Navegando nessa quarta onda do feminismo, a escritora Deusa d'África faz da arte um modo de ver o mundo a partir de um feminismo afro-moçambicano que se agrega ao *continnum* exercício da moçambicanidade, um projeto político de reconhecimento identitário iniciado pela poesia de combate de José Craveirinha e de Noémia de Sousa, os pais dos poetas moçambicanos, como bem pontua Severino Elias Ngoenha.[7] Paulina Chiziane defende que o mundo das mulheres sempre foi de luta e resistência:

> Ainda hoje a sociedade moderna considera os artistas como seus membros marginais. Ser mulher e ser artista torna-se um verdadeiro escândalo. Escândalo que tive que arriscar e suportar. Nesta sociedade a mulher só pode falar de amor e sexo com outras mulheres e também em segredo. Falar em voz alta é tabu, é imoral, é feio.[8]

Esse testemunho corrobora a ideia de que as escritoras territorializam o discurso da mulher em textos literários de autoria feminina, atitude estética e ideológica ainda muito marginalizada em países onde predomina o machismo patriarcal endossado pela colonização portuguesa, principalmente quando o cânone literário é em sua maioria composto por homens. Logo, as escritoras possuem um duplo desafio: enfrentar o patriarcado por meio de um ativismo político que dê visibilidade à produção artística das mulheres e territorializar o discurso das mulheres por meio de um feminismo literário que possibilite a visibilidade de escritoras invisíveis ao cânone literário machista.

Os temas discutidos pelas mulheres atingem diretamente o modo masculino de escrita, uma vez que há declaradamente, por parte das mulheres, uma insatisfação sobre o *modus operandi* masculino de representação artística. Os temas recorrentes do cânone de autoria masculina nos países africanos de língua portuguesa registram um território identitário em que as guerras por libertação ideológica, política e cultural foram conquistadas culturalmente pelos homens.

> Tem gente que diz que a mulher é subordinada ao homem porque isso faz parte da nossa cultura. Mas a cultura está sempre em transformação. Tenho duas sobrinhas gêmeas e lindas de quinze anos. Se tivesse nascido há cem anos, teriam sido assassinadas: há cem anos, a cultura Igbo considerava o nascimento de gêmeos como um mau presságio. Hoje essa prática é impensável para nós.[9]

A escritora nigeriana Chimamanda Adichie chama aqui a atenção para a forma como a questão cultural deve ser repensada, excluindo a possibilidade de uma já esgotada discussão essencialista sobre os sexos. A palavra "transformação" utilizada pela escritora nos conforta e justifica a escrita independente de mulheres africanas frente aos sistemas culturais conservadores. Pensar a cultura de um país por meio de manifestações artísticas independentes é uma forma de lutar contra estereótipos construídos sob uma perspectiva machista, eurocentrada e ocidental. Com certeza, o uso de "nós" é uma forma de contar para o mundo que se pode falar das nações sob a episteme da humanidade, princípio ideológico que extrapola qualquer possibilidade de marginalização de raça, classe e gênero.

DEUSA D'ÁFRICA: UMA AZIAGA FEMINISTA DE MOÇAMBIQUE

Dércia Sara Feliciana Tinguisse nasceu em Xai-Xai, província de Gaza, Moçambique, em 5 de julho de 1988.[10] É mestre em Contabilidade e Auditoria e, atualmente, professora na Universidade Pedagógica e na Universidade Politécnica, em Moçambique. É coordenadora-geral da Associação Cultural Xitende, palestrante, ativista cultural, promotora do direito à leitura e mentora do projecto Círculo de Leitores. É colunista do jornal *Correio da Palavra*, da revista portuguesa *InComunidade* e do jornal literário *Pirâmede*.

É autora das obras *A voz das minhas entranhas* (poesia), editado pelo Fundac, em 2014, *Equidade no reino celestial* (romance); *Ao encontro da vida ou da morte* (poesia), pela Editora de Letras de Angola, em 2016; *e Cães à estrada e poetas à morgue*. Coordenou as antologias *Vozes do Hinterland*; *Galiza – Moçambique: Numa linguagem e numa sinfonia*; *Fique em casa, amor!*; e *19 cartas para Covid 19!*. Participou das antologias: *Colectânea veríssimos*, editada, em 2012, por Alpas XXI; *Mil poemas para Gonçalves Dias*, em 2013; *Caravelas em viagem*, em 2016, pela Academia de Letras e Artes Luso-Suíça; *Seis em ponto, contos e outros escritos VI*, traduzido para o inglês ("*Six on the dot, short stories and other writings VI*"; Festival Literário de Macau, 2017); *Rio das Pérolas* (Macau, 2020).

Ainda muito jovem, podemos constatar que Deusa é uma mulher que faz da arte suas asas para voar além do oceano Índico, tornando-se uma árvore fecunda de muitos saberes transformados em palavra poética. Sua produção sempre mostra um discurso político feminista afro-moçambicano. Esse feminismo afro-moçambicano se consolida estética e ideologicamente na escrita literária de autoria feminina a partir do momento que encontramos pontos de intersecção nas vozes das escritoras moçambicanas, as quais sempre exploram temas comuns, como relações de poder, relações de gênero, sororidade, erotismo, maternidade, casamento, poligamia, crítica social, resistência, racismo, mulherismo, negritude, ecofemismo, religiosidades, condição feminina, aborto, sexualidades, ancestralidade, crenças tradicionais, orientalismo, violência, humanitarismo, entre tantos que fazem girar essa ciranda de muitas mulheres conscientes do ofício de escrever para o mundo.

> Uma literatura equilibrada se desenha com a pluralidade de vozes dos seus escritores. A voz das mulheres não morreu, mesmo esmagada pelo peso das tradições, que encerram os seus doces acordes na solidão das cozinhas. Nem sucumbiu perante a tirania do patriarcado e das suas religiões fanáticas. Ela sobreviveu e se foi afirmando, com escritoras irreverentes, que quebraram o mito ao longo das gerações: foram elas a Clotilde Silva, Noémia de Sousa, Lília Momplé, Lina Magaia. Novas mulheres foram escrevendo, publicando, como gotas de água no oceano imenso. O número de escritoras vai crescendo gradualmente, com mais pujança, provando ao mundo que a literatura feita por mulheres é uma linha contínua, essencial, não pode morrer, e nunca se deve calar. Deusa d'África, escuta bem: nós, mulheres escritoras, somos ainda

uma gota de água, no oceano imenso, mas diz o adágio popular: gota de água mole em pedra dura tanto bate até que fura. Um dia seremos muitas e também seremos maiores. Não desanime, avança.[11]

Nesse prefácio ao livro de poemas *A voz das minhas entranhas*, Paulina Chiziane, além de apresentar a importância do nascimento de uma escritora, também deixa o registro da transgressão das mulheres que resistiram a tantas proibições patriarcais no que tange ao fato da existência de escritoras cúmplices do propósito de lutar contra uma dominação masculina seletista e machista. Também se percebe a necessidade de fortalecimento de um mulherio de escritoras aptas a pensar a nação a partir do feminino e do feminismo. Então mais uma vez defendemos a ideia da existência de um feminismo afro-moçambicano, o qual podemos designar como um movimento político e feminista, corporificado pelas ideologias do movimento da moçambicanidade, liderado por mulheres moçambicanas ativistas e militantes, as quais veem nas artes e na literatura um caminho para pensar a nação moçambicana como um território africano em que as discussões sobre raça, classe e gênero precisam ser revisadas em prol de um humanitarismo coletivo.

"Hoje apetece-me", "Lágrimas de açúcar" e "A voz das minhas entranhas", poemas que fazem parte da coletânea *A voz das minhas entranhas*, serão aqui analisados para observarmos onde está presente o feminismo afro-moçambicano na poesia de Deusa d'África, uma escritora que, inegavelmente, faz parte desse movimento feminista reivindicador do registro poético do discurso de uma mulher negra empoderada pela palavra literária:

Hoje apetece-me

Hoje apetece-me
Pintar os teus lábios,
Com a tinta da minha boca,
E este pincel nela mergulhado
até ela ficar oca.

Hoje apetece-me
Soletrar em surdina
Tudo o que querias ouvir
Como o sopro que deu a vida a Adão
E ulteriormente tornar-me
Tuas vestes
Desse corpo despido
Pelo meu desejo
E os deuses dando-me um ensejo
De alcançar a carreira de estilista
Só para te vestir
Com a tua nudez que almejo.

Hoje apetece-me
Fazer sem cunhas
Mas sim, usando minhas unhas
na textura da tua tez.

Hoje apetece-me
Fumar as tuas mágoas
E aliviar os pulmões
Com um charuto.

Hoje apetece-me
Ao altar, levar-te,
E casar-te
Só e só por hoje,
Ter a lua-de-mel,
E esquecer a acerbidade
Desse coração fel
Na escolha de homem, cheio de sumptuosidade.

Hoje apetece-me
Nas tuas entranhas, arquejar
Nelas manejar
Mergulhar no mar da incerteza, só para te ter.[12]

O eu poético declaradamente feminino se metaforiza por meio das transitividades do verbo *apetecer*, o qual está intimamente ligado ao desejo entre o corpo masculino e o feminino, como em uma dança de acasalamento em que a libido se consume com a consolidação do ato sexual. Um erotismo já explorado na literatura de autoria feminina em Moçambique. Vale ressaltar que a primeira escritora a fazer poemas eróticos em Moçambique foi Sónia Sultuane, a qual também não dispensa as sinestesias do prazer em seus versos. O batimento do xitende perpassa todo o poema por meio da repetição do refrão "Hoje apetece-me".

Na primeira estrofe, a boca é o território em que o prazer se manifesta e se esgota. Um outro dado é a percepção de uma boca pintada pela tinta dos lábios, o que confirma a representação de um beijo intenso e despudorado.

Na segunda estrofe, mais uma vez o refrão retoma o ritmo xitendiano e os corpos voltam à dança erótica do desejo sob o comando de outras sensações: a audição se constrói atrelada ao sopro de Adão, uma crítica direta ao machismo bíblico propagado pela figura do colonizador português; os deuses, com letra minúscula, mapeiam o politeísmo advindo das crenças tradicionais, as quais possibilitam um entendimento pagão de um corpo que se erotiza pela nudez desejada pela voz feminina que comanda o movimento uterino dos versos; a carreira de estilista marca um biografema da voz poética, um entre-lugar com a autoria, a qual, sob ordem dos deuses, deseja vestir a nudez especulada. Os corpos neste poema ensaiam uma proximidade mais íntima já provocada pelo beijo. Interessante notar que o comando das ações eróticas se faz pelo lado feminino, o que sugere um empoderamento do mesmo em relação ao outro corpo. A notoriedade desse aspecto é oportuna porque marca uma crítica direta à dominação masculina patriarcal de Moçambique.

Na terceira e na quarta estrofes, as sinestesias corporais vão assumindo dimensões mais erógenas: as unhas arranham a sensibilidade epidérmica do corpo e encadeiam o duplo sentido expresso pelo ato de fumar um charuto. O charuto é o primeiro objeto fálico presente no poema em que a boca toca. Fumar as mágoas é uma bela metáfora para a representação da sucção do que vem de dentro.

A quinta estrofe traz um tema muito caro ao feminismo afro-moçambicano: o casamento. Há nessa estrofe a representação das inversões de valores como crítica ao machismo de uma tradição ocidental presente em Moçambique via colonização: o homem é que pede a mulher em casamento e a leva ao altar. Contrariando e atacando a colonização de gênero, a voz poética inverte a ordem das relações convencionais de poder, colocando o sexo antes do casamento e fazendo do feminino o condutor das práticas masculinas matrimoniais: a mulher deseja, consome e escolhe o homem. Uma crítica envenenada contra o machismo oportunista moçambicano.

Na sexta estrofe, a voz poética retoma o refrão para fazer do verbo *apetecer* uma palavra de protesto em favor das incertezas, as quais se enumeram nas ações de arquejar, manejar, mergulhar e ter. O mar surge como metáfora para o esconderijo dos segredos do feminino. Logo podemos tomar consciência de que o feminismo afro-moçambicano se manifesta nesse poema por meio do erotismo, das relações de gênero, do empoderamento do feminino, da crítica social aos colonialismos matrimonias, das introspecções íntimas lançadas ao coletivo, das metáforas corporais e das sinestesias libidinais.

Lágrimas de açúcar

Malditos Crocodilos
Que atacam outros crocodilos, irmãos!
quando tentam fugir do rio, sem deixar rastos.

Malditos que se vestem de paz
e decoram sua casa de guerra
exalando as lágrimas de açúcar
ao atacar suas presas indefesas.

Malditos irmãos
Devoradores do presente
E, empreiteiros de um passado
Edificado na margem de um rio
Devorador de suas espécies[13]

O poema revela uma crítica ao entendimento de fraternidade, um tema muito caro aos movimentos de libertação que se agregaram à ideia de moçambicanidade e reconhecimento de uma identidade moçambicana tão maculada pela guerra de libertação e pela guerra civil em Moçambique.

Na primeira estrofe, a voz poética se apropria da metonímia do crocodilo para desenvolver uma crítica indireta aos moçambicanos que traem a fraternidade africana por se corromper pela ambição selvagem do capitalismo deixado pelo colonizador. A guerra civil moçambicana muito foi tema de textos de autoria feminina. Podemos mencionar a importância e a emergência de se estudar a ficção curta de Lina Magaia, escritora que militou muito contra os bandidos da Resistência Nacional Moçambicana (RENAMO), os quais, de modo carrasco e selvagem, roubaram, mataram e desmoralizaram famílias moçambicanas que viviam da agricultura e da pecuária em suas machambas. Esses são crocodilos traiçoeiros que matam pela ambição e pela corrupção da fraternidade tão defendida e conquistada com sangue derramado na guerra de libertação.

Na segunda estrofe, o adjetivo *maldito* tem toda uma conotação pejorativa, porque traz ao poema a representação das famílias oprimidas pela dor da guerra. As lágrimas de açúcar metaforizam o pesar, a dor e o fluxo de muito sofrimento. As presas indefesas sempre são mulheres jovens violadas em sua maternidade, muitas vezes obrigadas a matar seus filhos ou a se matar para não os ver morrer, meninas que são estupradas à frente de seus pais e de toda a sua família. Os crocodilos e os malditos são os matsanga, nome vulgarmente utilizado para designar os soldados da RENAMO, como dicionariza Hildizina Norberto Dias.[14]

Na terceira estrofe, a voz poética sugere uma ambiguidade estratégica pela licença poética no que diz respeito aos crocodilos, que nos primeiros versos dessa estrofe são ironicamente chamados de irmãos por uma questão biológica, mas também são devoradores do presente e empreiteiros do passado. Vale salientar que os crocodilos habitam os rios moçambicanos e sempre se alimentam de pessoas que desafiam os mistérios e as forças das águas.

Nesse poema o feminismo afro-moçambicano aparece por meio da crítica social feita aos moçambicanos traidores e bandidos, que sob o totem de crocodilo matam sorrateiramente seus irmãos da mesma raça em defesa de uma causa política desumana, selvagem e capitalista. Mencionar a ausência da fraternidade moçambicana é também provocar o seu exercício, minimizando a dor de existir em um território ainda minado pelo ranço colonial.

A voz das minhas entranhas

Gritam o sim e o não
As vezes o yes and no
Sem hora nem espaço
Sem critério nem consideração
Do que às vezes faço

Um idioma ainda não descoberto
Uma guerra ainda não vencida
Uma guerra entre corpo e alma
Ressuscitando Tchakas em mim
Que expulsam Nduandes das minhas entranhas
E vingam-se da morte de Dinguiswayo.

Não tem nenhuma cor
Mas resplandece como a dor
Segmentando este território
Por subculturas
Pelas quais, nenhuma bandeira se iça
No espelho da minha alma
Para extinguir a sofreguidão
Neste solo cujo sangue alimentara terras.

Há em mim uma terra mais agressiva
Violentando outra por vezes
Mesmo a outra sendo mansa em meses
Determinados, que ela deriva.
Uma é verdadeira
E a outra é hipócrita
Mas vence quem é mais forte
E sobrevive da guerra da morte.[15]

Nesse poema que intitula a coletânea, Deusa d'África registra boa parte de seu projeto poético. A voz que se enuncia no poema expressa a oralidade advinda das entranhas. As entranhas representam a terra, o que está no interior do ventre, essa é a voz que faz ecoar a Deusa. O intimismo introspectivo é um lugar comum na produção literária de autoria feminina, a voz que vem de dentro é como se fosse um contrato de sororidade universal.

Todas as mulheres escritoras subjetivam por meio da linguagem literária várias possibilidades de introspecções.

Na primeira estrofe, o grito dá a entonação da voz que se apresenta no poema, um grito de resistência a critérios de sim e de não, como se houvesse um critério do pode e não pode. O verbo *fazer* em primeira pessoa alcunha o tom intimista do poema. A segunda estrofe se volta para uma memória histórica de guerra ainda não resolvida, como se o passado e o presente duelassem com as espadas da sabedoria a conquista do futuro. Os tchakas, povos liderados por um império sul-africano, atormentam a voz intimidada pelo silenciamento da palavra. A terceira estrofe vem lavada pelo sangue de um território minado por guerras ainda por vencer. Uma guerra que vem da consciência introspectiva da voz poética que se mostra insatisfeita pelos dilemas de existir em uma sociedade que se mutila e se fratura pelas questões de raça, classe e gênero.

Na quarta estrofe, consolida-se uma voz poética metamorfoseada em terra agressiva, que trava um infinito duelo entre a hipocrisia e a verdade. Nesse poema se torna visível um feminismo afro-moçambicano inquiridor e constatador de uma ancestralidade maculada pelos fantasmas de um império ainda presente na mascarada república moderna. A palavra poética se eleva como uma bandeira que melhor representa uma nação embrionária no sentido identitário de moçambicanidade. A voz que vem das entranhas lança ao mundo um grito de independência estética e ideológica na tentativa de propor uma vitória para o humanitarismo coletivo tão caro a todos os feminismos que sonorizam em favor da paz no mundo.

DE UMA NOVA LITERATURA DE COMBATE EM MOÇAMBIQUE: *CÃES À ESTRADA E POETAS AO MORGUE* (2022)

Os tempos de agora nos fazem pensar sobre como tantas manifestações do caos, a saber, pandemias, guerras, crimes ambientais, neocolonialismo invasor, novas ditaturas, feminicídios, racismos, homofobia, transfobia, negacionismos, necropolítica, vêm levando a humanidade a se (re)construir por meio de muitas desconstruções que nos levam a combater, resistir, sobreviver e, emergencialmente, criar estratégias plurais de agregação social e políticas humanitaristas. Mais uma vez, a literatura se torna o espaço de comunhão solidária para fazer refletir sobre o mundo escatológico que nos submetem a aceitar antidemocraticamente.

A literatura moçambicana contemporânea vem, por meio da produção literária de escritores e escritoras da geração século XXI, territorializando uma literariedade que faz emergir discussões tensionadas pelas mais diversas relações de raça, classe e gênero. Recuperando discussões desenvolvidas pela poesia de combate de José Craveirinha (1922-2003) e Noémia de Sousa (1926-2002), nomes recorrentes para sinalização de inspiração e respeito na poesia na contemporaneidade, por serem considerados o pai e a mãe dos poetas na fase nacionalista da literatura moçambicana. Esses poetas deram vida a vozes que, pela sinfonia dos tambores, evocavam a liberdade pelas tantas invasões feitas por uma colonização portuguesa e por uma cumplicidade traidora por parte dos moçambicanos; nasce emergencialmente uma fase neocombate na literatura moçambicana.

Essa fase surge para reivindicar o lugar de uma literatura de protesto estético e ideológico frente aos novos rumos de discussão que a arte vem tomando no mundo, cada vez mais hasteando uma bandeira de humanitarismo que une ativismos políticos, ativismos ambientais, feminismos, negritudes, movimentos LGBTQIA+, antropofagismos contemporâneos, escatologias, religiões, filosofias, antropologias, psicologias e várias maneiras de se discutirem estratégias de sobrevivência diante de uma era apocalíptica orientada pelo caos do existir.

Com base nessas colocações acima, a literatura moçambicana de autoria feminina não pode ser mais lida como uma produção isolada e acanhada, como nos tempos das lutas de libertação e da guerra civil, quando as mulheres eram muito mais invisíveis e violadas das mais diversas formas pelos colonizadores e pelo machismo moçambicano. Nesse sentido, a pauta da infância na literatura moçambicana aparece como uma preocupação no que tange à formação intelectual das crianças, que precisam entender as novas pautas de batalha de um país que ainda convive com várias formas de exploração endógenas e exógenas.

Deusa d'África é líder do Grupo Xitende, que já pode ser considerado como um movimento de poesia de resistência cultural em Moçambique. Esse grupo se insere como um dos maiores colaboradores para o entendimento do que é a fase neocombate na literatura moçambicana. A poesia publicada por esse grupo ainda é de difícil acesso no Brasil; o que nos chega é disponibilizado pela própria Deusa d'África, considerada, pelos xitendes, como a Rainha de Gaza e madrinha dos poetas novos. Homens e mulheres que compõem o grupo realizam, anualmente, o Festival de Poesia de Xai-Xai, que reúne muitos novos escritores ainda sem tanta visibilidade no país. Vale ressaltar que a atual gestão da Associação dos Escritores Moçambicanos (Aemo) não vem dando a devida importância à produção desses escritores, pelo fato de não fazerem parte de um seleto grupo que vive em Maputo. Nesse sentido, a fase neocombate também tem por objetivo dar visibilidade a escritores e escritoras que são segregados e invisibilizados por questões políticas, de classe e gênero.

A publicação do livro de poesias *Cães à estrada e poetas ao morgue*[16] potencializa o amadurecimento de um projeto estético e ideológico do feminismo afro-moçambicano na literatura. Essa coletânea de poesias e micronarrativas poéticas funciona com um soco no peito do conservadorismo patriarcal moçambicano. A escritora traz à baila temas como morte, fome, guerra civil, corrupção, sexo, pornografia, machismo, inconformismo social, militância, infância roubada, ingenuidade induzida, dentre outros que perturbam a mente do público leitor em relação ao caos natural da contemporaneidade.

> A produção lírica desta poeta não é um acalanto que embevece o leitor; também não é uma expressão poética-amorosa que comove os mais sensíveis; tampouco é simplesmente um amontoado de palavras obtusas com pretensão artística. Nada disso: a poesia de Deusa d'África é um golpe de azagaia. Ela dessossega, perturba, rouba a paz, tira-nos a letargia.[17]

Concordamos com posicionamento da pesquisadora Vanessa Riambau, quando categoriza a poesia de Deusa como um golpe de azagaia, e nos encorajamos a acrescentar que a poeta faz dos versos combustível para inflamar a mente de quem recepciona a sua arte. Se há uma pretensão na sua arte é a de colocar em desconforto toda uma hipócrita estabilidade comportada do existir. Na esteira desse pensamento fica a questão de como a infância é pensada em seu novo rebento poético:

> As crianças nas escolas aprendem a realizar trabalhos de pesquisa em pornografia, todos os manuais de consulta que procuram para os seus deveres de casa são pornográficos, os links visitados para pesquisa cibernética são também pornográficos.[18]

O fragmento acima integra o "Prólogo" homônimo ao título da coletânea. Fica, então, uma sugestão da escritora em relação ao propósito que leva as crianças ao estudo, à investigação, à busca do conhecimento, ao aprimoramento da leitura, ao letramento crítico e literário. Sendo Moçambique país ainda muito machista, notamos nesse prólogo, por parte de Deusa, uma preocupação com a educação primária e secundária das crianças, assim como também com a educação doméstica. A pornografia, aberta nas páginas da internet, torna-se um vírus que ameaça o estágio da doçura de ser criança: meninos e meninas começam a vida sexual muito cedo, por terem acesso muito precoce ao entendimento do corpo como objeto de prática sexual sem sentimentos e sem valores.

O violino de Sara

Cortaram os tendões do violino de Sara!

Artistas desta cidade são inoperantes
não trabalham, não comem, mas tocam e cantam,
sobre a canção do violino da Sara

Sara, menina aprumada.
Pai educado comprou o violino.
Pai zeloso matriculou a Sara na escola portuguesa.

Sara não faz unhas em gel pra tocar violino
Sara não usa perfume *Carolina Herrera*
pra se juntar aos tocadores e aprender a tocar
o seu violino
com gente que cheira ao perfume de marca suor.

Sara não penteia seus longos cabelos
que inundam o pente e os móveis de antipatia
pra sorrir com tocadores de violino, gente que
cheira a pobreza.

Cortaram os tendões do violino de Sara!

Artistas são vira-latas
não levam jeito gratuito
nem comprado pra nada.
Não conhecem Drummond
nem versos rasgados de Deusa d'África
porque pai só recebe pra comprar arroz e óleo
quando pode um *smartphone* e Go tv
e não livros que causam tédio.
Mas tocam, violinos que não compram.

Arrastaram o violino de Sara
Tocaram a noite inteira em Magoanine.

Vizinho intolerante tolerou as unhas do tocador.
Vizinho intolerante tolerou a música da *EDM*
na rua sem lua de Magoanine
pelas unhas com sol de tocador.

Toca e toca o violino sem parar
não há tarifa nem licença pra impedir o espetáculo
do violino
porque todos pagam a crescente tarifa da
electricidade lunar
para que o violino toque alumiando a cidade de medo.

Tocaram os tendões
violino sangrou
violino chorou
violino gritou
vizinho tentou acudir chamando a lei e ordem
mas a lei e ordem não tem unhas pra tocar
as unhas não tem esmalte para se exibir em
espetáculos
telefones para chamar a manicura não tem saldo
nem tinta na esferográfica pra anuir a saída do
pessoal ao espetáculo
e parar as ondas do violino que toca sem parar
em Magoanine.

A cidade chorou pela canção adentro.
Os tendões cansaram de tocar e arrebentaram.

Cortaram os tendões do violino de Sara![19]

O poema introduz a menina Sara, que vive em bairro periférico chamado Magoanine. O violino representa a ligação da menina com a poesia, com a arte, com a escola, com a vontade de se fazer notar em um território onde prevalece o machismo, a ignorância, a violência, a antipatia, a intolerância, o choro, a lei, a ordem. O refrão "Cortaram os tendões do violino de Sara!" perpassa o poema como uma nota destoada que se configura como um desalinhamento musical do instrumento, mas também como uma azagaia afiando as possibilidades de interpretações camufladas nas entrelinhas dos versos. Sara é menina aprumada, que tem pai educado, que a matricula em uma escola portuguesa. Essas informações comprovam o colonialismo que envolve a estória que se conta no poema. O próprio violino já coloniza o verso, que se fratura com o corte dos tendões. O canto moçambicano não se alinha às notas clássicas do violino; muito ao contrário, o corte dos tendões entoa um impacto muito mais próximo ao ritmo xitende, no qual se inserem os versos rasgados de Deusa d'África. A educação portuguesa não corrompe a moçambicanidade de Sara, que não se alinha ao estereótipo de mulher eurocentrada, como se pode notar por meio do encadeamento dos versos "Sara não faz unhas de gel pra tocar violino / Sara não usa perfume Carolina Herrera"; ou seja: Sara não é menina economicamente privilegiada.

Ao insistir no corte dos tendões do violino, a poeta mostra que meninas não podem se deixar comprar, ou invadir, ou ser possuídas por uma sociedade que só privilegia artistas vira-latas. Através de Sara, Deusa marca seu território poético de militância e de humanização frente ao caos desumano em que se insere a sociedade moçambicana. Sara representa a criança pobre de periferia que pode se fazer notar por meio da arte.

Querida Disney

Princesas pretas têm oiro e tronos
são belíssimos anjos de se ver em seus reinos
tem amor humano no peito igual aos outros
tem vida e roteiro digno de se contemplar
tem dentes de luz que alumiam a noite
tem estrelas enormes ao seu olhar angelical
tem história, sorriso, vida e alma, também.
No retoque da história carcomida pela censura
matam reis e os reinados editando a história
para remover os negros do que os pertence na
alusão feita
instigando a pequenada negra a reconhecer as
princesas de outras cores.[20]

O poema traz o uso da poesia ao exercício da função da literatura infantil, de educar brincando, por meio de linguagem simples e acessível às crianças, de divertir ensinando, para que o bem prevaleça e se resignem do mal. As princesas negras representam um empoderamento feminino de reorganização do mundo para se conviver com várias diversidades. O sorriso é trazido como uma terapia para a cura do mundo através de suas diversificadas cores, tais como a vida e a luz, e o sorriso como a luz que ilumina o planeta e a alma humana e que nos abre as asas para que, através da paz que nos proporciona, possamos exercer o nosso voo que simboliza a nossa liberdade. A cura do mundo, através do sorriso, da verdade que deve prevalecer em todos os momentos da vida, a conquista de sonhos por via do empenho e do trabalho provocam uma leitura de mundo antirracista, democrática e humanizadora.

CONSIDERAÇÕES NADA ÚLTIMAS

Deusa d'África é uma escritora que precisa ser muito estudada. A poesia feminista afro-moçambicana possui muitos aspectos estéticos e ideológicos carentes de uma exploração crítica mais atenta. Mas podemos afirmar que o livro *A voz das minhas entranhas* é um tratado feminista afro-moçambicano, no sentido de permitir um novo olhar para a produção literária de autoria feminina em Moçambique em suas mais plurais manifestações do feminino por meio da linguagem literária. Os poemas de Deusa problematizam muitas questões caras ao universo feminino moçambicano e mostram uma nação que deve ser entendida e estudada por suas tantas diversidades e particularidades culturais. Para além disso, os princípios de maternidade, fraternidade, territorialidade, patriotismo e humanidade devem ser ordens de pensamento que orientem o mundo a perceber que a literatura é uma arte que possibilita o exercício da maturidade, da leitura e do respeito.

O livro *Cães à estrada e poetas ao morgue* é um divisor de águas para a produção literária de autoria feminina em Moçambique, principalmente pelo modo com que a voz poética de Deusa d'África trata de temas de extrema urgência para esse país. Ressaltamos, aqui, poemas que tocam no tema da infância, mas vale dizer que a coletânea é realmente conduzida pelo lume da azagaia e pela força inflamável da poesia, a ponto de nos fazer pensar sobre o caos em que o mundo se encontra. Os poetas declinam ao morgue e nos levam junto, fazendo crer que a palavra poética humanizadora que canta para o futuro é uma possibilidade emergente para nos reerguer como seres humanizados.

Para quem for ousado e tiver coragem, fica o convite para a dolorosa e perigosa caminhada sob comando da Rainha dos Xitendes, uma voz que ainda vai entoar muitas possibilidades de (re)significações sobre formas de empoderamento feminista nas terras banhadas pelo Índico.

REFERÊNCIAS

ADICHIE, Chimamanda. *Sejamos todos feministas*. São Paulo, Companhia das Letras, 2015.

BUTLER, Judith P. *Problemas de gênero: feminismo e subversão da identidade*. 13. ed. Trad. Renato Aguiar. Rio de Janeiro, Civilização Brasileira, 2017.

CHIZIANE, Paulina. *Eu, mulher... Por uma nova visão do mundo*. Belo Horizonte, Nandyala, 2013.

____. "O canto do futuro". *In*: D'ÁFRICA, Deusa. *A voz das minhas entranhas*. Maputo, Ciedima, 2014.

D'ÁFRICA, Deusa. *A voz das minhas entranhas*. Maputo, Ciedima, 2014a.

____. Prefácio. *A voz das minhas entranhas*. Maputo, Ciedima, 2014b.

____. *Cães à estrada e poetas ao morgue*. Maputo, Alcance Editores, 2022.

DIAS, Hildizina Norberto. *Minidicionário de moçambicanismos*. Maputo, Furtado e Godinho, 2002.

FREITAS, Sávio Roberto Fonseca de. "Deusa d'África: uma voz feminista afro-moçambicana". *Revista do NEPA/UFF*, vol. 12, n. 25, jul.-dez. 2020, pp. 43-54.

HOLLANDA, Heloísa Buarque de. *Explosão feminista: arte, cultura, política e universidade*. São Paulo, Companhia das Letras, 2018.

NGOENHA, Severino Elias. "Identidade moçambicana: já e ainda não". *In*: SERRA, Carlos (org.). *Identidade, moçambicanidade, moçambicanização*. Maputo, Ed. Universitária, 1998, pp. 17-34.

RIAMBAU, Vanessa. "Poesia como azagaia: a poética-manifesto de Deusa d'África". *In*: D'ÁFRICA, Deusa. *Cães à estrada e poetas ao morgue*. Maputo, Alcance Editores, 2022.

RIBEIRO, Djamila. *O que é lugar de fala*? Belo Horizonte: Letramento, 2017.

NOTAS

1 Uma versão inicial deste texto foi publicada na Revista do NEPA/UFF. Freitas, 2020.
2 Arco musical bastante conhecido no sul do país e em algumas zonas do centro, cuja caixa de ressonância é uma massala. Dias, 2002, p. 240.
3 Hollanda, 2018, p. 11.
4 Butler, 2017, p. 245.
5 *Idem, ibidem.*
6 Ribeiro, 2017, p. 90.
7 Ngoenha, 2018, pp. 17-34.
8 Chiziane, 2013, p. 12.
9 Adichie, 2015, p. 47.
10 As informações biográficas foram disponibilizadas pela própria escritora.
11 Chiziane, 2014, p. 11.
12 D'África, 2014a, pp. 14-15.
13 *Idem*, p. 24.
14 Dias, 2002, p. 156.
15 D'África, 2014a, pp. 65-66.
16 D'África, 2022.
17 Riambau, 2002, p. 7.
18 D'África, 2022, p. 15.
19 *Idem*, pp. 22-23. Grifo da autora.
20 *Idem*, p. 56.

PARTE III

POÉTICAS EM TRÂNSITO

18

CORPOS DESEJANTES: ENCONTROS ERÓTICOS ENTRE POEMAS DE PAULA TAVARES, CONCEIÇÃO EVARISTO E SÓNIA SULTUANE

Vanessa Ribeiro Teixeira

A partir da leitura comparativa de alguns poemas distribuídos pelas obras *Ritos de passagem*, de Paula Tavares (Angola), *Poemas da recordação e outros movimentos*, de Conceição Evaristo (Brasil), e *Roda das encarnações*, de Sónia Sultuane (Moçambique), pretendo ler as formas como *personas* femininas são reveladas, poeticamente, como corpos desejantes, atentando para o exercício da realização erótica quando da ausência ou negligência dos potenciais sujeitos desejados.

No Brasil – palco para a organização do olhar desta leitora/leitura crítica –, na contramão dos discursos e processos que tendem a hipersexualizar o corpo da mulher negra e/ou subalternizada, criaram-se, em meio a um sensível percurso de sedimentação da literatura feminina afrodiaspórica, estratégias de preservação desse corpo feminino, de forma a transformá-lo em corpo-luta, corpo-abrigo, corpo-resistência, coletivizando-o. No entanto, entendo que negar o direito desse feminino em se colocar como corpo desejante é, também, uma forma de negar a sua humanidade.

Atentando à poesia produzida por mulheres oriundas do continente-mãe, podemos ouvir uma "voz de Angola" e aprendemos, com Paula Tavares, a retirar o "cinto" imposto por regras que tentam dizer o seu corpo-sujeito-subjugado, subvertendo, assim, o lugar reificado que lhe foi atribuído:

As coisas delicadas tratam-se com cuidado
FILOSOFIA CABINDA
Desossaste-me
        cuidadosamente
inscrevendo-me
        no teu universo
        como uma ferida
        uma prótese perfeita
        maldita necessária
conduziste todas as minhas veias
        para que desaguassem
        nas tuas
                sem remédio
meio pulmão respira em ti
o outro, que me lembre
        mal existe

                hoje levantei-me cedo
                pintei de tacula e água fria
                        o corpo aceso
                não bato a manteiga
        não ponho o cinto
VOU
        para o sul saltar o cercado.[1]

Esse corpo, outrora "dócil", revela-se insubmisso. A distribuição dos versos na folha de papel reitera a ideia de um corpo-existência – da mulher, do poema – indisciplinado, avesso ao controle.

Já em "O maboque", uma voz poética pontualmente irônica questiona a estrutura social que identifica no prazer masculino a norma, enquanto o desejo feminino se torna uma experiência problemática, condicionada pela construção de um corpo-fruto a ser "comido":

O MABOQUE

há uma filosofia
do
quem nunca comeu
tem
por resolver
problemas difíceis
da
libido.[2]

Figura 11: Maboque. Disponível em <https://www.facebook.com/angolalu/posts/700170276718210/>. Acesso em 15 set. 2020.

O maboque, fruta popular em Angola, é caracterizado pela polpa agradável, generosa, carnuda, mas esse deleite só poderá ser alcançado por aquele que se lançar ao desafio de romper a sua casca, espessa, resistente, altiva. Somente após decifrá-la será possível devorá-la. O deleite está na polpa, mas também no jogo, no reconhecimento do corpo a ser degustado. Ironicamente, esse corpo-fruta, idealizado pela conjuntura falocêntrica, tem o prazer negado, na mesma medida em que precisa garantir o prazer daquele que o devora, o submete. Fim do jogo, sem ter, ao menos, começado.

Atravessando o Atlântico, de regresso ao corpo-escrita brasileiro, encontraremos, na poesia de Conceição Evaristo, outras formas de ser-se fruta. Sua voz poética revelará uma experiência do corpo feminino que não se nega como fruto desejado, muito pelo contrário, mas afirma, ao mesmo tempo, o seu direito de apetecer a si mesma, satisfazer-se e partilhar-se para o banquete:

Frutífera

– Da solidão do fruto –
De meu corpo ofereço
as minhas frutescências,
casca, polpa, semente
E vazada de mim mesma
com desmesurada gula
apalpo-me em oferta
a fruta que sou.
Mastigo-me
e encontro o coração
de meu próprio fruto,
caroço aliciado,
a entupir os vazios
de meus entrededos

– Da partilha do fruto –
De meu corpo ofereço
as minhas frutescências,
e ao leve desejo-roçar
de quem me acolhe,
entrego-me aos suados,
suaves e úmidos gestos
de indistintas mãos
e de indistintos punhos,
pois na maturação da fruta,

em sua casca quase-quase
rompida,
boca proibida não há.[3]

Essa vivência instaura um embate e rasura a lógica de que o corpo da mulher negra/subalternizada está apto para o sexo, mas não para a experiência erótica. Esse poema, dividido em dois momentos, surge como o próprio corpo-fruto, que se abre para ser seu – para devorar-se, para saciar-se – e somente a partir daí, repartindo-se, entregar-se à boca do outro. Aqui, o fruto é oferecido, mas só depois de ter-se experimentado a si próprio. Como saber do sabor a ser partilhado, sem prová-lo? Em "Fluida lembrança", também de Conceição Evaristo, deparamo-nos com outra experiência do corpo desejante:

No líquido do copo
entorno a sua fluida
lembrança.
Bebo aos goles
o seu doce caldo
armazenado e curtido
em minha memória
e, quando depois
me erro nos passos,
inebriada dos meus enganos
toco o vazio de sua ausência
percebendo, então,
que você me escorre dos sonhos
tal qual a baba indomável
que da boca do bêbado sonolento
escapa.[4]

Esse corpo desejante, saboreando-se, também sabe do/o/ao outro, ausente fisicamente, mas "armazenado e curtido" na memória. Banquetear-se de si mesmo é também uma estratégia para presentificar o outro desejado. Essa experiência nos impulsiona, novamente, à viagem e, ao aportarmos em Moçambique, podemos ver um movimento semelhante, quando a ausência pode ser preenchida pelo desejo que se satisfaz "só". Lemos em "I could kill for your touch", de Sónia Sultuane:

> Nestas noites vazias e que fico desperta,
> Nesta distância que dói,
> Neste desejo silencioso do inesperado, do incerto,
> Nessa voz que já me cala ou aconchega,
> Nessas sílabas nocturnas já dispersas,
> Era capaz de sonhar só para sentir a tua mão na minha carne desnuda
> Era capaz de sonhar só para sentir o teu calor cobrir-me
> Era capaz de sonhar só para ser tua.[5]

Também aqui, o outro ausente é presentificado através da aventura do corpo-desejante sobre si mesmo: "sonhar só", lido como sinônimo de sonhar sozinha, indica a ausência do ser desejado – tento fugir à expressão "objeto de desejo" –, mas também a possibilidade de se fazer "só" o que faria "com" o outro. Por outro lado, a expressão aponta, também, para a exclusividade do espaço sonho para a realização do desejo: "sonhar só", "sonhar apenas", "sonhar somente" para ser do outro. A articulação da memória, tal como vimos em "Fluida lembrança", semelhante à experiência do sonho no poema de Sónia Sultuane, propicia a construção da imagem-presença do sujeito desejado.

Note-se, ainda, que no poema da moçambicana todos os sentidos – a visão, metaforizada, talvez, na personagem insone, "desperta"; o "cheiro", o "gosto", a audição concentrada "nessa voz que cala ou aconchega" – convergem para a amplitude do tato, do toque, no emoldurar da pele. Dialogo, aqui, com as palavras de Michel Serres, ao filosofar sobre a "memória da pele":

> Nossa pele se assemelha às dos jaguares e das panteras, das zebras, mesmo que não tenhamos pelos. O desenho dos sentidos desdobra-se nela, salpicado de centros surdos, constelado de marcas; a pele forma uma variedade de nossos sentidos misturados. [...] Os órgãos dos sentidos formam nós, lugares de

singularidade em alto relevo neste múltiplo desenho plano, especializações densas, montanha ou vale ou poços na planície. Irrigam toda a pele de desejo, de escuta, de vista ou de odor, ela escoa como água, confluência variável das qualidades sensíveis.[6]

Essa experiência totalizante – sem ser totalitária – da pele é traduzida pela urgência do sujeito que deseja o toque do outro, urgência "homicida", emblematizada no título "I could kill for your touch".

De urgências se faz poesia desejante. Ainda que o poema, assim como o corpo, se mostre tímido, reticente, cheio de "vergonhamento", como lemos em outros versos de Conceição Evaristo:

Um vergonhamento
a me calar o peito,
a me cerrar a voz,
a me ferir a vista,
a me bulir o corpo,
enquanto o escondido
de mim em mim,
em assanhamento,
goza uma nua imagem,
– a sua –
em acasalamentos
sobre mim.[7]

É no poema que se revela o que o corpo "sofre" para esconder. Esse corpo, infinitivamente retraído, revela o escondido de si que, "em assanhamento", goza não *com* o outro, nem mesmo *com* a sua imagem, mas goza *a* sua imagem, donde o gozo logra criar o seu próprio motivo de prazer, confundindo-se com ele. Entre o vergonhamento e o assanhamento, substantivos reveladores da duplicidade desse corpo, projetam-se acasalamentos.

Flexionando desejos e tempos verbais, o corpo-sujeito desejante, em "É hoje que te beijarei até ao fundo da alma", de Sónia Sultuane, parece, finalmente, alcançar o prazer no/com o corpo do outro:

Em todos os contornos do teu corpo
e na essência do odor
da tua pele suada de desejo.
É hoje que te inflamarei de ardor
para que sintas, enfim, a ilusão
de seres livre
na escravidão do teu amor.
É hoje que te darei a pureza da água,
o gorjeio dos pássaros sonoros,
a imensidão do Universo
na magia de todas as suas cores.
É hoje que me transformarei no arco-íris,
e darei à minha alegria a sedução de um canto de sereia
e te cobrirei, ternamente, com a certeza do meu amor
por inteiro.[8]

O advérbio "hoje", indicador do tempo presente, esmera-se em projetar uma atmosfera de encontro, de realização. No entanto, a escrita poética depende do desejo, do jogo, da articulação erótica; enfim, da expectativa para ser. Os verbos que passeiam pelo poema, indicativos das ações "planejadas" pelo sujeito desejante, estão todos, não à toa, em sua forma futura: "inflamarei", "darei", "transformarei", "darei", "cobrirei". O "futuro do presente", por sua vez, vislumbra uma realização, afirma-a, mas, entretanto, não é/está, apenas será.

Por outro lado, esse poema de Sultuane apresenta um elemento "novo" em relação às deambulações poético-eróticas apresentadas até aqui: o amor. Enquanto o desejo parece estar sempre atrelado ao percurso e à busca (singularmente metaforizado pela imagem do arco-íris) e, por isso, ser essencialmente incompleto – o que justifica a tão frequente presentificação imagética do outro –, o amor demanda "certeza" e se revela "por inteiro". Curiosamente, quando o amor entra em cena, a alma também será contemplada, quiçá, "corporificada": "É hoje que te beijarei até ao fundo da alma".

Nesse poema, assim como amor e desejo miram, encantados, o corpo de um "tu", como a uma resposta, no horizonte, de uma urgência constante, a "alma e o corpo não se separam, mas se misturam, inextricavelmente, mesmo na pele".[9]

Silvia Regina Lorenso de Castro afirma que "o exercício da sexualidade e a prática do erotismo são elementos da condição humana e servem para reiterar a luta contra todas as formas de opressão, principalmente aquela que amordaça o corpo e pretende cerceá-lo".[10] Transgredindo os limites do gênero e do tempo, essas subjetividades poéticas femininas revelam corpos historiados pelo desejo e, confundindo o corpo-mulher com o corpo-poema, gozam a liberdade de ser sujeito ativo do encontro erótico; libertando-se das amarras da objetificação, reconfiguram sua existência.

REFERÊNCIAS

CASTRO, Sílvia Regina Lorenso de. *Corpo e erotismo em Cadernos Negros: a reconstrução semiótica da liberdade*. São Paulo, Universidade de São Paulo, 2007 (Dissertação de Mestrado). Disponível em <https://www.teses.usp.br/teses/disponiveis/8/8139/tde-01082007-151434/publico/TESE_SILVIA_REGINA_LORENSO_CASTRO.pdf>. Acesso em 10/4/2023.

EVARISTO, Conceição. *Poemas da recordação e outros movimentos*. 3. ed. Rio de Janeiro, Malê, 2017.

SERRES, Michel. *Os cinco sentidos – filosofia dos corpos misturados*, vol. I. Trad. Eloá Jacobina. Rio de Janeiro, Bertrand Brasil, 2001.

SULTUANE, Sónia. *Roda das encarnações*. São Paulo, Kapulana, 2017.

TAVARES, Paula. *Amargos como os frutos: poesia reunida*. Rio de Janeiro, Pallas, 2011.

NOTAS

1 Tavares, 2011, p. 55.
2 *Idem*, p. 21.
3 Evaristo, 2017, pp. 70-71.
4 *Idem*, p. 67.
5 Sultuane, 2016, p. 75.
6 Serres, 2001, p. 47.

7 Evaristo, 2017, p. 74.
8 Sultuane, 2017, p. 74.
9 Serres, 2001, p. 21.
10 Castro, 2007, p. 131.

19
REVERBERAÇÕES DE IDENTIDADE ANCESTRAL: TAMBORES, ATABAQUES E RESISTÊNCIA

Roberta Maria Ferreira Alves

Este capítulo propõe um convite para se dançar com palavras ao som do tambor, ao mesmo tempo em que nos permite "poetar". Aceitando o convite de Craveirinha, feito em seu primeiro livro de poesias, intitulado *Xigubo*, somos apresentados à dança tradicional moçambicana homônima, que representa a resistência colonial por meio de sons e movimentos. Nossa reflexão, aqui, busca compreender como a arte da palavra consegue resistir à aculturação, contribuindo para se manter viva a identidade ancestral de uma cultura.

Nossas reflexões percorrem, aqui, o seguinte trajeto: estabelecido esse breve panorama histórico sobre o tambor como forma de resistência, autoridade e memória, com contextualização mínima, destacamos, em seguida, algumas estratégias discursivas frequentes na obra de cada autor mencionado, visando apresentar, por fim, nossa interpretação dos textos selecionados.

Sabemos que as religiões de matriz africana consideram a música e a dança não apenas como formas de arte ou diversão, mas, também, como práticas de meditação e oração, para se (re)estabelecer (re)ligação – remetendo-nos à raiz latina *religare* (religar, ligar de novo) ou a *relegere* (rever, revisitar, retomar) – entre territórios do profano e do sagrado, e que o africano, geralmente, em sua busca por alcançar estados superiores de consciência, mais próximos à Divindade, canta e dança.

Considerando esses fatos, exploramos, neste capítulo, possíveis diálogos que podem ser estabelecidos, por meio da poesia e do canto, entre a ancestralidade e a "força" de um tambor. Adotando abordagem comparatista, estabelecemos conexões e distanciamentos entre poemas de José Craveirinha, multifacetado poeta moçambicano, reverberações de resistência na poesia do artista pernambucano Solano Trindade e em uma canção do *rapper* paulistano Emicida. Embora a proposta deste livro (e do projeto) seja o estudo de poesias de cinco países africanos de língua portuguesa, consideramos ser crucial abordar os trânsitos literários e abordarmos, claramente, esse aspecto, visando justificar a presença de uma seção dedicada aos temas "deslocamentos", "trânsitos" e "diálogos".

Constituem o *corpus* para essa análise os poemas "Quero ser tambor", de Craveirinha, e "Velho atabaque", de Solano Trindade, e o *rap* "Principia", de Emicida. O fio condutor dessa análise é a força da identidade enraizada na ancestralidade, manifestada na musicalidade dos versos que evocam a potência e a cadência do tambor.

Esse instrumento tem sido utilizado desde tempos remotos e, segundo Fernando Ortiz,[1] tem origem africana. Essa afirmativa, porém, é questionada por etnógrafos contemporâneos que afirmam que, embora a sua origem não seja africana, se encontra no continente africano a maior variedade desse instrumento de percussão. A propósito, Martha Lucia Barriga Monroy afirma que os primeiros registros desses instrumentos foram encontrados no Egito, reforçando, assim, a ideia dessa origem africana. Segundo ela,

> Los tambores nacen desde la prehistória. Los pueblos europeos debieron recibir de los del Nilo dicho instrumento, y por eso les atribuyeron a ellos su invención. Pero al surgir la civilización egipcia, los tambores, que pertenecían a épocas prehistóricas, ya habián sonado mucho. Es simple entender que pueblos de cultura más primitiva como la de los negros de África, hayan debido bastarse en todo momento para fabricar sus tambores.[2]

Segundo informações comumente difundidas, os primeiros instrumentos de percussão teriam sido concebidos por meio da utilização de troncos ocos provenientes de árvores, sendo os sons produzidos com o emprego de pés ou de galhos. Com o passar dos anos, à medida que os seres humanos aprenderam a caçar e a utilizar peles de animais para fabricar roupas e outros objetos, os troncos ocos foram substituídos por troncos revestidos com peles esticadas. Em comparação com o som produzido batendo-se pés ou galhos nos troncos, esse novo instrumento produzia sons mais agudos. Os tambores mais antigos encontrados em escavações arqueológicas pertencem ao período Neolítico e, devido à sua construção e execução simples, há diversos tipos de tambores e sua diversidade de formas, dimensões e ornamentos está intrinsecamente relacionada com os materiais utilizados disponíveis em cada região, proporcionando informações valiosas sobre as culturas que os produziram.

Esses artefatos desempenharam diversos papéis em civilizações antigas: além de serem usados para se produzir música em rituais e festividades, os tambores, devido à sua potência sonora, também eram utilizados como meio de comunicação. Atualmente, há tambores para cuja manufatura, além de peles de animais, utilizam-se peles sintéticas ou membranas plásticas. Barriga Monroy afirma, ainda:

> El tambor en el África fue el símbolo de una potencia sobrenatural, y aún continúa siéndolo. Por esta razón, cada jefe de clan o de tribu, tiene uno. El tambor regio es una institución típica del África negra. Para construir el tambor de un nuevo rey, hay que cumplir a veces con ritos sagrados y hasta alimentarios, con sangre de un decapitado, antiguamente de un enemigo vencido o un esclavo; hoy en día con sangue de toro en pleno vigor.[3]

O tambor desempenha papel de importância crucial nas religiões de matriz africana, sendo considerado instrumento sagrado e fundamental para as práticas rituais dessas religiões, incluindo o o candomblé, a umbanda, o batuque, a xambá e o tambor de mina. No âmbito desses contextos religiosos, esse instrumento desempenha múltiplas funções: além de servir como acompanhamento para cânticos e danças, constitui meio para o estabelecimento de conexão profunda com as divindades e entidades espirituais veneradas nessas tradições. Seu som pulsante e enérgico é entendido como ponte para se estabelecer vínculos entre o plano terreno e o divino, criando, no entendimento dos adeptos dessas religiões, atmosfera propícia para a invocação e o contato com os espíritos, permitindo comunicação com o plano espiritual e facilitando a manifestação das divindades durante os rituais. Ademais, o tambor exerce função importante para o fortalecimento da identidade cultural e étnica dessas comunidades religiosas, sendo representante icônico da herança ancestral africana, transmitida de geração em geração, simbolizando resistência, força e conexão com as raízes africanas. Nesse contexto, portanto, o tambor transcende sua mera função musical, assumindo posição central que contribui para a espiritualidade, a expressão cultural e a preservação das tradições dessas religiões.

No Brasil, os tambores mais antigos foram utilizados pelos povos indígenas que habitavam várias regiões do país e eram feitos artesanalmente, com materiais naturais, como madeira e peles de animais, sendo importante destacar que, ao longo de todo o período colonial, tambores foram amplamente utilizados com caráter marcial, sugerindo presença de autoridade, em ocasiões festivas; especialmente, naquelas relacionadas à família real. Em 8 de março de 1808, de acordo com relatos do "Padre Perereca", Luís Gonçalves dos Santos (1767-1844), em seu livro *Memórias para servir à história do Reino do Brasil: divididas em três épocas da felicidade, honra, e glória: escrito na Corte do Rio de Janeiro*, de 1821,[4] D. João VI foi recebido, no Rio de Janeiro, com muitas comemorações e repiques de sinos, ao som de tambores e outros instrumentos musicais.[5]

Quando pensamos no instrumento de percussão conhecido como tambor, nossa mente é guiada a um termo comum atribuído a diversos instrumentos musicais, cujas membranas, naturais ou artificiais, esticadas, ao serem tocadas, emitem sons diferenciados, mas, quando a racionalidade nos abandona e nos deixamos conduzir pelos sons que essa película pode emitir e pelo que esses sons, metaforicamente, representam, nossos corpos se rendem à rítmica mistura híbrida de sons agudos e graves.

O primeiro registro histórico conhecido de tambores em solo "tupiniquim" remonta ao século XIX, representados em duas gravuras de Johann Moritz Rugendas publicadas em seu livro *Viagem pitoresca através do Brasil* (1834/1841), além de constarem, também, em relatos de viajantes estrangeiros que estiveram no Rio de Janeiro durante o século XIX e registraram usos de tambores por escravos negros em festividades religiosas e em manifestações da capoeira.

Obviamente, esses relatos não conseguiram delinear que esses instrumentos que marcavam os ritmos de manifestações culturais vieram na alma dos cativos nos tumbeiros e transformavam lamentos, dor, saudade e esperança em sons. Sabemos que a memória era a única bagagem dos escravizados e que a recriação e a adaptação eram a sua estratégia para sobreviverem, e o mesmo aconteceu com os tambores, que foram recriados e adaptados como recurso para se materializar a memória e, assim, contribuir para manterem vivas as suas tradições, perpetuando-as, e cultuando suas divindades e, acima de tudo, resistindo e criando maneiras muito próprias de "libertação". Por esse motivo, tocar tambores sempre se configurou como ato de resistência e representatividade e, em vários períodos da história brasileira, tocadores de tambor foram perseguidos, humilhados, marginalizados, tratados com descaso, presos e até mortos.

Dos navios negreiros às senzalas, nos raros momentos de descanso, os tambores anunciavam a resistência africana, a manutenção da cultura. Tocar tambor era um modo de se manter a própria origem viva, reforçando, entre sons graves e agudos, marcas de uma identidade ancestral. Assim, nas manifestações culturais do Brasil ligadas à ancestralidade africana, como as rodas de capoeira, o tambor de crioula, as rodas de samba, os maracatus, as congadas, os afoxés e os blocos afros, essas expressões foram alvo de repressão em diferentes momentos históricos. Os músicos responsáveis por tocar tambores, como os alabês, batuqueiros, ritmistas e percussionistas, desempenham papel fundamental ao representarem, por meio de suas habilidades percussivas, códigos capazes de conectá-los – e muito dos seus ouvintes – a memórias ancestrais, constituindo heranças culturais. Apesar de terem sido marginalizados, tambores continuaram a ecoar e é ao som deles que muitas comunidades se unem e resistem, sendo o ato de tocá-los poderosa manifestação de resistência.

AQUELES QUE RESSIGNIFICAM A CADÊNCIA E A VIVÊNCIA NO RITMO DA RESISTÊNCIA

Quando falamos em cultura popular, sabemos perfeitamente que o fato de se "inverter, subverter ou ressignificar os valores impostos pelos segmentos dominantes sempre foi um ato de resistência dos grupos dominados".[6] Não houve tempo ruim, em nossa história, que a arte não o tenha refletido, embrenhando-se na sociedade e a revolucionando, simplesmente por ser uma espécie de espelho de nós, permitindo-nos manter nossa identidade, enxergar e revisitar nossas origens e valorizar nosso modo de perceber e estar no mundo. O acesso à alma humana pode ser mediado por um tambor, um poema ou um *rap*, que são, frequentemente, manifestações artísticas de atores sociais que, situados nas margens de uma sociedade que os exclui, se fazem, paradoxalmente, presentes nela. Para os que estão banidos ou marginalizados, resistir não é escolha, mas, sim, necessidade; é saber que podem escrever suas próprias histórias sob os seus pontos de vistas, compreendendo, assim, que toda narrativa deve ser articulada a partir de vários pontos de vista, e não somente conforme as percepções e escolhas da classe dominante.

Delineamos o ritmo desta análise com trabalhos de três artistas – um moçambicano e dois brasileiros –, visando à reflexão, de forma comparatista, com base em composições bem interligadas, embora distanciadas geográfica e temporalmente. O primeiro deles é José João Craveirinha, nascido em 1922 na cidade de Lourenço Marques (atual Maputo) e falecido em 2003, na África do Sul. Em sua trajetória, Craveirinha carrega em seu sangue, por parte de seu pai, elementos da escrita e da influência colonizadora, enquanto, por parte de sua mãe, a força da etnia ronga. O segundo, Francisco Solano Trindade, é pernambucano, nascido em 1908 no bairro São José, em Recife, e falecido no Rio de Janeiro em 1974. Seu pai, Manoel Abílio, era sapateiro, e sua mãe, Emerenciana Quituteira, era doméstica. Assim como Craveirinha, Trindade também tem origem híbrida, tanto étnica quanto cultural: por parte de pai, é neto de homem negro e mulher branca, enquanto, por parte de sua mãe, sua ascendência é resultado da mistura das etnias negra e indígena. O terceiro artista é Leandro Roque de Oliveira, conhecido como Emicida: *rapper*, cantor, compositor, escritor e produtor cultural nascido em 1985, cresceu no bairro Jardim Cachoeira, na Zona Norte de São Paulo, vindo de família pobre. Como menino negro, Emicida traz consigo uma história familiar complexa. Sua avó paterna fora assassinada pelo seu avô, que a "adquirira", para casamento, em uma fazenda, quando ela tinha apenas 12 anos. Além disso, o pai de Leandro foi morto por um parente, quando tentava apartar uma briga em um bar.

Essas pequenas biografias, na verdade, funcionam como os primeiros ajustes do tambor, como se estivéssemos esticando a pele, afinando o couro, porque acreditamos que toda escrita, por mais que resulte de estratégias discursivas, conta muito uma visão particular da vida, conta muito da história de vida de um sujeito intencionalmente constituído ou não. Em diálogo com Conceição Evaristo,[7] que cunhou o termo "escrevivência" para a sua literatura comprometida com a condição de mulher negra em uma sociedade marcada pelo conceito, afirmamos que o operador de leitura aponta para uma dupla dimensão: é a vida que se escreve na vivência de cada pessoa, assim como cada um escreve o mundo que enfrenta. A família e o universo particular nos quais cada um dos autores está inserido reverberam e são ressignificados nos seus versos.

Craveirinha foi apresentado, pelo seu pai, à prosa e à poesia portuguesas do século XIX; a contribuição de sua mãe foram os belos ensinamentos sobre a vida e tradições rongas. Além dessa formação familiar, o poeta também teve em sua educação formal dose significativa de educação europeia, obtida em instituição educacional em sua cidade natal. Em entrevista concedida a Rita Chaves sobre essa constituição identitária, esse poeta declara:

> Sim, tinha que falar português. E a minha madrasta nem admitia que os empregados falassem outra língua, então falávamos as duas línguas. Hoje ainda percebo o que for precioso. E posso falar alguma coisa. Mas não correntemente e eu sinto isso, sinto como se fosse aleijado, se faltasse um braço, uma perna, mas não tanto como outros; outros mulatos que nem uma palavra sequer... [...] Comigo deu-se um fenômeno: eu tive um pai e uma

> madrasta, que eram muito racistas. Ela ficava furiosa se não a tratássemos por mãe. Portanto, havia uma certa proibição e, ao mesmo tempo, uma certa contemporização; ao mesmo tempo ia deixando. O meu irmão, que foi para Portugal, falava menos que eu, porque aceitou. Eu não aceitei. Eu, quando me apanhava fora, ia brincar com as pessoas que falavam a língua. Devíamos ser bilíngues, mas os portugueses não aceitavam isso.[8]

Declara-se, portanto, ser de um "entre-lugar", cuja experiência de vida preconiza novos olhares e interpretações das relações humanas exercitadas nas regiões periféricas de locais assaltados pela "máquina colonial"; principalmente, por não aceitar apenas um lado de sua formação. Esse poeta apresenta, na sua obra, ranhuras de tradição e modernidade, produzindo uma literatura que valoriza essa multifacetada maneira de perceber o mundo, como se nota, por exemplo, nestes versos iniciais do poema "África":

> Em meus lábios grossos fermenta
> a farinha do sarcasmo que coloniza minha Mãe África
> e meus ouvidos não levam ao coração seco
> misturada com o sal dos pensamentos
> a sintaxe anglo-latina de novas palavras.[9]

Mostra-se, aí, dividido entre os mundos do colonizado e do colonizador, embora o sujeito lírico se apresente como africano e, como tal, sinta a força da colonização: sabe que ele é a forma ousada resultante da mistura desses dois mundos díspares.

Da mesma forma, Francisco Solano Trindade teve educação formal vinculada ao Liceu de Artes e Ofícios da capital pernambucana, que exerceu influência singular em sua elaboração identitária também em diálogo constante com uma identidade racial e social identificada com negros, com as classes populares e com o compromisso com a defesa do que se convencionou chamar de "tradições culturais" do seu povo. Uma paixão que se estabeleceu desde cedo: levado pelas mãos do pai, descobriu o pastoril e o bumba-meu-boi nas ruas do Recife, o carnaval e suas figuras; e o maracatu e o frevo fizeram parte da sua percepção de mundo.

Alguns versos de seu poema "Sou negro" evidenciam essa identidade híbrida:

> Sou negro
> meus avós foram queimados
> pelo sol da África
> minh'alma recebeu o batismo dos tambores
> atabaques, gongôs e agogôs
> Contaram-me que meus avós
> vieram de Loanda
> como mercadoria de baixo preço
> plantaram cana pro senhor de engenho novo
> e fundaram o primeiro Maracatu
> Depois meu avô brigou como um danado
> nas terras de Zumbi
> Era valente como quê
> Na capoeira ou na faca
> escreveu não leu
> o pau comeu
> Não foi um pai João
> humilde e manso
> Mesmo vovó
> não foi de brincadeira
> Na guerra dos Malês
> ela se destacou
> Na minh'alma ficou
> o samba
> o batuque
> o bamboleio
> e o desejo de libertação.[10]

Em África, ele busca sua ancestralidade, mas a sua identidade é constituída, também, por sua história de lutas, vitórias e derrotas e, principalmente, está marcada pela arte produzida aqui, no Brasil, que, como as batalhas, também demonstram resistência às "heranças" ou aos "ecos" do sistema colonial escravocrata e racista.

No caso de Leandro Roque de Oliveira, o Emicida, sua trajetória artística e identitária se situa no *hip hop*;[11] especificamente, no *rap* e nas batalhas de improvisos, contexto e local de pertencimento. Criado na periferia de São Paulo, identificou-se com o movimento estadunidense no qual jovens afrodescendentes encontraram uma forma de resistir à violência e à exclusão. Para ele, o *rap* foi responsável por mantê-lo vivo, uma oportunidade agarrada para não ser mais um componente do grande número de jovens pretos da periferia que encontram balas nos caminhos para suas casas.

Também em busca de sua identidade, Emicida vai à África, com o que reafirma que a essência desse continente está presente aqui também, bebendo da ancestralidade negra, fazendo com que ela seja mais do que um tema para sua produção artística. É artista que, como muitos, discute a questão racial no Brasil, em oposição direta à necropolítica instaurada aqui desde o período colonial. Ao pensarmos "nesse universo de resistência que nasceu na periferia e conquistou outros espaços, direcionamos nossa reflexão para esse espaço também culturalmente híbrido a partir da combinação de nomes, mistura de gêneros musicais e cooptação de territórios",[12] tão presentes nos versos do *rap* "Contraditório vagabundo", no qual esse compositor delineia o próprio espaço e o espaço do outro, entre o sonho e a conquista. No seu refrão, encontramos:

> Vou pela estrada de tijolos amarelos que levam ao castelo,
> Meu pé de Chinelo,
> Tenho um forte elo, com o Mundo belo, paralelo
> A esse onde eu camelo,
> sonho morto por martelo eu desmantelo e não gelo, velo!
> [...]
> Sei que o mundo num é mal, o homem não aprendeu a ser bom,
> vivendo fora do tom, será que adianta fazer meu som?
> [...]
> Quero só a liberdade, igual o homem bicentenário, só de mostrar meu ódio
> vou achar adversário, desnecessário, de juca no cenário.[13]

O sujeito lírico do *rap*, como Dorothy, personagem de *O mágico de Oz*,[14] de Lyman Frank Baum, também sonha, mesmo de chinelos, encontrar aquilo que está ausente em sua existência, reforçando a ideia de que foi ensinado a perceber que o belo não pertence ao mundo em que vive, mas, sim, a um mundo paralelo; o contraditório vagabundo quer apenas o direito de querer.

Em outros versos desse *rap*, os espaços híbridos estão delineados na dualidade da realidade e do sonho; da exclusão e da inclusão; da pobreza e da riqueza, em processo e espelhamento e inserção. O sujeito lírico se vê nos "neguin", mas, ao mesmo tempo, é aquele que, embora saiba o que os outros vivem, está, agora, em um lugar que lhe permite ofertar e dedicar uma canção como oferenda, uma voz:

> Ser pobre só um dia,
> Esse é o sonho do EMICIDA,
> Porque é muito foda, você ser pobre toda vida!
> Minha rima não é caída, vem tipo bala perdida,
> Mó cota tô na corrida, odeio metida,
> Me ouve fica mordida, até procura a saída, e vai se
> perguntando onde essa merda tá sendo vendida!
> Devia ser proibida trancafiada escondida,
> Se pobre for oponente, a Guerra por mim foi vencida!
> Claro! Eu vivo sem fronteiras, como a TIM,
> Fazendo som de Neguin,
> Dedico eles aos pobrin,
> Comendo amendoin.[15]

Considerado pela crítica especializada como um dos representantes mais significativos dessa estética musical no país – o *rap* –, Emicida tem registrado, com esse seu pseudônimo artístico, sua atuação em batalhas de improvisos/rimas. Por ser considerado grande vencedor e "assassino" de adversários, seu pseudônimo resulta da junção de dois termos do universo das batalhas, "MC" e "homicida" = emicida, que se transforma, ao longo dos anos, e cria um acrônimo novo para essa pseudonímia: E.M.I.C.I.D.A.

(Enquanto Minha Imaginação Compuser Insanidades Domino a Arte), e a arte, calada, aceita o domínio como uma ajuda para que ela possa salvar vidas e se manter como resistência de pessoas que vivem à margem de um sistema dominador.

QUERO SER, SOU E SEREI SEMPRE RESISTÊNCIA

Resgatar a humanidade dos negros sempre foi o principal foco do movimento conhecido como Negritude, um brado de resistência contra o racismo imposto no contexto da opressão colonial. O poema "Quero ser tambor", de Craveirinha, integra a sua obra *Karingana ua Karingana*, publicada em 1974, quando Moçambique ainda era colônia portuguesa. Nesse poema, estampa-se a denúncia da opressão pela assimilação de valores culturais e a reivindicação do seu direito de poder ser moçambicano. Há, também, exaltação do homem negro, marcas da exploração colonial e valorização da cultura do homem africano, em busca de uma identidade que valorize a ancestralidade como constituinte de uma nação.

Um desejo abre o poema "Quero ser tambor"; velho de gritar, o tambor resiste, e dessa resistência vem, do sujeito lírico, o pedido: deixa-me assumir o ritmo dessa dança, dessa identidade. Ao mesmo tempo, vemos, ao longo do poema, a vontade de ser agente na busca por uma identidade nacional, recuperando manifestações culturais populares moçambicanas, tentando destacar as marcas de aculturação impostas pelo colonizador.

> Oh velho Deus dos homens,
> deixa-me ser tambor
> corpo e alma só tambor
> só tambor gritando na noite quente dos trópicos.[16]

O sujeito lírico, nesses versos, reivindica o direito de ser moçambicano, por meio da imagem do tambor, manifesta o desejo de unificar a alma africana e o corpo colonizado. Madeira e pele que, juntos, emitem um som que não repercute

Nem flor nascida no mato do desespero
Nem rio correndo para o mar do desespero
Nem zagaia temperada no lume vivo do desespero
Nem mesmo poesia forjada na dor rubra do desespero.

Nem nada![17]

São versos constituídos por sucessivas negações, sintetizadas na estrofe seguinte, constituída por único verso: "Nem nada!". O sujeito lírico, então, não é flor, nem rio, nem tampouco poesia, recusando uma aparente estabilidade estruturada por um sistema que não o representa. Implicitamente, há denúncia de injustiças sociais, por meio da repetição da locução "do desespero", reforçando o pertencimento, aquilo que é negado, um contexto de angústia, aflição e sofrimento, causado pela exploração colonial.

Versos que apontam, simultaneamente, para a utopia de se atingir uma nova etapa, na qual haja valorização da condição humana do povo moçambicano, sem opressão e sem desespero, um tom local, no qual esse tambor desejado seja capaz de ser

Só tambor velho de gritar na lua cheia da minha terra
Só tambor de pele curtida ao sol da minha terra
Só tambor cavado nos troncos duros da minha terra.[18]

A musicalidade, que permeia todo esse poema, nos remete, metalinguisticamente, ao som do tambor; rimas e prosódia regem o desejo do sujeito lírico que, anaforicamente, repete querer ser esse instrumento de resistência: o tambor. Essa é a estratégia utilizada pelo autor para destacar características tão fortes de moçambicanidade, como a oralidade, a denúncia dos desmandos coloniais e o clamor pela identidade nacional; assim, por meio da imagem do tambor, podemos inferir o estabelecimento de um diálogo com o contexto internacional da Negritude. A propósito, segundo Kabengle Munanga, o que se está buscando é responder ao "desafio cultural do mundo negro (a identidade negra africana), protestar contra a ordem colonial, lutar pela emancipação de seus povos".[19]

Para Craveirinha, a força de ser africano se situa em outro plano porque, para ele, a essência é ser moçambicano. Diálogos existem, mas a ordem é ser homem, moçambicano, africano. Uma gradação de posicionamentos e verdades. Assim, é a própria origem que se destaca:

> Eu
> Só tambor rebentando o silêncio amargo da Mafalala
> Só tambor velho de sentar no batuque da minha terra
> Só tambor perdido na escuridão da noite perdida.[20]

Há, nesse poema, exaltação de elementos moçambicanos e de sua natureza: a lua cheia, pele, metonímia do homem, sol e troncos duros, sugerindo uma aproximação entre o homem e a natureza, por meio da justaposição de imagens que se alternam.

Ao som do batuque do tambor soma-se o desespero do sujeito lírico, que, como tantos, se encontra "perdido na escuridão da noite perdida", representando os anos da colonização portuguesa que, por meio da opressão, limitou, explorou e impediu o caminhar livre do povo moçambicano.

Como fechamento, os versos da última estrofe retomam e ressignificam versos e desejos expostos ao longo desse poema tão emblemático, nestes termos:

> Ó velho Deus dos homens,
> eu quero ser tambor
> e nem rio
> e nem flor
> e nem zagaia por enquanto
> e nem mesmo poesia.[21]

Na restrição temporal expressa no quinto verso, o eu lírico, o apelo desse sujeito lírico delineia um tom de resistência. As palavras são seu instrumento e se desfazem nos tons que emanam do tambor; contudo, se necessário for, ele que quer apenas ser tambor, pode também ser zagaia e conquistar seu desejo por meio da luta, aquela que segura e se impõe. Embora adie a luta armada, ele não renuncia a ela.

Esse som de resistência se reverbera no poema "O velho atabaque", de Solano Trindade, pernambucano cuja escrita negra é amálgama composto por memórias individuais e coletivas, resistência manifesta em discurso literário. Trindade, um dos precursores da literatura negra no Brasil, nos permite perceber, em seus escritos e atos, uma não dissociação de experiências vividas, bem como o fato de ser negro e de ter sua ancestralidade em África. A essas temáticas recorrentes entrelaça-se a voz dos excluídos, denunciando questões sociais, econômicas e políticas mantenedoras da desigualdade social existente no país.

Dele é uma poesia que funciona como um grito de liberdade que ecoa em vários espaços e tempos. No poema analisado, publicado no livro *Cantares ao meu povo*,[22] há um clamor pela herança ancestral que se constitui a partir da memória individual e coletiva e busca valorizar a sua identidade e uma sonhada forma de liberdade.

Esse poema, de trinta versos, é dividido em três estrofes; na primeira, os onze versos delineiam um companheiro, em momentos antagônicos e completivos: o atabaque, tambor cilíndrico ou ligeiramente cônico feito com madeira e aros de ferro, com uma das bocas coberta por couro seco de animal (normalmente, de boi, veado ou bode) que, em alguns ritos afro-brasileiros, é oferecido a entidades. Nos versos, esse instrumento, personificado, torna-se um amigo que compartilha confidências e momentos. Atuando como elo entre os tempos passado, presente e futuro, verdadeiro guia de atitudes e formas de pensar, o sujeito lírico declara:

> Velho atabaque
> quantas coisas você falou para mim
> quantos poemas você anunciou
> Quantas poesias você me inspirou
> às vezes cheio de banzo
> às vezes com alegria
> diamba rítmica
> cachaça melódica
> repetição telúrica
> maracatu triste
> mas gostoso como mulher...[23]

Romanticamente, nesse poema, o atabaque é vinculado à dor, com o uso de termos como "banzo" e "maracatu triste"; à terra, como elemento de identidade em "repetição telúrica"; e menciona-se o prazer proporcionado pelas substâncias "diamba rítmica" e "cachaça melódica", que envolvem, de tal maneira, a mente, por intermédio do som ou de forma mais erotizada, que conduz o corpo a um movimento próprio do encontro de corpos em uma relação sexual, um som que é tão "gostoso como mulher".

Na segunda estrofe, o contraponto se desenha com o antagonismo marcado pelas imagens de escravo e rei:

> Triste maracatu
> escravo vestido de rei
> Loanda distante do corpo
> e pertinho da alma
> negras sem desodorante
> com cheiro gostoso
> de mulher africana
> zabumba batucando
> na alma de eu...[24]

Ao trazer esse "triste maracatu", Trindade faz alusão à sua terra natal, visto ser maracatu festejo da cultura brasileira que combina dança e música, expressão artística criada no estado de Pernambuco. Sua origem remonta à época do Brasil colonial e é resultado da mistura das culturas africana, portuguesa e indígena. A religiosidade desempenha papel fundamental nessa manifestação, cujas danças elaboradas, juntamente com figurinos coloridos e extravagantes, refletem traços da religiosidade característica das tradições africanas. A tristeza mencionada na estrofe pode ser compreendida a partir da própria essência da manifestação, que remonta à coroação dos reis do Congo, mantendo viva a ligação entre a cultura portuguesa e a africana.

Vale ressaltar que a representação da coroação do rei do Congo, que se faz no congado, surgiu com a função de "administrar" os povos negros trazidos para o Brasil, a fim de serem escravizados. Dessa forma, os colonizadores portugueses incentivavam as homenagens prestadas aos seus apoiadores e incentivavam a coroação como estratégia de dominação; ou seja: uma festa de manutenção da dominação. Segundo Câmara Cascudo,[25] no seu *Dicionário do Folclore Brasileiro*, a dança lembra a coroação do rei do Congo e da rainha Jinga de Angola, conhecidos, historicamente, como "parceiros africanos" do tráfico negreiro, com a presença da corte e de seus vassalos. É um ato que reúne elementos temáticos africanos e ibéricos, cuja difusão vem do século XVII.

Com seus versos, Trindade recria um maracatu por outro caminho; esse é triste, por estar afastado de Angola, não é mais o escravo que foi rei em África, mas o travestimento presente de um escravo-rei. Na mesma estrofe, encontramos marcas do preconceito e da incoerência do senso comum no tocante ao "cheiro africano", que, ao mesmo tempo, é entendido como provocador de asco e desejo. Ao finalizar a estrofe, o poeta associa, em um único tom, os ritmos de "tambores" distintos: o tambor, o atabaque e o coração.

Nos últimos nove versos do poema, há um resgate do instrumento, feito de madeira, que funciona, metonimicamente, como transformador da dor em som, em música, bem como elemento de diversão, luxúria e procriação:

> Velho atabaque
> madeira de lei
> couro de animais
> mãos negras lhe batem
> e o seu choro é música
> e com sua música
> dançam os homens
> inspirados de luxúria
> e procriação
> Velho atabaque
> gerador de humanidade...[26]

"Gerador de humanidade" é expressão diferenciada e múltipla que, ao mesmo tempo, denuncia a objetificação do corpo negro, seja ele masculino, viril, forte e insaciável; seja ele feminino, gostoso, cheiroso, objeto de consumo, sugerindo a existência de uma função única: a de servir para satisfazer os desejos do próprio corpo e os de corpos alheios, deixando de lado outros aspectos da essência humana. Essa expressão dá margem, também, por outro lado, ao entendimento do atabaque como elemento mantenedor de identidade e humanidade porque, por meio da resistência, estabelece relações com a cultura ancestral.

Estão aí visões várias de uma história distinta que tem, no leitor, o parceiro de leitura que viabilizará a configuração de um texto artístico, sendo responsável por estabelecer relações entre os mundos do escritor, do texto e seu próprio mundo. Os diálogos entre tempos e espaços diferentes são a matéria-prima do *rap*, um dos elementos constituintes do *hip hop*, movimento de resistência que, ao receber uma dose de brasilidade, carrega em si um quinto elemento: a consciência de seu papel, seu lugar e seu valor.

Dessa maneira, trazemos para esta reflexão o *rap* de Emicida intitulado "Principia", que, segundo esse *rapper*, é o início de tudo; aliás, segundo ele, o título dessa canção dialoga com a obra *Principia Mathematica*, de Isaac Newton. As principais leis do movimento, sistematizadas por Newton, são apresentadas nos três volumes desse livro, publicado 22 anos após a peste bubônica assolar a Europa. Emicida declara, em entrevista, que ressignificou essas leis, interpretando-as como "metáforas sobre os corpos e culturas humanas entrando em contato ao longo da história movidos pela fé, com um recorte bem preciso a respeito da melhor parte disso". Emblematicamente, o *rap* é iniciado por um coro, em forma de solfejo, conduzido por "Pastoras do Rosário".[27]

Esse início da canção já evoca a força "[d]os corpos e culturas humanas entrando em contato ao longo da história movidos pela fé". Um solfejo, sem palavras, de vozes femininas e pretas, oriundas de uma manifestação de fé popular, como a Festa de Nossa Senhora do Rosário dos Homens Pretos, que mescla, como o maracatu, tradições sincréticas, por reunir, em uma mesma manifestação cultural, elementos europeus (com a marujada) e a fé católica cristã, configurando a congada, que ressignifica os tambores de África.

Esse texto não se estrutura em estrofes, como na forma padrão; sua divisão é determinada pelo fluxo da canção, que indica uma mudança de ritmo a cada transição, e essas partes são conectadas pela repetição de um refrão. Os primeiros versos apresentam interessante mistura de experiências sensoriais e memórias. O sentido do olfato remete à ancestralidade, enquanto a visão associa elementos orientais e ocidentais. Ao mesmo tempo, o sujeito lírico afirma que a divisão é mera ilusão e que, na verdade, o que existe é "a humanidade para todos": o conceito de Ubuntu.

> Com o cheiro doce da arruda
> Penso em Buda calmo
> Tenso, eu busco uma ajuda às vezes me vem o Salmo
> Tira a visão que iluda, é tipo um oftalmo
> E eu, que vejo além de um palmo
> Por mim, tu, Ubuntu, algo almo.[28]

Não importa; na verdade, o que nos une não é aquilo em que cremos ou como cremos, e sim o que nos move a crer, já que

> Se for pra crer no terreno
> Só no que nóiz tá veno memo
> Resumo do plano é baixo, pequeno
> Mundano, sujo, inferno e veneno
> Frio, inverno, sereno
> Repressão e regressão
> É um luxo ter calma, a vida escalda
> Tento ler almas para além de pressão
> As voz em declive na mão desse Barrabás
> Onde o milagre jaz
> Só prova a urgência de livros perante o estrago que um sábio faz
> O mestre em dívidas ávidas
> Sem noção do que são dádivas
> No tempo onde a única que ainda corre livre aqui são as suas lágrimas
> E eu voltei pra acabar tipo infarto

Depois fazer renascer, estilo parto
Eu me refaço, fato, descarto
De pé no chão, homem comum
Se a benção vem a mim, reparto
Invado cela, sala, quarto
Rodei o globo, hoje tô certo
De que todo mundo é um.[29]

Somente o conhecimento pode se sagrar vencedor em uma batalha contra a opressão, a não ciência e o desinteresse humano pelo ser humano, elementos de repressão conducentes a regresso, e não à evolução, num tempo em que a liberdade ainda é sonhada e só existe no sofrimento, que só será sanado quando compreendermos a força da ação e da reação. Esse "eu" que é, ao mesmo tempo, todos e cada um de nós, e, por isso, é coletivo.

Tudo, tudo, tudo, tudo
Que nóiz tem é nóiz
Tudo, tudo, tudo
Que nóiz tem é
Tudo, tudo, tudo
Que nóiz tem é nóiz
Tudo, tudo, tudo
Que nóiz tem é
Tudo, tudo, tudo, tudo
Que nóiz tem é nóiz
Tudo, tudo, tudo
Que nóiz tem é
Tudo, tudo, tudo
Que nóiz tem é nóiz
Tudo, tudo, tudo
Que nóiz tem é.[30]

Em estrofe que, pela força, é cantada duas vezes seguidas, um convite é feito pelo sujeito lírico: é hora de se reciclar, ressignificar, restaurar, a partir da música, o afeto, unir as dores e seguir em frente; então, em atitude imperativa, ordena:

Cale o cansaço, refaça o laço
Ofereça um abraço quente
A música é só uma semente
Um sorriso ainda é a única língua que todos entende
(Tio, gente é pra ser gentil).[31]

A dor existe, mas o sujeito lírico funciona

Tipo um girassol, meu olho busca o Sol
Mano, crer que o ódio é solução
É ser sommelier de anzol
Barco à deriva, sem farol
Nem sinal de aurora boreal
Minha voz corta a noite igual um rouxinol
Meu foco de pôr o amor no hall.[32]

Tem-se, aí, convite a transformar a dor e a não a se esquecer dela; afinal, a dor é única; todos devem perceber que só existirá plena liberdade, plena igualdade, quando todos puderem experimentar suas benesses. Pensar e sentir de forma uníssona é a única maneira de se transformar a humanidade, porque

Tudo que bate é tambor
Todo tambor vem de lá
Se o coração é o senhor, tudo é África
Pois em prática, essa tática, matemática falou
Enquanto a terra não for livre, eu também não sou
Enquanto essa história de quem tá por vir, eu vou
Jantar com as menina enquanto germina o amor
É empírico, e onírico, meio pírico, meu espírito
Quer que eu tire de tua dor
Quer mil volta descarga de tanta luta
Adaga que rasga com força bruta
Deus, por que a vida é tão amarga?
Na terra que é casa da cana-de-açúcar
E essa sobrecarga fruto gueto

Embarga e assusta seu suspeito
Recarga que é igual a Jesus
No caminho da luz, todo mundo é preto.[33]

O sujeito lírico declara que o tempo urge, que está na hora, porque "o tempo é rei" e o viver deve ser "agora não há depois", e o amanhã pode ser tão tarde que nem chegue; que devemos "ser tempo da paz como um cais que vigora nos maus lençóis" e a partir disso é essencial que sejamos "como monge sois / fonte como sóis, num *front* sem bois", que são conduzidos, sem raciocinar, por falsos líderes que nem são tão resistência "forte como nós", são apenas aqueles que nos querem como antes: objetos de um plano de dominação.

ELOS EM DESFECHO

Os três artistas/autores selecionados para esta reflexão utilizam, nas obras analisadas, de formas peculiares, a arte da palavra como resistência a um sistema que insiste em desenhar o mundo a partir de uma gnosiologia única, embranquecida e europeizada. Craveirinha, Trindade e Emicida percebem-se como seres (con)formados por epistemologias diferentes, seres híbridos que trazem elementos tanto do colonizador quanto de sua ancestralidade. São escritores multifacetados que, em sua formação, apresentam elementos daquele que controla e daquele que é controlado, mas direcionam o seu pertencimento ao seu local de origem, assumindo-se, sobretudo, como moçambicano, como é o caso de Craveirinha; pernambucano, como Solano Trindade; ou paulistano da periferia, como Emicida.

Os três utilizam sua arte como tambores que emitem sons capazes de contribuir para se manter viva a identidade ancestral de uma cultura, sem se esquecerem de que essa é uma forma de resistir à dominação. Levantar a voz para reivindicar e ser aquele que determina o ritmo – que não é conduzido pelo desejo do outro, mas que é capaz e responsável por trilhar seu próprio caminho por meio da poesia e do canto – é o que pode ser feito para que se possa transformar as coisas. A inércia, propriedade de todo e qualquer corpo que faz com que ele permaneça parado, pode ser modificada se alguma força atuar sobre ele, e isso eles conseguem fazer com suas palavras, como o ritmo do tambor é capaz de fazer com corpos.

Vivemos em um tempo no qual a distância não é mais determinante para a falta de interação, de momentos de conexões uns com os outros, no qual se amplia a capacidade de transmissão de ideias e questionamento de ideias estabelecidas. Com poemas e canções, Craveirinha, Trindade e Emicida emocionam gerações, contribuem para que se manifestem, legitimem e unifiquem desejos e mantenham identidades ancestrais em espaços antes proibidos, permitindo que pessoas excluídas se sintam representadas e entendam que, enquanto "a terra não for livre, eu também não sou"; que, em vários momentos, somos chamados a lutar juntos; e que apenas o conhecimento dessa forma de ver o mundo nos permitirá ouvir o convite que emana do som do tambor "latente, potente, preto, poesia".[34]

REFERÊNCIAS

ALVES, Roberta M. F. "Ver-te em 'AmarElo': ocupação ressignificada de territórios". *Scripta*, vol. 25, n. 55, 2022, pp. 28-53. Disponível em <http://periodicos.pucminas.br/index.php/scripta/article/view/27334/19309>. Acesso em 20/12/2022.

BARRIGA MONROY, Martha L. "La história del tambor africano y su legado en el mundo". *El Artista*, n. 1, nov. 2004, pp. 30-48.

BAUM, Lyman F. *O mágico de Oz*. 2. ed. Trad. Lúcia Tulchinski. São Paulo, Scipione, 2003.

CÂMARA CASCUDO, Luís da. *Dicionário do Folclore Brasileiro*. 10. ed. Rio de Janeiro, Ediouro, 2001.

CRAVEIRINHA, José. *Karingana ua Karingana*. Lourenço Marques, Académica, 1974.

_____. *Xigubo*. Maputo, Alcance Editores, 2008.

EVARISTO, Conceição. "A escrevivência e seus subtextos". *In*: DUARTE, Constância L. & NUNES, Isabella R. (org.). *Escrevivência: a escrita de nós. Reflexões sobre a obra de Conceição Evaristo*. Rio de Janeiro, Mina Comunicação e Arte, 2020, pp. 26-46.

GOMES, Laurentino. *1808. Como uma rainha louca, um príncipe medroso e uma corte corrupta enganaram Napoleão e mudaram a história de Portugal e do Brasil*. 2. reimp. São Paulo, Planeta do Brasil, 2007.

MUNANGA, Kabengele. *Negritude – usos e sentidos*. 2. ed. São Paulo, Ática, 1988 (Série Princípios).

OLIVEIRA, Leandro R. "Contraditório vagabundo". *Letras*, 2005. Disponível em <https://www.letras.mus.br/emicida/1487481/>. Acesso em 20/12/2022.

OLIVEIRA, Leandro R. & MOREIRA, Vinicius L. "Principia". *In*: EMICIDA. *AmarElo*. São Paulo, Laboratório Fantasma, 2019. Faixa 1 (6 min).

ORTIZ, Fernando. *Estudios etnosociológicos*. Habana, Editorial de Ciencias Sociales, 1991.

RUGENDAS, Johann M. *Viagem pitoresca através do Brasil*. Rio de Janeiro, Fundação Biblioteca Nacional, 1835. Disponível em <http://objdigital.bn.br/acervo_digital/div_iconografia/icon94994/icon94994.htm>. Acesso em 20/12/2022.

SANTOS, Luiz G. dos. *Memorias para servir à historia do Reino Unido do Brazil, divididas em três épocas da Felicidade, Honra, e Gloria; escriptas na corte do Rio de Janeiro, no anno de 1821, e offerecidas A S. Magestade El Rei Nosso Senhor O Senhor D. João VI. Pelo P. Luiz Gonçalves dos Sanctos*, tomo I. Lisboa, Impressão Régia, 1825. Disponível em <https://digital.bbm.usp.br/handle/bbm/6691>. Acesso em 20/12/2022.

_____. *Memórias para servir ao Reino do Brasil*. Belo Horizonte/São Paulo, Itatiaia/Edusp, 1991, p. 177.

SENNA, Ronaldo de S. *Feira de Encantados: uma panorâmica da presença afro--brasileira em Feira de Santana. Construções simbólicas e ressignificações*. Feira de Santana, UEFS Editora, 2014.

THOMAZ, Omar & CHAVES, Rita. "Entrevista com José Craveirinha". *Scripta*, Belo Horizonte, vol. 6, n. 12, 2003, pp. 415-425. Disponível em <http://periodicos.pucminas.br/index.php/scripta/article/view/12498>. Acesso em 20/12/2022.

TRINDADE, Solano. *Cantares ao meu povo*. São Paulo, Brasiliense, 1981.

_____. *O poeta do povo*. Org. Raquel Trindade. São Paulo, Cantos e Prantos, 1999.

NOTAS

1 Ortiz, 1991.

2 Barriga Monroy, 2004, p. 33.

3 *Idem, ibidem.*

4 Santos, 1825. Livro reeditado pelo Senado Federal, em formato eletrônico, disponível em <https://www2.senado.leg.br/bdsf/item/id/539477>. Acesso em 10/3/2023.

5 Santos, 1991, p. 177.

6 Senna, 2014, p. 52.

7 Evaristo, 2020.

8 Thomaz & Chaves, 2003, p. 416.

9 Craveirinha, 1974, p. 20.

10 Trindade, 1981, p. 42.

11 O *hip hop* é movimento artístico iniciado, nos Estados Unidos, entre as décadas de 1960 e 1970, que, então, unia jovens afrodescendentes estadunidenses e latinos por meio da música, da poesia e das artes visuais, na tentativa de retirar esse grupo da marginalidade. No Brasil, esse movimento tem início em São Paulo, com jovens da periferia, com a mesma intenção. A ligação identitária e ancestral é o ponto principal para abordar essa questão na reflexão trabalhada.

12 Alves, 2022, p. 39.

13 Oliveira, 2005.

14 Baum, 2003.

15 Oliveira, 2005.

16 Craveirinha, 1974, p. 105.

17 *Idem, ibidem.*

18 *Idem, ibidem.*

19 Munanga, 1988, p. 40.

20 Craveirinha, 1974, p. 105.

21 *Idem, ibidem.*

22 Trindade, 1981.

23 *Idem*, p. 73.

24 *Idem*, p. 73.

25 Cascudo, 2001, p. 553.

26 Trindade, 1981, p. 57.

27 Oliveira & Moreira, 2019.

28 *Idem.*

29 *Idem.*

30 *Idem.*

31 *Idem.*

32 *Idem.*

33 *Idem.*

34 *Idem.*

SOBRE OS AUTORES

Amosse Mucavele é editor, poeta, jornalista cultural e curador de festivais literários em Moçambique e Portugal. Publicou *A arqueologia da palavra e a anatomia da língua* (2013, organização), *Geografia do olhar: ensaio fotográfico sobre a cidade* (2016) *e Pedagogia da ausência* (2020).

Ana Mafalda Leite fez doutorado na Universidade de Lisboa, onde é professora. Publicou, entre outros, *A poética de José Craveirinha* (1991), *A modalização épica nas literaturas africanas* (1995), *Oralidades & escritas nas literaturas africanas de língua portuguesa* (1998), *Literaturas africanas e formulações pós-coloniais* (2003), *Oralidades & escritas pós-coloniais* (2012); *Cenografias pós-coloniais* (2013); *Cenografias pós-coloniais & estudos sobre literatura moçambicana* (2018); e *Ensaios teóricos & estudos sobre literatura moçambicana* (2019).

Carmen Lucia Tindó Secco fez doutorado na Universidade Federal do Rio de Janeiro (UFRJ) e pós-doutorado na Universidade Federal Fluminense (UFF), com estágio na Universidade Politécnica de Moçambique. É professora na UFRJ e publicou, entre outros, *A magia das letras africanas* (2003), *Paulina Chiziane: vozes e rostos femininos de Moçambique* (2013, com Maria Geralda Miranda), *Afeto & poesia* (2014), *Pensando o cinema moçambicano* (2018) e *CineGrafias moçambicanas* (2019). Com Maria Teresa Salgado e Sílvio Renato Jorge organizou *África, escritas literárias* (2010) e *Pensando África: literatura, arte, cultura e ensino* (2010).

Elzira Divina Perpétua fez mestrado na Pontifícia Universidade Católica de Minas Gerais (PUC Minas) e doutorado na Universidade Federal de Minas Gerais (UFMG). É professora colaboradora da Universidade Federal de Ouro Preto (UFOP). Publicou *A vida escrita de Carolina Maria de Jesus* (2014) e participou da organização de *Memória e suas interfaces* (2016) e *Tradução, vanguarda e modernismos* (2009).

Fabio Mario da Silva fez mestrado e doutorado na Universidade de Évora, e pós-doutorado na Universidade de São Paulo (USP) e na Universidade de Lisboa. É professor na Universidade Federal Rural de Pernambuco (UFRPE) e na Universidade Federal do Sul e Sudeste do Pará (Unifesspa). Publicou e organizou, entre outros, *Memorial do (des)amor* (2021), *Ana Plácido e as representações do feminino no século XIX* (2023) e *Dicionário de Florbela Espanca* (2024).

Francisco Topa fez doutorado na Universidade do Porto (Portugal), onde é professor. Publicou e organizou, entre outros, *José da Silva Maia Ferreira: espontaneidades* *da minha alma*. Edição fac-similar (org., 2018), *Luandino por (re)conhecer: uma entrevista, estórias dispersas, bibliografia* (2014).

Kaio Carmona fez doutorado na Universidade Federal de Minas Gerais (UFMG) e é professor na Universidade Agostinho Neto e no Instituto Guimarães Rosa, em Luanda (Angola). Publicou, entre outros, *Para quando* (2017), *26 poetas na Belo Horizonte de ontem* (coletânea, 2020) e *A casa comum* (2020).

Léo Sidónio de Jesus Cote é poeta e crítico literário. Publicou *Carto poemas de sol a sal* (2012) e *Poesia total* (2013), que recebeu, em 2012, o prémio literário do Concelho da Cidade de Maputo. Tem poemas publicados nas coletâneas *Arqueologia da palavra e anotomia da língua* (2013) e *Antologia inédita: outras vozes de Moçambique* (2014).

Lílian Paula Serra e Deus fez doutorado na Pontifícia Universidade Católica de Minas Gerais (PUC Minas) e é professora na Universidade da Integração da Lusofonia Afro-Brasileira (Unilab). Publicou *A palavra em preto e branco* (poemas) e *Não é preciso ter útero pra ser mulher* (contos).

Lopito Feijóo é professor na Universidade Agostinho Neto. Publicou *Doutrina* (1987), *Geração da revolução* (1993), *África da palavra* (1995) e *Brilho do bronze* (2005), e tem poemas publicados no Brasil, em Portugal, na Espanha, nos Estados Unidos, em São Tomé e Príncipe e na Nigéria.

Luciana Brandão Leal fez doutorado na Pontifícia Universidade Católica de Minas Gerais e pós-doutorado na Universidade Federal do Rio de Janeiro (UFRJ). É professora permanente dos Programas de Pós-Graduação em Letras da Universidade Federal de Viçosa (UFV) e da Universidade do Estado de Mato Grosso (Unemat), *campus* Sinop-MT. Publicou *Descolonizar a palavra: poesia moçambicana do século XX* (2024) e *Virgílio de Lemos: poesia em trânsito* (2023).

Maria Nazareth Soares Fonseca fez doutorado na Universidade Federal de Minas Gerais (UFMG) com estágio na Université de La Sorbonne Nouvelle, Paris. É professora aposentada pela UFMG e publicou *Brasil afro-brasileiro* (2000), *Poéticas afro-brasileiras* (2003), *Literaturas africanas de língua portuguesa: percursos da memória e outros trânsitos* (2008), *Mia Couto: espaços ficcionais* (2008); e *Literaturas africanas de língua portuguesa: mobilidades e trânsitos diaspóricos* (2015).

Natalino da Silva Oliveira fez graduação e mestrado na Universidade Federal de Minas Gerais (UFMG) e doutorado na Pontifícia Universidade Católica de Minas Gerais (PUC Minas). Publicou *A estética da dissimulação na literatura de Machado de Assis* (2015), *Rareza* (poemas, 2017), *Fio de contas* (poemas, coletânea, 2017) e *Ex-farrapos* (poemas, 2018).

Pires Laranjeira foi professor e é membro vitalício da Universidade de Coimbra (Portugal). Publicou, entre outros *Antologia da poesia pré-angolana* (1976), *Literatura calibanesca* (1987), *De letra em riste* (1992), *A negritude africana de língua portuguesa* (1995), *Literaturas africanas de expressão portuguesa* (org., 1995), *Negritude africana de língua portuguesa: textos de apoio (1947-1963)* (2000), *Estudos afroliterários* (2001), *Cinco povos, cinco nações: estudos de literaturas africanas* (org., 2007) e *A noção de ser: textos escolhidos sobre a poesia de Agostinho Neto* (org., 2014).

Raquel Beatriz Junqueira Guimarães fez doutorado na Universidade Federal de Minas Gerais (UFMG) e é professora na Pontifícia Universidade Católica de Minas Gerais (PUC Minas). Publicou e organizou, entre outros, *Espaços da memória – leitura e ensino* (2019), *Rastros da leitura, trilhas da escrita: o leitor em Pedro Nava e Graciliano Ramos* (2012), *Pedro Nava, leitor de Drummond* (2002).

Roberta Maria Ferreira Alves fez doutorado na Pontifícia Universidade Católica de Minas Gerais (PUC Minas) e é professora da Universidade dos Vales do Jequitinhonha e Mucuri (UFVJM). Pós-doutora em Letras – Literaturas de Língua Portuguesa pela PUC Minas. Coorganizadora, com Wellington Marçal de Carvalho, de *Deslocamentos estéticos* (2020).

Sara Jona Laisse fez doutorado na Universidade Nova de Lisboa e é professora na Universidade Católica de Moçambique. Publicou e organizou, entre outros, *Entre o Índico e o Atlântico: ensaios sobre literatura e outros textos* (2013), *Entre margens: diálogo intercultural e outros textos* (2020), *Moçambique, margem sul: arte, interculturalidade e outros textos* (2022), *Moçambiquero-te: literatura, cultura e outros textos* (2024).

Sávio Roberto Fonseca de Freitas fez doutorado na Universidade Federal da Paraíba (UFPB), onde é professor. Fez pós-doutorado na UFPB, na Universidade Federal do Rio de Janeiro (UFRJ) e na Universidade Federal de Alagoas (UFAL). Publicou e organizou, entre outros, *Moçambique no feminino: a narrativa de Paulina Chiziane* (2021), *Do colonialismo ao patriarcado: representação da violência nas literaturas africanas* (2020), *Dos percursos pelas Áfricas: a literatura de Moçambique* (2020).

Terezinha Taborda Moreira fez doutorado na Universidade Federal de Minas Gerais (UFMG) e pós-doutorado na Universidade Federal Fluminense (UFF). Publicou *O vão da voz: a metamorfose do narrador na ficção moçambicana* (2005) e organizou *Tramas e traumas: escritas de guerra em Angola e Moçambique* (com Denise Borille, 2018), *Violência e escrita literária* (com Ivete Walty, 2020), *Mulheres e guerra: participações femininas em conflitos armados através de textos contemporâneos* (com Volker Jaeckel 2020) e *A literatura no contexto de um novo humanismo* (com Priscila Campello, 2022).

Vanessa Riambau Pinheiro fez doutorado na Universidade Federal do Rio Grande do Sul (UFRGS) e pós-doutorado na Universidade de Lisboa. Foi professora na Universidade Estadual da Bahia (UNEB) e é professora na Universidade Federal da Paraíba (UFPB). Publicou e organizou, entre outros, *Cânones e perspectivas literárias em Moçambique* (2021), *Cânone(s) e invisibilidades literárias em Angola e Moçambique* (2019), *Entre Áfricas e Ocidente: a formação do cânone literário em Moçambique* (2019), *Estudos africanos: vozes literárias da contemporaneidade* (2019).

Vanessa Ribeiro Teixeira fez doutorado e pós-doutorado na Universidade Federal do Rio de Janeiro (UFRJ), onde é professora. Organizou *Interdisciplinaridade: trajetórias e desafios* (2017).

Título	Afrodicções: poesias de Angola e Moçambique
Organização	Luciana Brandão Leal Vanessa Riambau Pinheiro Natalino da Silva Oliveira
Coordenador editorial	Ricardo Lima
Secretário gráfico	Ednilson Tristão
Preparação dos originais	Luis Dolhnikoff
Revisão	Clarissa Penna
Editoração eletrônica	Ednilson Tristão
Design de capa	Estúdio Bogari
Formato	16 x 23 cm
Papel	Avena 80 g/m² – miolo Cartão supremo 250 g/m² – capa
Tipologia	Minion Pro
Número de páginas	376

MISTO
Papel | Apoiando o manejo florestal responsável
FSC® C122682

ESTA OBRA FOI IMPRESSA NA GRÁFICA AS
PARA A EDITORA DA UNICAMP EM DEZEMBRO DE 2024.